El teatro de Buero Vallejo: homenaje del hispanismo británico e irlandés

Hispanic Studies TRAC (Textual Research and Criticism)
PUBLICATIONS INSTITUTED BY THE *BULLETIN OF HISPANIC STUDIES*

Edited by DOROTHY SHERMAN SEVERIN and ANN LOGAN MACKENZIE

TRAC publishes Spanish, Portuguese and Latin-American texts of literary, linguistic or historical interest not otherwise available in modern editions. The texts are accompanied by a substantial introductory monograph and full apparatus of critical footnotes, and the series is firmly aimed at a scholarly readership. The series also publishes literary and critical studies.

Already published

Pedro Calderón de la Barca: *El purgatorio de San Patricio*
edited, with an introduction, by J. M. RUANO DE LA HAZA, *University of Ottawa*
TRAC 1, 213 pp., 1988, paperback, 0 85323 126 5

Ideological Hesitancy in Spain 1700-1750
I. L. McCLELLAND
TRAC 2, 160 pp., 1991, 0 85323 097 8 (h/b); 0 85323 137 0 (p/b)

La escuela de Calderón: estudio e investigación
ANN L. MACKENZIE, *University of Glasgow*
TRAC 3, 224pp., 1993, 0 85323 347 0 (h/b), 0 85323 098 6 (p/b)

Word from New Spain:
The Spiritual Autobiography of Madre María de San José (1656-1719)
edition, with introduction and notes by KATHLEEN MYERS, *Indiana University*
TRAC 4, 256pp., 1993, 0 85323 367 5 (h/b), 0 85323 058 7 (p/b)

La primera versión de *La vida es sueño*, de Calderón
edición crítica, introducción y notas de
J. M. RUANO DE LA HAZA, *University of Ottawa*
TRAC 5, 368pp., 1992, 0 85323 088 9 (h/b), 0 85323 457 4 (p/b)

Francisco de Rojas Zorrilla y Agustín Moreto: Análisis
ANN L. MACKENZIE, *University of Glasgow*
TRAC 8, 224pp., 1994, 0 85323 448 5 (h/b), 0 85323 069 2 (p/b)

El teatro de Buero Vallejo: homenaje del hispanismo británico e irlandés
edited by VICTOR DIXON, *Trinity College Dublin* and
DAVID JOHNSTON, *The Queen's University of Belfast*
TRAC 9, approx. 224pp., 0 85323 119 2 (h/b), 0 85323 129 X (p/b)

Antonio Machado's Writings and the Spanish Civil War
JAMES WHISTON, *Trinity College Dublin*
TRAC 10, approx. 224pp., 0 85323 540 6 (h/b), 0 85323 550 3 (p/b)

Hispanic Studies TRAC (Textual Research and Criticism) Volume 9

El teatro de Buero Vallejo:

homenaje del hispanismo británico e irlandés

editado por

Victor Dixon y David Johnston

LIVERPOOL UNIVERSITY PRESS

First published 1996 by
LIVERPOOL UNIVERSITY PRESS
Senate House, Abercromby Square, Liverpool, L69 3BX

British Library Cataloguing-in-Publication Data
A British Library CIP Record is available for this book
ISBN 0-85323-119-2 *cased*
0-85323-129-X *paper*

Printed and bound in the European Union by
Redwood Books, Trowbridge, Wiltshire

Índice

Colaboradores

CARLOS ÁLVAREZ es poeta, y reside en Madrid. Durante la última decada ha sido visitante asiduo de los departamentos de español de nuestras universidades

CARMEN CARO DUGO, ex-profesora de español de la Universidad Nacional de Irlanda (Galway), actualmente reside en Roma

VICTOR DIXON es catedrático de español de Trinity College, Dublín

GWYNNE EDWARDS es catedrático de español de la Universidad de Gales (Aberystwyth)

DEREK GAGEN es catedrático de español de la Universidad de Gales (Swansea)

DAVID JOHNSTON es catedrático de español de la Universidad de Belfast (Queen's)

BARRY JORDAN es catedrático de lenguas modernas de la Universidad de De Montfort (Leicester)

JOHN LYON fue profesor de español de la Universidad de Bristol, ciudad en la que reside

JOHN MACKLIN es catedrático de español de la Universidad de Leeds

TERENCE McMULLAN es profesor de español de la Universidad de Belfast (Queen's)

MICHAEL THOMPSON es profesor de español de la Universidad de Durham

Agradecimientos

Los editores quisiéramos agradecer la valiosa ayuda de las siguientes personas: Gillian Gray y Lorraine Quinn, que prepararon el manuscrito; María del Coro Cayuela, Marta González de la Peña, María José Sánchez Blanco y Wenceslao Torres, que lo revisaron; Martin Catherwood y Fiona McGivergan, que elaboraron el índice.

También nos gustaría agradecer la ayuda financiera prestada por el Benefactions Fund de las Facultades de Letras y Ciencias Sociales de Trinity College para cubrir los gastos de la producción del manuscrito, así como a la Universidad de Belfast por la generosa subvención que ha hecho posible la publicación de este libro.

Asimismo agradecemos a don Antonio Buero Vallejo su generosidad al habernos cedido su autorretrato para ilustrar esta publicación.

Introducción

El presente libro, como su subtítulo sugiere, se concibe en homenaje a Antonio Buero Vallejo, uno de los dramaturgos más consecuentes y comprometidos de Europa. Hemos querido celebrar, de este modo, tanto sus casi cinco décadas de dedicación ejemplar al teatro como su continua demostración de que la calidad artística es la única posible respuesta a una cultura de la mediocridad, ya sea impuesta oficialmente o generada por las exigencias del mercado. Por ello, el teatro de Buero Vallejo ha estado siempre enraizado en la oposición. Por una parte, ha abierto una senda de luz en medio de la ceguera impuesta por la historia nacional, tantas veces escrita en la oscuridad. Por otra, ha reafirmado consistentemente la experiencia de la individualidad como única base de la colectividad genuina.

Así, el teatro de Buero Vallejo investiga profundamente la existencia en la historia de los seres humanos. El teatro se configura como un medio ideal para representar el paso del tiempo, al poner de manifiesto mediante sus formas condensadas tanto la fragilidad como la intensidad de la experiencia individual. Apoyándose fundamentalmente en una fuerte complicidad emocional con su público, las obras de Buero han girado obsesivamente sobre este mecanismo estructural—yendo del conflicto generacional como enfoque objetivo en *Historia de una escalera* a la recreación subjetiva de una vida representada en *La detonación*; y desde el deseo de detener el torrente del tiempo en *El terror inmóvil* y *Música cercana*, a la inmersión en la corriente misma de la historia en obras como *El tragaluz* y *El concierto de San Ovidio*. A lo largo de todo el teatro de Buero se ponen de manifiesto los eslabones que enlazan el pasado, el presente y el futuro; la preocupación fundamental del dramaturgo por lo que podría ser proporciona una plataforma desde la que juzgar lo que ha sido y lo que es, mientras que la interacción de sus personajes tiende a desarrollarse en esos parámetros impuestos por sus respectivas relaciones con la dinámica del tiempo; aquellos que viven con la vista fija en el pasado, bien sea concebido colectivamente como historia, bien privadamente como recuerdo personal, y aquellos que viven sin descanso en el momento presente, entran en conflicto, invariablemente, con aquellos cuyas vidas se han visto iluminadas por la llama del futuro.

En su lectura más inmediata, dicho conflicto muestra la tensión, siempre presente en la experiencia de la España de Franco vivida por Buero, que surge de haber aplicado un análisis de izquierdas al regresivo proyecto histórico de un sistema que volvía los ojos a un pasado imperialista para encuadrar en él la construcción de su futuro. La utopía del franquismo, su edificación de una historia dorada, se disecciona y desafía desde muchas de las obras de Buero. En concreto, *Aventura en lo gris* y *Mito* revelan—tal como han denotado también los analistas de visión popperiana—cómo el concepto moderno de una época dorada puede transformarse en concretas y perniciosas formas de utopías derechistas, siendo la más notoria de todas ellas el culto fascista del *Volk*. El franquismo había caído en lo que podríamos denominar 'falacia naturalista', es decir, el intento de extraer un 'ha de ser' de un 'fue'. De ahí que el filo del compromiso de Buero con la historia sea cuestionar la misma: re-examinar, de un modo muy unamuniano, el revisionismo del franquismo y su autoengañoso uso de la imaginería histórica, junto con los valores contradictorios que, posteriormente, se plasmaron en el proyecto histórico del estado democrático.

Este desenmascaramiento de la historia lleva consigo el deseo gramsciano de construir de nuevo, es decir, de mitificar. De esta forma, y quizá por encima de todo lo demás, el teatro de Buero se convierte en la fantasía creativa de un revolucionario que ya ha llevado a cabo la transformación de lo viejo a lo nuevo en su propio pensamiento. Todo lo cual añade, por supuesto, una dimensión ética a la obra de Buero, en cuanto a que muy pocos dramaturgos han sido tan consecuentes en su demostración humanista de cómo la calidad de nuestros actos en el aquí y el ahora es uno de los principales determinantes de la calidad moral del futuro. En este sentido, tanto la ética como la estrategia política se hacen inseparables en el teatro de Buero. Ello explica, a su vez, la gran preocupación del dramaturgo por la relación entre estructuras de poder conservadoras, y con frecuencia represoras, y la capacidad visionaria del arte, que sitúa en una perspectiva de enfoque concreto la esperanza y la fe. El interés de Buero por artistas del calibre de Velázquez, Goya y Larra directamente en su teatro, al igual que por otras figuras como Unamuno, Valle-Inclán, Lorca y Miguel Hernández, en otros escritos, es en cierto modo un intento de hallar haces de luz entre las tinieblas históricas. Pero éstas son también figuras todas de una dimensión universal y a Buero no le interesan solamente por ser representantes de la tradición radical española, contexto del cual él mismo surge y al cual contribuye claramente, sino como artistas cuyo esencial vocabulario de anticipación al futuro preconiza una nueva armonía humana.

La de ellos es una visión que refleja el propio vocabulario utópico de Buero Vallejo; el mundo de éste lo configuran la esperanza, los sueños, la lucha, la duda, la fe, la pregunta y la vista. Estos son los modos dominantes de la emblemática frase de la totalidad del teatro de Buero: la tragedia esperanzada. A este nivel filosófico, pues, el suyo es un corpus de trabajo dedicado consistentemente a desarrollar y cuestionar el valor de la esperanza, absorbiendo las amargas lecciones del pasado y el presente sin abandonar el futuro, incluso cuando dicho futuro solamente puede ser vislumbrado en la lejanía. En éste, y en otros aspectos, radica la dificultad del teatro de Buero; durante el franquismo él fue mucho más que un simple escritor desde dentro para la oposición política, y durante la transición se negó rotundamente a permitir que la profundidad moral y la independencia artsítica de su teatro se tuvieran que acoplar a nuevos gustos por el espectáculo y el sensacionalismo. Su sentido de la tragedia, que contrarresta la trivialización de la experiencia individual que subyace tanto al autoritarismo como a toda economía de mercado, y que busca una esperanza que no es ni mecánica ni corta de miras, ha constituido la base de su investigación de la específica historia de España y de los dilemas universales de la condición humana. Numerosos críticos literarios se han referido a esto como la búsqueda de la verdad por parte de Buero, aunque lo cierto es que el teatro de Buero no hace proselitismo de las grandes verdades, como tampoco trata de ejemplificar el funcionamiento de una ideología. Se trata de un teatro equilibrado entre el dolor y la ira en su creación, un teatro que busca reproducir dicho dolor en la experiencia del espectador. En la raíz de ese dolor, el espectador quizá encuentre un grano de verdad, o la semilla de una ideología, pero el hallazgo será sólo suyo. De modo que no estamos ante un teatro político, ni apolítico, sino pre-político, y para conducir a su espectador hacia la formulación de sus propias soluciones el dramaturgo ha explorado con gran habilidad y de manera consistente las diversas formas mediante las cuales la ficción dramática puede integrar al espectador dentro de la dimensión emotiva y la dialéctica ética de la historia que está presenciando.

A veces se dice que el teatro, más que la novela o la poesía, depende tanto de su 'carpintería'—es decir, de la estructura de lo que funcionará en la práctica—como de lo que podríamos llamar inspiración. Ciertamente, el teatro de Buero muestra una meticulosa construcción en la que nada se deja al azar, donde cada reacción y contrarreacción se han calculado cuidadosamente; la suya es una extraordinaria sensibilidad al impacto de lo que se va a ver y oír en el escenario, creando tal potencial riqueza de escenificación para sus obras que muy a menudo los directores no han sabido igualarla con suficiente habilidad creativa, sobre todo en los últimos tiempos. Aun así, lo cierto es que a este nivel las obras de Buero recompensan a los críticos y a los dramaturgos por igual al hacer un análisis estructural profundo. En cuanto a la experiencia teatral—eje del pensamiento creativo de Buero—el espectador sale enriquecido tanto por la vitalidad de la lucha como por la validez de la utopía, que se suelen combinar en la figura del protagonista agónico bueriano.

Quizás esta dinámica de su temática, por una parte, junto con su constante compromiso con la experimentación, por la otra, expliquen la longevidad del extraordinario éxito de Buero en el difícil e infiel mundo teatral madrileño. El éxito ha propiciado la traducción de sus obras de teatro a las principales lenguas del mundo, siendo interpretadas internacionalmente y con mayor éxito artístico, a menudo, que en su propio país. Quizá por todo esto Buero Vallejo estaba destinado a convertirse en un clásico en vida y a que sus obras se estudien en las universidades de todo el mundo. En cuanto al mundo universitario británico e irlandés, Buero es, sin duda, uno de los autores contemporáneos españoles más importantes, por lo que el interés y el estudio crítico de sus obras por parte del hispanismo de estos dos países han permanecido en ascenso desde los años cincuenta.

Como reconocimiento de ello, y a la vez como prueba de una serie de las cualidades intelectuales, teatrales y artísticas extraordinarias de este autor, se ha producido este libro. A lo largo de los años, los hispanistas anglo-irlandeses hemos mantenido una relación estrecha y fructífera con Antonio Buero Vallejo, beneficiándonos muchos de nosotros de su hospitalidad, su paciencia y su consideración ante nuestras investigaciones e interminables preguntas. Este libro quiere ser sencillamente una prueba de reconocimiento de la deuda. Se trata de una colección de artículos de análisis de sus obras, de sus distintos enfoques dramáticos y ecos literarios. Los autores son todos profesores que han explicado la obra de Buero Vallejo en las aulas universitarias británicas e irlandesas. Además, el poeta Carlos Álvarez, invitado académico a una serie de universidades irlandesas, escocesas e inglesas en los últimos años, también nos ha brindado una introducción poética en la cual combina la trayectoria artística de Buero con una recreación imaginativa de sus primeros pasos de libertad en 1946. La variedad de temas y la profundidad de tratamiento de estos trabajos son un indicativo del compromiso personal de sus autores con la obra de este dramaturgo, de su honda respuesta a un teatro de ideas coherentes y humanas, y al hombre que es el vivo ejemplo de ellas.

DJ

Antonio Buero Vallejo

CARLOS ÁLVAREZ

Ya ha superado todos los rastrillos que lo separaban del aire limpio de la libertad. Un hombre de frágil aspecto, cuya fuerza parece haberse refugiado en el misterio de una mirada profunda, ve abierta al fin, después de largos años de haber soñado con ese momento, la última puerta tras la cual podrá reincorporarse al mundo de los seres humanos con los que le ha sido vedado convivir, al ritmo simple de lo cotidiano. La casa de los muertos, o el sepulcro de los vivos—juega ahora con las palabras al recordar el imperecedero relato de uno de los escritores con quien se siente más entrañablemente compenetrado—ha quedado tras él, y, aunque ningún testigo pueda corroborarlo, algo nos permite suponer que las lágrimas cuyo flujo se ve obligado a reprimir son un tributo sentimental al recuerdo de los compañeros que allí quedan, a los que nunca podrá abrazar. *Un albañil quería ...* (recuerda el recio tono de aquel amigo que le ofreció tal primicia en el patio de la prisión). Pero ahora es otro el momento, otros los afanes. La vida, con todas sus acechanzas pero también abierta a las posibilidades que un espíritu receptivo está dispuesto a no desperdiciar, es un horizonte de amplitud inabarcable. Tal vez, mientras espera el autobús que lo conducirá desde el pueblo manchego—Ocaña—en que lo han tenido últimamente encarcelado hasta la encrucijada de todas las Españas, al descansar en el suelo la escueta maleta donde guarda sus míseras pertenencias ha hecho algún ejercicio con los dedos para asegurarse de que no están anquilosados por la inactividad, ya que, de nuevo, lazarillo de sus ojos, la mano tendrá que interpretar lo que aquéllos investiguen, dar forma—también la internal—a lo que escudriñen. Pero piensa que de alguna manera nueva tendrá que expresarse, ahora que ha acumulado, durante los últimos y muy duros años, tantas experiencias asimiladas hasta conseguir desgarrar el velo tras el cual todo está oculto, donde la apariencia desaparece y es ya todo realidad. Mira lo que hay ante él y le sorprende lo rico y variopinto del cuadro que el azar le ofrece. Más que escucharlo adivina el diálogo del ciego con la mujer que lo acompaña, que lo anima a caminar sin el apoyo de su brazo ni el tanteo del bastón mientras él se aferra a su desvalimiento y se niega a avanzar si no es con la tranquilidad que le ofrezca una segura referencia, reafirmando sin ostentación—pero con firmeza—la conciencia de su minusvalía. Y se da cuenta de cuánta frustración hay en el desconsuelo de la joven del vestido deshilachado, unos momentos antes en tan animada y optimista charla con su compañera de quehaceres, a la que acaba de derramársele el cántaro de leche al accionar con demasiada energía su brazo. Y esa mujer a cuyo encuentro acude con pasos reflexivos alguien de quien adivina que ha tardado desmasiado tiempo—tal vez una vida—en llegar, ¿esperaba con alborozo o temía tal reencuentro? ¿Por qué sabe que se llaman Bernardo y Rosenda esos dos pobres viejos de tan humilde aspecto, ella con los ojos llorosos y una carta en la mano y tratando él de darle el torpe consuelo de su abrazo mientras lucha en vano por contener su propio alarido de dolor? Y ese joven de irremediable fealdad que no puede hacerse comprender por la doncella de irremediable estupidez ...

Le intriga ese otro grupo que ha preferido refugiarse en el interior del bar. Parece que entre la dama elegante, un tanto fuera de lugar en aquel ambiente, y los otros con los que, más que dialogar, se enfrenta, hay una fuerte tensión. Analizar las modificaciones de su expresión, unas veces definida por la extrema dureza y otras por la más entregada humildad, subyuga a nuestro hombre, hoy especialmente lúcido, que adivina en aquella muda discusión que le llega a través de la ventana la apasionada investigación de alguien para quien un futuro de paz o desasosiego depende del descubrimiento de lo que necesita a todo precio saber. Y de pronto, todos cuantos, como él, esperan la llegada del vehículo que modificará sus paisajes, se sobresaltan con la tragedia que acaba de culminar a pocos pasos de donde ellos mismos se ensimisman en la propia: una mujer que—los demás no lo saben; tal vez el hombre en quien hemos fijado nuestra atención ha sido capaz de intuirlo—apenas hace unos momentos reflejaba en su rostro la más radiante ilusión, ha estrellado su frágil cuerpo, caído desde una ventana elevada, contra la dureza de la piedras, y es ahora el inanimado objeto de la curiosa compasión de algunos transeúntes. Pero pocos minutos después todos—menos uno, en quien el estremecedor episodio ha causado una honda tristeza—parecen olvidados de lo que acaban de presenciar, de lo que los ha arrancado momentáneamente de sus propias preocupaciones. En la mañana festival—es un domingo sin brillo cualquiera el tiempo que se posa sobre el espacio escénico—los *dramatis personae* hablan entre sí; se intercambian recuerdos dolorosos o, los menos, placenteros; ocultan algunos su verdadera condición tras la máscara del orgullo, único alimento para ellos en estos tiempos de tanta escasez; hay quien compra una participación de lotería que, al menos, le brindará la posibilidad de juguetear con un sueño improbable... tal vez alguien, en algún rincón, se autoflagele mentalmente sin conseguir perdonarse aquel momento en el que su vacilación, o su turbio deseo, o simplemente su incapacidad para la acción, le vedó la posibilidad de remediar algo que estuvo en su mano impedir: algo tan trascendente como el acabamiento de una vida humana.

¡Cuánta sordidez adivina ahora nuestro atento observador en la mirada cargada de reproches de la señora de mediana edad que habla con acritud al caballero de la chaqueta gastada, que parece un profesor universitario, y que se quita de cuando en cuando las gafas para pasar por sus gastados ojos la mano, como si quisiera limpiarlos de telarañas ... qué mutiladas, las vidas de las personas que se le han aparecido de pronto, como sobre un escenario e iluminados por los focos, en este primer contacto con el aire de las calles, tan enmohecido como ...! ¡Y qué necesario se le antoja decir algo, intervenir de alguna manera, hacer un gesto, tratar de modificar lo que tal vez no sea irremediable; influir de manera positiva, corrigiendo el trazo equivocado, en el destino (¿pero qué es eso, el destino?) de los pobres seres humanos!

Ya está en Madrid, dispuesto a hacer su primera, obligada, más que deseada visita al Museo del Prado. Pero antes su largo paseo en busca de la brisa matinal, por calles y plazas aún no contaminadas por lo que años más tarde será un frenesí de vehículos atronadores, lo ha llevado a las cercanías del Palacio Real. Unos niños corretean y juegan a su alrededor. Se le dibuja una triste indignación en el rostro al contemplar cómo arrojan piedras—algunos de ellos, con tirachinas, pequeños y muy peligrosos guijarros—, y cuando va a recriminarlos oye un ruido de cristal que se rompe: ha sido alcanzada una de las nobles farolas que embellecen la calle Bailén. Y de repente se transforma el escenario urbano: ya no son niños, sino adultos embozados los que vociferan descubriendo momentáneamente sus dientes sucios mientras alardean de su patriotismo y denigran al *italianini*; los que apagan con sus pedruscos todas las farolas de las inmediaciones. Intenta avanzar entre ellos para impedir algún acto vandálico, pero lo empujan, lo insultan, lo obligan a refugiarse en un portón para no ser pisoteado por la multitud que grita, grita contra Esquilache, grita contra el progreso, anticipa el grito innoble de los que años más tarde pedirán, jalearán, darán vivas a las *caenas* que tan gustosamente llevan en el espíritu y en los tobillos, que les gustaría sujetaran sus muñecas con un vínculo de infamia. Y ve impotente desde su rincón cómo un calesero desenfadado, arrogante, muy seguro de sí, símbolo de quienes lo proclaman su guía, arrastra entre los aplausos de la multitud a la frágil camarera que salió en mala hora del palacio en busca de quién sabe qué; escucha cómo la multitud da mueras a Esquilache y vivas a Franco, Franco, Franco ... vivas a la Iglesia y mueras a la República ... vivas a la Inquisición y mueras a la ciencia y a la libertad. Y llora. Y sueña. Y, aunque consciente de qué poca fuerza tiene una palabra frente a un mar de ignorancia y de odio, se compromete consigo mismo—único juez válido—a no denigrar nunca la suya con la adulación o la mentira.

Mientras recorre muy despacio, deteniéndose largo tiempo ante los lienzos de cuya verdad necesita impregnarse, algunas salas del museo, recuerda versos que aún no ha podido leer escritos por quien, como él, cambió el pincel por el cálamo cervantino: *¡Oh asombro! ¡Quién pensara que los viejos pintores / pintaron la Pintura con tan claros colores; / que de la vida hicieron una ventana abierta, / no una petrificada naturaleza muerta!* Velázquez: la verdad de la pintura. Contempla con detenimiento algunos retratos cortesanos, se detiene ante *Menipo*, ante *Esopo*. ¿A quién le recuerda Esopo? Claro, él ha convivido en alguna cárcel de España con ese hombre que parece condensar la sabiduría del pueblo en sus ojos fatigados y lúcidos que lo han visto todo, que han padecido tanta injusticia. Y se queda extasiado ante 'Las Hilanderas', la fábula de Aracne, que recuerda tras el milagro de la luz y del aire que es impagable la usura de los dioses. Y 'Las Meninas'. ¿Dónde se encontraban don Felipe y doña Mariana en el momento de ser inmortalizados por el pintor, en qué lugar del amplio estudio posaron los cuerpos que refleja el espejo del fondo? ¿Y por qué no está con ellos, como parecería lógico, la infanta María Teresa? ¿Y ese personaje, que imagina torvo, que se retira ...? ¿Cómo se atrevió don Diego, al comenzar la segunda mitad del siglo XVII, a dar tan escaso volumen—tan escasa importancia—a las figuras de los reyes y tanto relieve a los bufones, a las meninas? ¿Cómo tuvo la osadía de autorretratarse con tanta arrogancia colocando a Sus Majestades como un simple añadido del telón de fondo? Su cerebro busca una solución lógica al misterio que el lienzo esconde. Y lamenta, porque de alguna manera lo relaciona, no poder contemplar—como los contemporáneos del pintor tampoco pudieron—esa Venus desnuda que enriquece el tesoro de la National Gallery de Londres.

Mucho tiempo ha dedicado a la asimilación del universo velazqueño, y ha llegado a intuir algo de lo que el sevillano intentó explicarle, sí, también a él, como a todos los que sepan mirar, tengan capacidad para ver. Pero es ahora Goya quien reclama su atención: Goya, único hombre libre, lúcido, en un mundo alienado por el terror fernandino; sordo ante quien los demás gesticulaban para hacerse comprender mientras sólo él se expresaba con la serenidad que no admite caricatura. Contempla a la Borbón esperpenticia junto al Borbón esperpenticio, mientras quizá resuenan en su cerebro esos versos ajenos que todavía no han podido llegar hasta él; trata de encontrar algo de humanidad en el repelente gesto del séptimo Fernando, retratado con sinceridad que sería insultante si no la avalara la fidelidad a la imagen de quien fuera prototipo de la felonía por la mano de un genio que lo fue también de la moral y la acción civil. Sí, ahí están sus maestros, ésos serán los diseñadores de los caracteres que plasmará en su propia obra: la verdad, siempre la verdad, aunque ésta conduzca a la creación de los monstruos que sólo una razón que sueña es capaz de vislumbrar entre tanta hipocresía, tanto silencio culpable, tanta patria envilecida.

Un hombre que ha descubierto cuánta solidaridad es capaz de desarrollar quien carece de todo en la miseria de un calabozo, cuando la muerte segura es su mañana, y cuál es la oculta verdad del esplendor palaciego; un hombre que, porque se conoce a sí mismo, ha desentrañado lo que encierran los demás seres humanos, sus congéneres, y se ha enriquecido con el contacto de las calles y el estudio de cuanto han sido capaz de crear los mejores miembros de la especie a golpes de amor y lucha, se dispone a alzar, como el Cojuelo los techos de la ciudad dormida, el telón o la venda que nos ciega para que conozcamos el auténtico rostro de la realidad. El hombre, que se ha sumergido en la historia, en el arte y en la vida, en la soledad de su habitación, bajo una luz que no es sino la de su propia inteligencia, apoya la punta del cálamo en el blanco papel...

Locura quijotesca en algunas obras de Buero Vallejo

CARMEN CARO DUGO

Antonio Buero Vallejo nunca se ha mostrado reticente a la hora de reconocer la influencia de otros escritores en sus obras. De hecho, a menudo ha admitido que la herencia de una larga tradición literaria española y universal no le es ajena. Sin embargo, en su discurso de recepción del Premio Cervantes reconoció claramente que la influencia cervantina precede sin duda a la de todos estos escritores que se hayan podido mencionar:

> Debo reconocer asimismo con toda humildad el alto magisterio cervantino. Cuantas veces se ha advertido cómo, detrás de tal o cual obra mía, se hallaban ciertos escritores cuya influencia en mi teatro agradezco y yo mismo he señalado, me he dicho: sí. Pero detrás de todos estuvo previamente, para algunos de ellos y para mí, Cervantes.[1]

Buero conocía el *Quijote* desde muy temprana edad:

> Creo que mis primeras lecturas, incompletas, del *Quijote* debieron de realizarse a mis nueve o diez años, aunque, por supuesto, el mito de sus dos personajes centrales me era familiar, como a casi todo español, desde mucho antes. Supongo que hacia mis once años leí la novela del todo y, desde entonces, la habré releído varias otras veces, además de releer con frecuencia pasajes espigados, aquí o allá, de la obra (Carta personal, 27 de abril de 1989).

La novela ejerce una poderosa atracción sobre el dramaturgo, pero él mismo admite que no es fácil establecer las razones exactas. Por una parte—afirma—, es obvio; por otra, es enigmático. 'Me atrae enormemente el hallazgo "ético"—con sus limitaciones—que representa el hidalgo manchego y que linda con la locura, pues de otro modo sería imposible; y me atrae el formidable hallazgo estético de la obra, suma de espejos reflectantes en que realidad y fantasía se construyen mutuamente'. Esta mezcla maravillosa de realidad y fantasía atrae enormemente a Buero. Según él, la apertura del *Quijote* al mundo de los sueños, al mundo de la fantasía y de la imaginación, es una de las características propias de la buena literatura de casi todos los tiempos: 'Esa apertura, unificación de conceptos contrapuestos, es otra de las genialidades del *Quijote* y es uno de los aspectos que resaltan más en la mejor literatura de casi cualquier tiempo, incluido el nuestro' (Entrevista personal, 21 de diciembre de 1989). Américo Castro afirmó que 'don Quijote es el mayor portador del tema de la realidad oscilante ... Cervantes se sirvió literalmente, una y otra vez, del hecho de ser interpretables en forma distinta las cosas que contemplamos'.[2] Buero está firmemente convencido de esta oscilación, de la inestabilidad de la realidad misma:

> En la realidad, tanto las cosas que están a nuestro alrededor como nosotros mismos, son objetos cambiantes, o sujetos cambiantes en el caso humano. Y son cambiantes, no solamente en el tiempo, porque cambian realmente tanto física como psíquicamente en el tiempo, sino que son cambiantes en la apreciación de los demás (Entrevista).

Las incursiones en el mundo de la fantasía del caballero cervantino resultan muy prolíficas. Buero, desde luego, no las rechaza ni las considera inútiles. Son precisamente estas desviaciones las que hacen posible la obra de arte y las que enriquecen toda creación literaria. Tales desviaciones, por ello, deben ser exploradas: 'He intuido, creo, que si la verdad de los molinos debe sustituir a la ensoñación de los gigantes, también hay que rastrear incansablemente los fantásticos brillantes que aquéllos esconden'.[3] Esto es lo que Buero intenta hacer en sus obras. Las desviaciones hacia la irrealidad a menudo se basan en un conocimiento más profundo de la realidad misma, lo cual está directamente relacionado con la experiencia quijotesca. Así lo admite Buero cuando se refiere a sus 'desviaciones hacia la imaginación que pueden, sin embargo, sustentarse en un sentimiento más profundo de lo que la realidad misma puede ser, y que también en ese sentido coinciden más o menos con las lucubraciones de don Quijote en su aventura vital'

(Entrevista). Buero es uno de los lectores del *Quijote* que se toman al caballero en serio, sin negar su locura.

No es fácil establecer la noción de locura que llevó a Cervantes a escribir su gran novela. He aquí la grandeza de la obra. La demencia quijotesca se ha interpretado desde numerosos puntos de vista. Fernando Rielo ha señalado que se podría describir una curva con las diversas opiniones en relación con la locura quijotesca: desde los críticos que la explican desde un punto de vista meramente clínico, hasta planteamientos como el de Avalle-Arce, que está directamente relacionado con la interpretación platónica de la locura como 'liberación divina de los módulos ordinarios de los hombres'. Según Avalle-Arce, 'Don Quijote posee esa "locura divina" de la que habló Platón, cuya sublimidad se explica por la "potencia de amar" que manifiesta a lo largo de todas sus acciones'. Fernando Rielo añade a ese aspecto divino un elemento de belleza: 'una locura metafórica o literaria que, en armonía con la esencia mística del Quijote, se resuelve en la hermosura divina descrita en función de una justicia humana.' Así pues, Fernando Rielo se decide por una 'supuesta locura', y la relaciona con la mística.[4] Unamuno afirma que 'perdió Alonso Quijano el juicio, para ganarlo en don Quijote: un juicio glorificado'.[5] Según Unamuno, don Quijote pierde el juicio para recuperarlo glorificado, elevado, pues el caballero lo sacrifica en aras de su pueblo. La mente de don Quijote adquiere así una nueva lucidez que conoce y penetra la realidad de manera más clarividente. De igual forma, Madariaga no niega que don Quijote está loco pero admira lo que considera el gran logro de Cervantes, el de 'making wisdom glow out of the deeds of a lunatic'.[6] La locura, por tanto, es fuente de sabiduría. Según Mauro Olmeda, 'en la concepción cervantina va implícita la idea de que la locura tiene una significación trascendente, y que el delirio en sí no es sino la idea creadora desviada y pervertida'.[7]

No hay espacio aquí para analizar otros locos-sabios como Casandra, el rey Lear, Lady Macbeth, el mismo licenciado Vidriera, el idiota de Dostoievsky,[8] María Josefa (*La casa de Bernarda Alba*), etc. Está claro que la paradoja locura/sabiduría no es algo nuevo o insólito. Se halla dentro de una larga tradición. Por ello, los que creen que don Quijote adquiere un grado de sabiduría superior al de muchos de los personajes que le rodean, los que afirman que a don Quijote (y a Sancho) hay que escucharle, los que—en suma—se toman al caballero en serio, no están equivocados.

Buero se siente atraído por lo que él llama el misterio de la locura. '¿Qué hay dentro de la locura? Habría que estar loco para saberlo. La locura es una situación anímica que miramos desde fuera cuando creemos no estar locos. La miramos desde fuera pero, de hecho, como casi cualquier otro aspecto de la autenticidad humana, es un misterio' (Entrevista). Es consciente de que comparte este interés por la locura con Cervantes, quien, como afirma Amezúa, 'procedió sirviéndose de su penetrante observación ... por intuiciones y adivinaciones propias de su genio, y llevado de la singular atracción que le producían los locos'.[9] Desde luego, a Buero le interesa enormemente esta paradoja de los locos-cuerdos, y este interés parece intensificarse durante los años sesenta y setenta. Aunque *Irene, o el tesoro* la escribió antes (1953–1954), y *Caimán* más tarde (1980), encontramos personajes locos-cuerdos en *Las Meninas* (1960), *El tragaluz* (1966), *Mito* (1967), *El sueño de la razón* (1969), *Llegada de los dioses* (1971), *La fundación* (1972–1973) y *La detonación* (1975–1977). De una forma u otra, la idea de la locura se repite en las obras de Buero, y la consideración de la locura quijotesca (no como enfermedad, sino como fuente de sabiduría), nos es sin duda de gran utilidad para entender en qué sentido se llama 'locos' a algunos de los personajes buerianos.

El término 'loco' se usa impropiamente en algunas de sus obras para describir a los que se comportan de una forma un tanto extraordinaria, o a los que muestran la locura de tomarse en serio el mundo, como decía Unamuno en *La vida de don Quijote y Sancho* (149). Es la locura de los soñadores como David, Silvano, Esquilache, etc. En otras obras, Buero ha creado a algunos personajes 'videntes' que otros acusan de locos porque a primera vista parecen incoherentes. Estos tienen incluso el poder de profetizar pero sus profecías son rechazadas por muchos, pues los creen locos. Este es el caso de Tío Blas (*El terror inmóvil*), Oriana (*Casi un cuento de hadas*) y Gaspar (*Diálogo secreto*). Estos personajes poseen un conocimiento más profundo de la realidad que les rodea, pero los que no poseen esa perspicaz intuición les tachan de locos. Hay otros personajes que, sin haber perdido el juicio por completo, sufren algún tipo de alucinación: Mary Barnes, Goya, Julio, Juan Luis, Lázaro, etc. Estas alucinaciones son también el resultado de una conciencia más plena de la realidad en que se ven inmersos. Sin embargo, me voy a detener en los personajes que más se asemejan a don Quijote, los que han perdido totalmente la razón. Tras su locura también se esconde un tipo de sabiduría, un conocimiento más profundo de la verdad que atañe a otros personajes pero que no todos están dispuestos a aceptar. Buero, como veremos, no niega que estos personajes están verdaderamente locos, pero, como Cervantes, hace que en su locura brille la luz de la verdad, de la auténtica sabiduría. Esto sucede en distinto grado con Irene, El Padre, Eloy, Tomás y Rosa.

El mismo Buero ha reconocido el quijotismo de *Irene, o el tesoro*: 'Alguna obra mía evidentemente quijotesca puede ser *Irene, o el tesoro*, en la cual hay una enloquecida que ve cosas' (Entrevista). Como don Quijote, Irene habla de su propia locura: 'Loca. Estoy loca'.[10] Daniel ofrece una interpretación muy reveladora de la locura de Irene: '¿Qué vale la razón? Esta engañosa razón de tejas para abajo puede ser quizá una gran locura'(175). De hecho, la lógica de Dimas y de su familia está muy próxima a la locura, por ser obsesiva. Méndez lo explica así en la obra:

> Todos estamos locos sin darnos cuenta. Ella enloquece por el niño que no tuvo; él por el dinero que desea a todas horas; Aurelia es capaz de enloquecer por un profesor sin cátedra o por un serial de radio ... Otras mujeres enloquecen por minucias ... Por ir al cine, por presumir ante las vecinas, por comprarse medias caras o pañuelos de seda ... Y hay quien enloquece por vengarse. Por vengarse de quien le engañó; aunque haga muchos años; ¡por devolver engaño por engaño, desgracia por desgracia! (186)

Justina, desde luego, demuestra estar loca de ambición y malicia. A pesar de haber afirmado rotundamente que Irene es la loca y no su marido, se confabula para meter a Dimas en el manicomio, justificando su acción con un argumento contrario: 'Él era el loco, él. Loco por el ahorro. Loco de tacañería' (190). La tacañería de Dimas le había hecho perder la cabeza y había vuelto locas a su mujer y a su hija. Parece que sufría un tipo de locura al que se refería Erasmo, que mandan las Furias del infierno y puede producir una codicia insaciable.[11] Pero ésta no es la clase de locura a la que se refiere Daniel cuando le explica a Irene: 'Cuando estudiaba comprendí a Santa Teresa y a San Juan de la Cruz. También ellos vivían en un mundo donde les pasaban cosas maravillosas ... locos les decían. Y es que eran santos' (176). Esta pudiera ser también la clase de insania que Unamuno atribuía a don Quijote cuando se dirigía al caballero en estos términos: '"He aquí el hombre", dijeron en burla a Cristo nuestro Señor; "he aquí el loco" dirán de ti, mi señor Quijote, y serás el loco, el único, el Loco'. O cuando casi le reza: '¡Oh, don Quijote, mi San Quijote!' (106, 178) Los héroes y los santos con frecuencia están dentro de la misma categoría. Los que se conforman con la mediocridad les llaman locos pues representan una amenaza para ellos, les recuerdan la necesidad de un cambio radical. Ionesco ha establecido una comparación entre los héroes y los santos en unos comentarios muy reveladores sobre la mediocridad:

> Les gens pensent aujourd'hui à peu près à égale distance entre le bien et le mal, dans ce mi-chemin entre le faux et le vrai, mais ils se tiennent plus ou moins tranquilles dans leur médiocrité. La non-médiocrité est l'héroïsme et la sainteté.[12]

También, como hemos comentado, se llamó locos a los místicos castellanos, Santa Teresa y San Juan de la Cruz. Asimismo, T. S. Eliot ha comparado a los santos con los locos, pues en ambos casos hay un comportamiento en algún modo excepcional. En *The Cocktail Party* Edward y Lavinia acuden al psiquiatra en busca de consejo. El médico sugiere lo siguiente: 'Make the best of a bad job' ... 'The best of a bad job is all any of us make of it—except of course, the saints—such as those who go to the sanatorium'.[13]

H. G. Wells también nos muestra un loco que posee un conocimiento casi místico: 'He knew his knowledge of it [Atlantis] was of a different order from common knowledge, more intuitive, profound'.[14] De igual modo, hay algo místico en la locura de Irene. Su demencia consiste en haber descubierto que hay algo maravilloso en la realidad, que hay que explorar y disfrutar. Su sabiduría es más profunda, como la de Preemby. La Voz afirma: 'La sabiduría de los hombres es locura y su locura puede ser sabiduría' (192), porque la sabiduría abarca la realidad en su totalidad, no sólo en parte. Irene y Daniel comparten el conocimiento de lo maravilloso. Dimas, Justina y Amalia, por el contrario, tienen una visión estrecha, parcial, limitada de la realidad. La Voz explica ese misterio a Juanito, que dudaba incluso de su propia existencia: 'Para la loca sabiduría de los hombres tú y yo somos un engaño. Pero el mundo tiene dos caras ... y desde la nuestra, que engloba a la otra, ¡ésta es la realidad! ¡ésta es la verdadera realidad! (192).

Don Quijote también acusa de ignorantes a los que nunca han oído hablar de la caballería andante ni de los caballeros, precisamente porque no conocen esa parte de la realidad:

¡Ah, gente infame, digna por vuestro bajo y vil entendimiento que el cielo no os comunique el valor que se encierra en la caballería andante, no os dé a entender el pecado e ignorancia en que estáis, en no reverenciar la sombra, cuando más la asistencia, de cualquier caballero andante! (I, 45)

Este aspecto de la realidad que constituye la vida del caballero andante, la razón de su existencia, es desconocido para muchos. Deberían sin duda darse cuenta—y don Quijote se encarga de ello—de que ésta es su gran limitación. Los que no han descubierto aún que algo maravilloso les rodea son los auténticos locos. Por eso, Dimas, y no Irene, se ve recluido en un manicomio al final de la obra. De esta forma, Buero recalca la relatividad de la locura, dejando además el final de la obra abierto, proponiendo dos posibles interpretaciones de la marcha de Irene. Como veremos, utilizará el mismo procedimiento en *Caimán*. Al espectador no se le indica dónde reside la verdadera locura, sino que se le deja decidir qué tipo de locura prefiere.

El Padre, en *El tragaluz*, es el único personaje bueriano que acaba en el manicomio, aparte de Dimas. Se trata nuevamente de un personaje misterioso, que dice poco pero que sabe y juzga. Como bien observa Martha Halsey, 'ambiguous and mysterious, he is both a pitiable man and an all-knowing judge'.[15] Es el personaje que va más lejos en su deseo de saber, de asimilar la realidad en toda su profundidad; le preocupa el individuo concreto. Al examinar sus postales y revistas, intenta averiguar la identidad de las personas que en ellas aparecen. Le molesta que otros se conformen con un conocimiento superficial de la realidad.

El Padre—La señorita ya está lista. Pero no sé quién es.
La Madre—Pues una linda señorita. ¿No te basta?
El Padre—¡No, no basta![16]

Reprende a Vicente cuando éste afirma, sin ningún interés, que una de las personas que figura en una postal es simplemente 'uno cualquiera'. '¡No!', le replica El Padre rotundamente (29). Al examinar la postal con su lupa, comenta: 'No está muerto. Y esta mujer que cruza ¿quién es? Claro. Vosotros no lo sabéis. Yo, sí'. 'Se cree Dios', Vicente comenta, reprimiendo una carcajada (30).

Delante de su hija mayor El Padre afirma que su propia casa es un restaurante (31). Esta afirmación es muy cierta por lo que se refiere a Vicente, ya que el sótano es para él un lugar que visita, donde le preparan sus ensaimadas, y donde entrega el sobre con el dinero acostumbrado. Claramente el sótano no es su hogar. Pero Vicente se niega a comprender y por eso, para él, la explicación de los 'disparates' de su padre se halla exclusivamente en su enfermedad: '¡Es una esclerosis senil! ... Es como un niño que dice bobadas' (34), afirma, aunque es él quien debería entender las palabras de su padre.

La Madre también prefiere olvidar el origen de la locura de su marido, prefiere pensar que 'no se acuerda de nada'. 'Palabras que le vienen de pronto ... Pero no se acuerda de nada', repite con insistencia (52). Mario es el único que se niega a creer que su padre no es más que 'un pobre demente'. De hecho, intenta buscar una explicación un poco más satisfactoria: 'Un hombre capaz de preguntar lo que él pregunta ... tiene que ser mucho más que un viejo imbécil' (56). Mario ha comprendido la profunda significación de 'la pregunta tremenda'. De ahí que Vicente lo compare con su padre, refiriéndose al 'otro loco, mi hermano' (103).

El Padre se volvió loco como consecuencia de la tragedia familiar ocurrida tras la guerra. Mario intenta esclarecer las verdaderas causas de su insania, y por añadidura pretende que el culpable reconozca su culpa. Cuando Vicente lo hace, El Padre ejecuta la sentencia. Vicente paga con su propia vida la muerte de Elvirita y sus demás errores graves. Una vez recluido en el manicomio, El Padre continúa haciendo la misma pregunta, pero 'está tranquilo'. Mario, el segundo loco según Vicente, imita a su padre en el deseo de saber y repite un idéntico interrogante: '¿Y nosotros? ¿Somos alguien?' (107). Así que la locura de este personaje se debe también a su profundo conocimiento de la realidad. La Madre había preferido vivir en una especie de felicidad fingida, evitando así la locura. Si la realidad se entiende en toda su profundidad, y más si esta realidad es cruda, es muy posible perder el juicio, a menos que se esté dotado de una fortaleza excepcional.

Por su parte, los Investigadores ayudan al espectador y al lector a percatarse de la suma importancia de la locura de El Padre. Según ellos, es obvio que El Padre perdió la razón porque era uno de los pocos que se atrevió a hacer la 'pregunta tremenda'. Sólo una mente lúcida como la de El Padre puede aspirar a recuperar el valor infinito de una acción insignificante:

> Ella—La acción más oculta o insignificante puede ser descubierta un día. El misterioso espacio todo lo preserva.
>
> El—Cada suceso puede ser percibido desde algún lugar.

> Ella—Y a veces, sin aparatos, desde alguna mente lúcida. (43)

Desde un futuro distante, los Investigadores nos recuerdan 'la importancia infinita del caso singular'; después de varios siglos, han conseguido reconocer el valor de la 'pregunta tremenda' ('¿Quién es ése?'). Buero nos invita de nuevo a observarnos a nosotros mismos. Las mentes de los que ahora llamamos 'locos' pudieran ser las 'mentes lúcidas' que nos negamos a reconocer. Esas mentes lúcidas que tuvieron el valor de hacerse la pregunta tremenda eran al mismo tiempo individuos oscuros a quienes nadie prestaba la mínima atención ya que se les tenía por locos. 'Las personas que guardaban ya en su corazón la gran pregunta. Pero debieron de ser hombres oscuros, habitantes más o menos alucinados de semisótanos o de otros lugares parecidos' (88). El y Ella quieren participar en esa alucinación. Después de todo, el objetivo de su experimento es hacer la pregunta tremenda y buscar una respuesta. Están de veras dispuestos a acometer la tarea que un viejo alucinado comenzara en un sótano oscuro. Es una hazaña loca, pero de la cual se sienten orgullosos:

> Ella—Reasumir el pasado vuelve más lento nuestro avance, pero también más firme.
> El—Compadecer, uno por uno, a cuantos vivieron, es una tarea imposible, loca, pero esa locura es nuestro orgullo. (87)

Vale la pena buscar la respuesta a su pregunta, aunque se trate de una ardua tarea. El nos dice que 'siempre es mejor saber, aunque sea doloroso'.

En *Mito* encontramos a un nuevo loco: Eloy. Como bien afirma Martha Halsey, 'many of Buero's protagonists are dreamers or visionaries who bear the indelible stamp of Don Quixote. Upon none, however, is the Cervantine influence so strong as upon Eloy, the old actor in *Myth* ... who is considered mad by his fellow-players because he believes in flying-saucers and Martians'.[17] El Electricista de la obra comenta que Eloy está 'de remate'. Figura 1a es de idéntica opinión ('¡Porque tú estás loco!'), así como el coro de Hombres ('¡Estás loco! ¡De remate!').

La enfermedad de Eloy es lo que Martha Halsey llama 'a sort of lucid madness'. Nos hallamos de nuevo ante una paradoja. Eloy necesita comunicar todo lo que ha aprendido sobre el mundo que le rodea, sobre todo tras la pesada broma que le gastan sus compañeros: 'Deliro frente a un mundo que delira / mientras ríe y se aturde sin saberlo'.[18] Después de la repugnante orgía, su locura es de una especie cualitativamente distinta. Se ha convertido en cierta manera en un valor increíble, tanto es así que se atreve, no sólo a proclamar sus ideas, sino también a morir por ellas. Ha descubierto los males que afligen a este mundo y sueña con uno mejor, sin guerras ni bombas. Se asemeja sin duda al loco de H.G. Wells. Toby, que admira a Preemby, se refiere a él de la siguiente manera:

> The Distinction of Rich and Poor is to be abolished Altogether. Women are to be freed from all Disadvantages. There is to be No More War. He gets at the roots of things every time. We don't want to be poor and we don't want to be hurt or worried by war, but that's not wanting to end those things. He wants to end them. (188–89)

Preemby se cree un rey de Mesopotamia y ve la solución a nuestra civilización actual en la antigua civilización de Sumeria; Eloy, en Marte; don Quijote, en la caballería andante. Los tres son locos que van a la raíz de las cosas.

Iglesias Feijoo coincide con Martha Halsey y llama a Eloy 'loco lúcido; sus ideales podrán parecer quiméricos pero no puede ignorarse que son los mismos que, ya cumplidos, vimos en el mundo de los Investigadores de *El tragaluz*: un mundo sin guerras en el que no se recurra a la fuerza sino que venere "la vida"'.[19] Por tanto, la locura de Eloy es una vez más un tipo de enfermedad que tiene sentido, tiene un objeto. De alguna manera, la locura de Eloy constituye una fuente de conocimiento muy valioso para otros, aunque éstos no se atrevan a aceptarlo como tal. Eloy llega al extremo de estar dispuesto a morir, de la misma forma que Ismael: 'Tú te mueres ... Yo moriré también. Somos dos locos' (235). Esta locura es envidiable.

En *La fundación* Tomás crea su mundo imaginario, que el espectador comparte por completo. Cree que sus ilusiones son ciertas. En su locura, Tomás goza de un fantástico paisaje y una música deliciosa: 'Es una melodía tan serena como el fresco de la madrugada, cuando asoma el sol. Da gusto oírla en un día tan luminoso como éste. ¡Si vieras como brilla el campo! Los verdes, el lago ... Parecen joyas'.[20] La presencia de Berta, su novia, es parte fundamental de su alucinación. Tomás la hace aparecer cuando la necesita. En un principio, por lo tanto, no duda que vendrá pues su presencia depende totalmente de la imaginación del propio Tomás. '¡Yo sé que vendrás!', le dice a su Berta imaginaria (143). Tomás piensa que ya vive en el mundo ideal que él había soñado, un mundo completamente feliz: 'Es hermoso vivir aquí. Siempre habíamos soñado con un mundo como el que al fin tenemos' (163). Como otros locos, puede que Tomás esté engañado, pero él no deja de ser veraz: 'Nunca he mentido!', le dice a sus compañeros (198); 'Puedo enloquecer, pero mentirte, no ... Mentirte, no' (231).

Poco a poco, Tomás empieza a notar que él es el único que ve ciertas cosas en la celda que ocupan. Su sueño se desvanece; los cigarrillos, la televisión, la música, el vino, los vasos, la cámara de fotos. Cuando averigua que han tenido un cadáver en la habitación seis días, se da cuenta de que ninguno de sus compañeros oía al 'enfermo' pedir comida ni bebida. Sus compañeros intentan despertarle de su sueño irreal, de su locura. A él le asusta aceptar su propia enfermedad: '¿Insinúas que ... estoy enfermo?' (192). Prefiere no poner a prueba la fantasía que ha inventado; no quiere despertarse de ella. Cuando Tulio le reta a que intente abrir la puerta de la celda, dice: 'No me atrevo' (175). 'No creo que finja. Es que no quiere despertar', apunta Lino (210). En su confusión, Tomás piensa que los demás están perdiendo la cabeza: '¿Es que estamos perdiendo la razón?' (211).

Antes de aceptar por fin que se ha inventado su propio mundo, vuelve a acudir a Berta. La necesita para demostrar que su 'realidad' no es falsa. Pero Berta también ha sufrido una notable transformación:

> Tomás—Estos locos dicen ... que lo van a matar. Pero es mentira. Si tú estás aquí, es mentira.
> Berta—Tú sabrás.
> Tomás—Ya no sé nada, Berta. ¿Por qué la Fundación es tan inhóspita? ¿Tú lo sabes?
> Berta—Sí. Y tú.

La Dulcinea de Tomás le desilusiona, desempeñando así un papel fundamental en la curación de su don Quijote. Ni la Dulcinea de la Cueva de Monestinos, ni la que Sancho le muestra, corresponden al ideal del caballero. La novia de Tomás viene a visitarle a la cárcel, pero también difiere con mucho de la Berta que Tomás había colocado en la Fundación, que también se vuelve enigmática. Después de la última 'visita', Tomás por fin se da cuenta de que Berta no le había visitado en realidad, y por lo tanto, de que no había venido nunca. 'Nunca vino. Estoy delirando' (217). Como El Padre de *El tragaluz*, y al igual que

Irene, Tomás trataba de refugiarse. No podía perdonarse por haber traicionado a sus compañeros y, después de intentar el suicidio, decidió refugiarse en un mundo imaginario de belleza y serenidad. 'Tu mente creó la inmensa fantasía de la Fundación: desde el paisaje que veías en el muro hasta el rutilante cuarto de baño', le explica Asel (227–28). A Tomás le sorprende que, estando loco, pueda hablar de su propia locura: 'A eso los médicos lo llamáis locura. Pero si lo soy, ¿cómo lo reconozco?' (223). El proceso gradual de su curación coincide con la comprensión de su locura por parte de los demás. 'Tú no estás loco. ¡Tú estás vivo! Como yo', le dice Tulio (205). Asel entiende y casi envidia la locura de Tomás:

> Si Tomás no fingía, su mundo era verdadero para él, y mucho más grato que este horror en que nos empeñamos que él también viva. Si la vida es siempre tan corta y tan pobre y él la enriquecía así, quizá no hay otra riqueza y los locos somos nosotros por no imitarle. (212)

Don Quijote también sabía cómo crear su propio mundo de una belleza superior. No se podría decir que su vida en el mundo creado por su imaginación no era real ni tremendamente intensa. Refiriéndose a su amada Dulcinea, le dice a Sancho: 'Y para concluir con todo, yo imagino que todo lo que digo es así, sin que sobre ni falte nada, y píntola en la imaginación como la deseo, así en la belleza como en la principalidad, y no la llega Elena, ni la alcanza Lucrecia' (I, 23). Nadie se atrevería a reprochar al caballero que haya creado una dama tan maravillosa en su imaginación. Su mundo, como el de Tomás, es real para él y su vida se ve así maravillosamente enriquecida. Se podría afirmar, entonces, con Asel, que los locos son los que no imitan esta locura, y no encuentran, como Irene, lo maravilloso a su alrededor.

Una vez curado, Tomás se da cuenta de que no puede seguir refugiándose en la fantasía. Sin embargo, Asel le aconseja que conserve parte de su locura, el 'paisaje': 'El paisaje sí era verdadero' (241). Ese paisaje, el recuerdo del mundo ideal que había imaginado, le hará capaz de luchar por conseguirlo, como se demuestra más tarde. Así pues, el sueño no es inútil, porque transforma a Tomás, y también a Lino.

La loca de *Caimán* es Rosa. Imagina y cree firmemente que su hija Carmela está aún viva. Néstor, su marido, intenta que se resigne a creer la realidad de los hechos. Pero, a pesar de que se ha encontrado un cadáver que parece ser el de Carmela, Rosa no acaba de aceptar la muerte de su hija. La locura de Rosa se discute una y otra vez durante la obra: '¿Estás loca?', le grita Néstor. '¡Eso es lo que tú crees, que estoy loca! ¡Pero no lo conseguirás!'[21] Rosa le replica, llamando a su marido 'pobre loco de la sensatez'. Rosa reconoce su propia locura, que es una locura esperanzada; el sentido común de Néstor, su sensatez, está llena de resignación. Por eso, Rosa se resiste a volver a la cordura, se niega a aceptar la realidad; en su propio mundo, como en el de Tomás, la esperanza es posible. Cuando Néstor le repite la pregunta '¿Estás loca?', Rosa asiente: '¡Sí!' (98). Quiere estar loca: ésa es la única forma de esperar que su hija regrese. Por otra parte, Dionisio apoya y entiende a Rosa porque es uno de los que aún esperan. Espera encontrar 'una mujer imposible ... capaz de amar mi pierna destrozada' (57). Después de la rotunda afirmación de Néstor de que '¡El mayor peligro para Rosa es el de no aceptar la realidad!', Dionisio le reta: '¿Y sabes tú cuál es la realidad?' (104). Si una realidad objetiva y bien delimitada no existe, la locura y la cordura no sólo 'se parecen' sino que son lo mismo. La obstinación inútil de Rosa es locura para Néstor; la actitud sensata de Néstor es locura para Rosa. ¿Quién es, pues, el loco y quién el cuerdo? ¿Cómo se puede juzgar si no se sabe cuál es la realidad? Buero da dos posibles interpretaciones de la partida de Rosa, como en el caso de Irene. No dando al espectador una única solución, recalca una vez más la relatividad de la locura, la oscilación de la realidad misma.

De forma parecida, don Quijote y Sancho se llaman locos el uno al otro. En el capítulo 25 de la Primera Parte el escudero advierte a su amo: 'Quien oyere decir a vuestra merced que una bacía de barbero es el yelmo de Mambrino, y que no salga de este de error en más de cuatro días, ¿qué ha de pensar sino que quien tal dice y afirma debe de tener güero el juicio?'. En el capítulo 36, intenta explicar al caballero que no había matado gigante alguno, como don Quijote creía, y esta vez es el caballero el que acusa a Sancho de manifiesta locura: 'Y ¿qué es lo que dices, loco? ... ¿Estás en tu seso?'. Es locura intentar convencer a un bravo caballero que piensa que acaba de matar a un gigante inmenso y malvado de que no había gigante alguno. En la Primera Parte de la novela, Sancho sufre lo que don Quijote estaría de acuerdo en llamar 'la locura de la sensatez'.

Se puede decir, en términos generales, que los personajes buerianos llamados locos son más discretos que sus acusadores. Por una parte, miran la realidad intentando hallar la verdad. Por otra, tienen el valor del que sabe que está en posesión de la verdad; o el celo del que, habiendo encontrado su propio mundo, intenta animar a los demás a compartir su belleza, su riqueza. Muchos de los acusados de locura poseen un inmenso interés por la vida de los demás. Erasmo afirma en su *Elogio de la locura* que el que ama intensamente ya no vive en sí mismo sino en lo amado, y es más feliz cuanto más consigue partir de sí mismo y entrar en el otro. Y cuando la mente ansía viajar fuera del cuerpo, este estado se puede llamar locura con toda exactitud; la locura es más deliciosa cuanto más perfecto es el amor.[22] En este sentido, es normal que los que persiguen sus intereses personales no quieran que se conozca la mezquindad de sus vidas, y acusen de locura a los que de alguna forma se la recuerdan.

Buero no niega la locura de sus personajes, pero esta locura se convierte no sólo en fuente de sabiduría, sino también en acción práctica. De esta manera, Buero defiende el pensamiento utópico:

> Puede ser muy dinamizante, muy operativo, hasta el punto de dejar de ser utópico para convertirse en algo práctico. Una de las maneras de llegar a una práctica positiva es el pensamiento utópico y, por lo tanto, la ensoñación. La actitud íntima de un don Quijote frente a la realidad lleva dentro más futuro que las innumerables actitudes mal llamadas prácticas. (Entrevista)

La locura quijotesca constituye así una fuente de inspiración para crear varios locos y otros muchos personajes que si bien tienen sus imperfecciones en el fondo son idealistas frente a una realidad a menudo hostil, y partidarios por ello de una manera digna y ética de entender el comportamiento humano en general y el suyo propio en particular. 'La falta que él pensaba que hacía en el mundo su tardanza' hizo al caballero dejar casa y tierra y lanzarse en busca de aventuras que le merecerían el título de loco. Lo que don Quijote llamó 'hazañas' el mundo llamó 'desatinos'. En el segundo capítulo de la Segunda Parte, Sancho informa a don Quijote de lo que se dice de ambos: '... el vulgo tiene a vuestra merced por grandísimo loco, y a mí por no menos mentecato'. La respuesta serena de don Quijote también puede aplicarse al estudio de la locura de algunos personajes buerianos:

> Mira, Sancho,—dijo don Quijote—: dondequiera que esté la virtud en eminente grado, es perseguida. Pocos o ninguno de los famosos varones que pasaron dejó de ser calumniado de la malicia.

Si Don Quijote mereció la calumnia, no le será ahorrada a los locos buerianos.

NOTAS

1 'Discurso de Antonio Buero Vallejo en la entrega del Premio Cervantes 1986', *Anthropos*, 79 (1987), 27. Ver también Ricardo Doménech, *El teatro de Buero Vallejo* (Madrid: 1973), 244, nota 6; tesis doctoral de David Johnston sobre la influencia de Unamuno en Antonio Buero Vallejo, especialmente el capítulo 6 (The Queen's University of Belfast, octubre, 1982).

2 Américo Castro, *El pensamiento de Cervantes* (Barcelona: 1972), 83–84.

3 'Brillante', en *Diario 16* (8 de marzo de 1987), citado en *Antonio Buero Vallejo, Premio Miguel de Cervantes 1986* (Madrid: 1987), 29.

4 Fernando Rielo, *Teoría del Quijote. Su mística hispánica* (Madrid: 1982), 68–69.

5 Miguel de Unamuno, *Vida de don Quijote y Sancho* (Buenos Aires: 1946), 29–30. A partir de ahora se darán las referencias en el texto.

6 Salvador de Madariaga, *Don Quixote. An Introductory Essay in Psychology* (London: 1961), 39.

7 Mauro Olmeda, *El ingenio de Cervantes y la locura de Don Quijote* (Madrid: 1973), 261.

8 Maxime Chevalier reconoce que el príncipe es un personaje claramente quijotesco, pero no cree que constituya un ejemplo representativo de la influencia cervantina en el escritor ruso, pues su enfermedad mental no se debe a excesiva lectura: 'Aparte queda el príncipe Mishkin, figura claramente quijotesca, pero personaje cuyos aturdimientos nada tienen que ver con la locura libresca del caballero manchego. A pesar de que se suele evocar cuando se esboza un paralelismo entre el autor del *Quijote* y el del *Idiota*, Mishkin no representa, a mi entender, caso tan demostrativo de la influencia cervantina en la obra de Dostoievsky como los que se citan aquí' (Maxime Chevalier, 'Cervantes, Rousseau, Dostoievsky', *Ínsula* (1991), 538, 15.) En mi opinión, la referencia al idiota está perfectamente justificada al considerar el posible paralelismo entre Cervantes y Dostoievsky.

9 A. González de Amezúa y Mayo, *Cervantes, creador de la novela corta española* (Madrid: 1982), 168.

10 Antonio Buero Vallejo, *Irene, o el tesoro* (Buenos Aires: 1962), 170.

11 Erasmus, *Praise of Folly*, en John P. Dolan, *The Essential Erasmus* (New York: 1964), 127.

12 Eugène Ionesco, 'La Farce Tragique', entrevista de Beatrice Rodaro (abril, 1986).

13 T. S. Eliot, *The Cocktail Party* (London: 1950), 111.

14 H. G. Wells, *Christina Alberta's Father* (London: 1985), 71. Buero ha admitido en varias ocasiones su profunda admiración por H. G. Wells. 'Creo que es uno de los supremos creadores de mitos de la literatura de nuestros días' (Entrevista). Ver también: 'Discurso de Antonio Buero Vallejo en la entrega del Premio Cervantes', 26; *Teatro Español Actual* (Madrid: 1977), 74, 76–78.

15 Martha Halsey, *Antonio Buero Vallejo* (New York: 1973), 97. Carmen González-Cobos Dávila habla de 'la posible relación de El Padre con la loca de *Irene, o el tesoro*'. 'Estas analogías o "parentescos" tienen que referirse a la posibilidad de que ambos personajes, en su locura, posean la verdad, es decir, la lucidez de pensamiento de que carecen otros personajes demasiado realistas y racionalistas para llegar a ella'. *Antonio Buero Vallejo: el hombre y su obra* (Salamanca: 1979), 125.

16 Antonio Buero Vallejo, *El tragaluz. El sueño de la razón* (Madrid, 1988), 26. Se citará por esta edición, las referencias dándose en el texto como número de página.

17 Halsey, *op. cit.*, 128.

18 Antonio Buero Vallejo, *La doble historia del doctor Valmy. Mito* (Madrid: 1992), 213. Se citará por esta edición, las referencias apareciendo en el texto como número de página.

19 Luis Iglesias Feijoo, *La trayectoria dramática de Antonio Buero Vallejo* (Santiago de Compostela: 1982), 278.

20 Antonio Buero Vallejo, *El concierto de San Ovidio. La fundación* (Madrid: 1986), 138. Se citará por esta edición, las referencias apareciendo en el texto como número de página.

21 Antonio Buero Vallejo, *Caimán. Las cartas boca abajo* (Madrid: 1981), 73. Se citará por esta edición, las referencias apareciendo en el texto como número de página.

22 Erasmus, *op. cit.*, 172.

‘Pero todo partió de allí ...’: *El concierto de San Ovidio* a través del prisma de su epílogo

VICTOR DIXON

Para Derek Gagen,
mi Haüy español e inglés.

> Pronto hará treinta años que un ultraje a la humanidad, públicamente cometido en la persona de los ciegos de los Quince Veintes y repetido cada día durante cerca de dos meses, provocaba las risotadas de aquellos que sin duda nunca han sentido las dulces emociones de la sensibilidad. En septiembre de 1771, un café de la feria de San Ovidio presentó unos ciegos elegidos entre aquellos que sólo disponían del triste y humillante recurso de mendigar su pan por la calle con la ayuda de algún instrumento musical ...

Así comienza el monólogo con que termina *El concierto de San Ovidio.*[1] En el espectador que cree haber presenciado ya el fin de la tragedia, produce sin duda un efecto de sorpresa, de confusión. Le resulta quizá difícil en un principio identificar en el que habla, o mejor dicho lee—como si corrigiera pruebas—a Valentín Haüy, a un personaje que ha intervenido una sola vez en la acción anterior, situada en 1771, y que aparentaba entonces 26 años, ya que: ‘Ahora tiene 55 años, el pelo casi blanco, y viste a la moda de 1800’. El dramaturgo le hace subrayar incluso la dificultad:

> *(Levanta la vista)* A veces pienso que nadie reconocería hoy en mí a aquel mozo exaltado de entonces, porque los años y las gentes me han fatigado.

Pero si los espectadores se confunden, también los críticos. A partir del estreno ha habido diversidad de pareceres. ¿A qué este epílogo? ¿Es un toque genial, o un franco despiste?

Uno de los críticos del estreno, José Monleón, lo describe así: 'Sale a escena un anciano—un actor joven con peluca que dirá su parlamento dentro de los cánones "distanciadores" que pedía Brecht, para que sepamos que nos propone un juicio crítico y no un parlamento de motivación sentimental'. Otro, Pedro Laín Entralgo, habló de la 'pedagógica y un poco inútil explicitud del monólogo con que termina el drama y es glosado su sentido', y llegó a sugerir que 'suprimiendo este parlamento ganaría en esbeltez y en impacto *El concierto de San Ovidio*'.[2] Un corresponsal del *Times* de Londres, que vio la obra en 1967 en el festival de San Miniato, escribió que al final: 'Aparece un narrador algo innecesario para hablar del día en que los desvalidos conseguirán la igualdad'.[3] Y cierto Angel Berenguer, en un estudio de 1971, nos dice que 'en *El concierto de San Ovidio*, un personaje como Valentín Haüy no puede sino ser extraño a la estructura global de la obra'.[4]

En enero de 1963, en cambio, Enrique Pajón Mecloy había escrito que 'este epílogo, que algunos críticos han considerado innecesario, es, en nuestra opinión, la esencia misma del drama; por su proyección histórica, es la luz de la esperanza; por su dimensión intemporal, la reflexión sobre el dolor y el sacrificio'.[5] También Francisco Ruiz Ramón ha dicho de Valentín Haüy que 'la función que este personaje cumple en el interior de la tragedia es muy importante. Rescata el sentido de aquel monstruoso espectáculo ... pero a la vez, convierte la tragedia cerrada en tragedia abierta';[6] y Marion Holt: 'La reaparición de Haüy en el epílogo del drama ha sido criticada, pero es precisamente mediante ella cómo Buero consigue conectar las tragedias personales con la tragedia social más amplia'.[7] Luis Iglesias Feijoo reconoce asimismo que 'ese desenlace es, desde luego, fundamental para el sentido del drama, y éste sería otra cosa si le eliminásemos'.[8] Pero quien ha comprendido mejor (creo yo) el papel de Valentín Haüy—no sé si por haberle encarnado dos veces—ha sido mi amigo Derek Gagen. En un estudio que he plagiado bastante en este mío demuestra cómo 'el epílogo reúne temas y da el "último sentido" de la parábola y de la tragedia'.[9]

Nuestro epílogo, como hemos visto y veremos, es un elemento extraño. Pero la tragedia que cierra es ella misma, en ciertos sentidos, una obra insólita, distinta. Entre los 27 dramas que su autor nos ha dado, es el único—a excepción de *Las palabras en la arena* y *La tejedora de sueños*—que no tiene lugar o en España o en un país indeterminado, como 'Surelia'. Entre sus tragedias históricas es la única, por lo tanto, que Buero sitúa fuera de su patria. Es su única obra, si exceptuamos el libro de *Mito*, cuya figura principal—entre tantos pintores y escritores, profesores y políticos—es un músico. Y es, sobre todo, la única que puede decirse una auténtica 'doble historia', que abarca a la vez dos dramas y dos protagonistas, uno ficticio—mejor dicho, intrahistórico—y otro histórico, real. Pero toda esta extrañeza quiere decir solamente, por paradójico que parezca, que *El concierto de San Ovidio* es enteramente típica de su autor, porque éste se caracteriza, en cuanto a sus formas teatrales, al envase de su mensaje, por la experimentación.[10] Buero, dijo en 1972 Robert Nicholas, 'ha sido durante más de dos décadas' (¡ya son cuatro y media!) 'la fuerza teatral más sostenida, más innovadora, más estimulante de España, en primer lugar por la índole experimental de sus obras. Para él, teatro es experimentación'.

En los años sesenta experimentó sobre todo con la introducción de *mediadores* entre la escena y el espectador, de personajes que además de intervenir en la acción sirviesen de enlace entre ella y el público de la sala. En varias obras anteriores, se las había ingeniado para emplear, sin faltar a la verosimilitud, un recurso clásico proscrito en teoría—aunque no en la práctica—por autores naturalistas como Ibsen y Chekhov: el del monólogo, que él mismo llamó en 1966—a propósito de *Los cuernos de Don Friolera*—'el vehículo revelador por excelencia del hombre interior'.[11] Pero en *Las Meninas*, de 1960, el personaje que monologa—el mendigo Martín—sirve por primera vez de puente entre autor y público, presentando y comentando el espectáculo. A Martín y a Valentín Haüy yo mismo, como otros críticos, los he calificado de 'narradores';[12] pero Luis Iglesias, al discutir en su libro monumental sobre Buero esta faceta de su experimentación en lo que llama una 'segunda época', critica con razón el empleo de dicho término.[13] Parece reservarlo más bien para los casos de *La doble historia del Dr. Valmy*, escrita en 1964, y de *El tragaluz*, estrenada en 1967, ya que en estas obras ciertos personajes funcionan más claramente para presentar la historia ante el público. Pero el término—y la técnica de Buero al emplear tales 'narradores'—están pidiendo una aclaración.

En muchas obras del teatro posnaturalista se presentan personajes que interpelan directamente al respetable público. Es el caso, por ejemplo, del mismo autor en *La zapatera prodigiosa*; del Director de escena en *Nuestra ciudad* de Thornton Wilder; de Tom en *El zoo de cristal* de Tennessee Williams; del abogado Alfieri en *Panorama desde el puente* de Arthur Miller; y de Wang en *El alma buena de Setzuán* de

Bertholt Brecht. Pero Buero—si no me equivoco—no rompe nunca en este sentido las convenciones ilusionistas; mejor dicho, ha ideado unas convenciones muy propias, más conservadoras quizás, pero también más revolucionarias.

En *Las Meninas*, Luis Iglesias ha comentado que, con 'calculada ambigüedad', Martín, medio loco, se inventa un auditorio, que interpela a los espectadores 'como si se dirigiese al público, sí, pero al de un teatro del siglo XVII, o a un corrillo formado a un charlatán de feria, que es precisamente lo que el desearía hacer'.[14] En el caso presente, Haüy aclara, como hemos visto, que está situado ahora en 1800, y ha de subrayar, como también advierte Iglesias, su inconsciencia de ser espiado: 'Cuando no me ve nadie, como ahora ...' (196).[15] En el segundo acto, en cambio, Valindin, al pronunciar los versos de su pregón, 'Si sois de los que entienden y nada les contenta ...', se dirige, según una acotación, 'al público' (143); y cuando Haüy les dice a la orquestina de ciegos: 'Si vierais, el público sería otro espectáculo para vosotros' (149), sería natural (y deseable) que el actor escrutinara también el patio de butacas, y que los espectadores del siglo XX se sintieran también aludidos; pero ambos se refieren en teoría a un público de 1771. En todos estos casos, pues, la participación imaginativa del espectador es voluntaria; depende de su propia 'sensibilidad'.

Pero tampoco se dirige realmente a los espectadores el Dr. Valmy. Interviene mucho más que Martín o Haüy, pero en vez de monologar está dictando sus historias a una secretaria para que las lea un presunto lector. Quienes sí en esta obra parecen interpelar al público de la sala son el Señor y la Señora bien vestidos, que se presentan al principio y en el punto culminante de la obra para disuadirnos de tomarla en serio; pero estos episodios deben interpretarse como otros recuerdos del Doctor. Este explica cómo una vez, cuando contaba la historia principal en un manicomio, la interrumpió así una pareja de enajenados que él ha descrito en una historia anterior. Los dos, pues, están hablando a otro público, a un público de locos, y a nosotros sólo en la medida en que nos identificamos con éstos.

El caso de *El tragaluz* es parecido. Los Investigadores, que han recuperado la historia de unos españoles de ahora, son seres de un siglo futuro (quíza el XXV o el XXX) que la están presentando y comentando para unos espectadores de su tiempo; Buero pretende un 'sobrecogimiento histórico'; que nos identifiquemos ora con éstos, ora con los personajes del siglo XX juzgados por ellos.

En una obra más reciente, *Caimán* (1981) se emplea un recurso semejante. La mediadora es una Dama de 55 años, que dicta a un magnetófono sus recuerdos de un incidente decisivo de su juventud, ocurrido en 1980, e imagina una posible adaptación teatral de su relato. Sólo al final se identifica con otra figura de la obra, con la cual se ha cruzado alguna vez, y que tiene en ella catorce años. La representación, y los espectadores a los cuales se presenta, pertenencen por lo tanto a los años 20 del siglo XXI; para identificarnos con éstos, se nos requiere un poderoso esfuerzo de imaginación activa.

A diferencia, pues, de aquellos narradores que se limitan a presentar y comentar una historia, y cuya intervención, aunque invite a los espectadores a reflexionar, los distancia del espectáculo, cuya teatralidad subraya, e inhibe su participación emotiva, los mediadores buerianos ayudan a la interiorización imaginativa del público. Como los ya famosos 'efectos de inmersión', responden al deseo de 'hallar nuevas maneras de englobar al público en el espectáculo' que, como Buero ha dicho, 'fue una de mis más tempranas preocupaciones y ha inquietado varias de mis obras'.[16]

Discrepo, por lo tanto, de la interpretación de Luis Iglesias cuando él afirma que *El concierto de San Ovidio* 'no profundiza aún en la línea de presentación del relato por medio de un narrador, insinuada en *Las Meninas*'.[17] Valentín Haüy no se diferencia, por el hecho de no interpelarnos directamente, de los mediadores de obras posteriores, ya que éstos tampoco lo hacen, si bien en dichas obras la técnica de su empleo se ha desarrollado mucho más. En lo que sí se diferencia es en aparecer inesperadamente al final de la obra para pronunciar este monólogo al parecer gratuito. Los demás mediadores buerianos, como los personajes de otros autores a que acabo de aludir, aparecen al principio, de modo que su mediación funciona como un marco a través del cual, inevitablemente, se percibe y se entiende desde entonces la acción principal del drama. En este sentido, el monólogo de Haüy se parece más al que pronuncia el criado de Larra, Pedro, después de la detonación que pone fin a la vida de su amo, que también pudiera tildarse de gratuito pero que a Buero le pareció absolutamente necesario. Pero Pedro, aunque toda la acción anterior ha transcurrido en la mente alucinada de Larra, ha desempeñado en ella un papel destacadísimo. Otra vez más, pues, el caso de Haüy es distinto.

En el texto impreso de *El concierto de San Ovidio*, Buero se refiere, en una nota preliminar, a las andanzas de un grupo de ciegos que 'determinaron sin saberlo el destino de un gran hombre' (74). Pero para los espectadores, si desconocen la historia de la tiflología, y si su programa de mano no les revela el secreto, es un personaje muy secundario, que antes de su aparición al final participa en la acción una sola vez, brevemente y sin trascendencia. Pero en esto consiste precisamente la fuerza irónica de su empleo como mediador. Porque los demás mediadores, aparentemente más relevantes, no son más que seres ficticios o individuos de poca monta. Valentín Haüy, en la periferia de *El concierto de San Ovidio*, es 'un gran hombre'—casi la única figura real, histórica, de la obra—y las palabras auténticamente suyas que cité al comienzo pertenecen a su 'tercera nota' de 1800, a una 'página ilustre' (la frase es de Buero)[18] de la historia humana.

> Pero todo partió de allí. Ante el insulto inferido a aquellos desdichados, comprendí que mi vida tenía un sentido. Yo era un desconocido sin relieve: Valentín Haüy, intérprete de lenguas y amante de la música. Nadie. Pero el hombre más oscuro puede mover montañas si lo quiere. (194)

A última hora, aunque no por primera vez, aflora la otra trama de *El concierto de San Ovidio*, la segunda acción que puede muy bien haber sido sin embargo su primera inspiración. Cuando Buero vio en el primer número de *Sirio*, de marzo de 1962, una reproducción del cartel del concierto, publicado antes en el *Correo de la Unesco* de 1960, escribió a Pajón Mecloy: 'Esa patética historia de la feria de Saint-Ovide me ha conmocionado hasta el punto de que acaso alguna vez me atreva a escribir un drama "pro ciegos" apoyándome en ella'.[19] Pero podemos dudar que lo hubiera escrito, e incluso que se hubiera conmocionado tanto, si el cartel no hubiera venido acompañado por la 'tercera nota' en que Valentín Haüy describió casi 30 años más tarde el despertar de su vocación, y en que se basa nuestro epílogo.

Como hizo notar Derek Gagen, Buero había publicado en 1953 un artículo sobre 'Ibsen y Ehrlich'. Había leído que fue despúes de presenciar una representación de *Espectros* cuando Paul Ehrlich decidió dedicar el resto de su vida a la eradicación de la sífilis, y le pareció un impresionante ejemplo de la posible fuerza catártica del espectáculo. 'Mediante una de sus obras maestras', escribió, 'un gran autor de teatro movió el ánimo de un gran científico hacia la decisiva labor que había de justificar su vida ... Para el científico ... tuvo esta tragedia plena virtud catártica; ... en su alma generosa actuaron durante años el terror y la piedad'. 'El ejemplo ilustre de Ehrlich' para Buero era 'uno de los múltiples resultados positivos que la tragedia teatral puede provocar'.[20] Pensaba sin duda en su propia aspiración a abrir los ojos del público, a estimular—desde *Historia de una escalera*—'una renovadora y eficaz inquietud' mediante la representación de cada una de sus tragedias. Y hay un paralelo evidente entre la reacción de Ehrlich—ignorada, sin duda, por Ibsen—ante la obra de arte de éste, que en tantos otros espectadores no provocó más que escándalo y horror, y la de Haüy ante la orquestina de ciegos, tan divertida para la mayoría de sus contemporáneos, aunque ella constituía sólo una negación del arte.

En 1978 le pregunté a Buero si en 1962, al escribir su *Concierto*, había vuelto a pensar en Ibsen y Ehrlich. Debo confesar que la respuesta fue negativa; pero Buero sería el primero en reconocer, como lo hizo en 1979, que sus obras han sido escritas 'con mucha conciencia por un lado, pero con impulsos subconscientes por el otro', que en su teatro 'hay cosas que ni siquiera yo mismo sé'.[21] Tal vez ésta sea una de ellas.

Desde luego, el despertar de la vocación de Haüy fue motivo de interés y entusiasmo por su parte; prueba de ello es su decisión de conmemorarlo en el epílogo que comentamos. Y, lógicamente, si pensamos en las otras 'fantasías históricas' de Buero—su '*Esquilache*', su '*Velázquez*', su '*Goya*', su '*Larra*'—habría sido de esperar que hiciera de esta crisis en la vida de una gran figura histórica el tema principal de su drama. Quizá pensara en algún momento hacerlo; y en la tragedia que sí llegó a escribir podemos decir que anduvo una parte del camino. En su punto culminante, el final del acto segundo, no sólo escenifica la asistencia de Haüy al espectáculo horrendo, sino que inventa una protesta abierta, históricamente injustificada pero verosímil y dramática. Por lo demás, sin embargo, Buero le hace esperar entre bastidores. En este sentido, cabe decir que Valentín Haüy—el 'hombre oscuro' que se convirtió en 'un gran hombre'—más que un personaje secundario, es el protagonista *manqué*, desplazado o postergado, de *El concierto de San Ovidio*.

Es por otra parte muy típico de Buero, aunque varios protagonistas suyos hayan sido personas famosas, interesarse por la capacidad de los 'seres oscuros' para sobreponerse a su situación vital. En *Caimán*, por ejemplo, la Dama mediadora describe así al protagonista masculino: 'Néstor no es más que un hombre oscuro, pero a los que son como él debemos nuestra fuerza. Sin ellos, el caimán nos habría devorado hace mucho tiempo'.[22] En *Un soñador para un pueblo*, su Esquilache reconoce que es forastero, que nació plebeyo, que vale menos que el Marqués de la Ensenada; pero 'el hombre más insignificante es más grande que tú si vive para algo que no sea él mismo'.[23] Y en *El tragaluz* los Investigadores, en cuyo siglo se ha comprendido 'la importancia infinita del caso singular', se afanan por buscar en el pasado 'las personas que guardaban ya en sus corazones *la gran pregunta*. Pero debieron de ser hombres oscuros, habitantes más o menos alucinados de semisótanos o de otros lugares parecidos'. Y en el caso que presentan, 'quien la formula no es una personalidad notable, nadie de quien guardemos memoria. Es un ser oscuro y enfermo'. Se refieren al Padre, una de cuyas manías consiste en ir recortando—salvando—figurillas de postales viejas, para preguntarse: '¿Quién es ése?' En el fondo, la tarea de ellos es idéntica: 'rescatar de la noche, árbol por árbol y rama por rama, el bosque de nuestros hermanos'. Y anuncian que su próximo 'experimento' consistirá en explorar la historia de otro personaje, precisamente el ser más oscuro del drama, una esquinera que 'sin decir palabra, ha cruzado algunas veces ante vosotros'.[24] En realidad, esto es lo que hace el propio Buero en *El concierto de San Ovidio*: esquivar la recreación del personaje histórico de Valentín Haüy, en favor de la de otros seres todavía más oscuros, los ciegos de la orquestina, y sobre todo de uno de ellos;[25] fijarse en una figurilla del cartel de la feria que se propone escenificar, preguntarse ¿quién es ése?, dotarle de una historia, una personalidad, un nombre—David—y darle todavía más relieve que al 'otro' protagonista, Valentín Haüy.

Le presta incluso algunas características de éste, e imagina paralelos—pero también contrastes—entre los dos. Por ejemplo, cuando Haüy se dice que 'el hombre más oscuro puede mover montañas, si lo quiere', recordamos las palabras de Jesucristo sobre la fe; recordamos que las citó, en *La señal que se espera*, el filósofo Julián: 'La fe mueve las montañas y produce las señales. Por su poder vivimos';[26] pero observamos ahora una nueva insistencia en la voluntad, en el querer; y percibimos un eco de la de David, desde su primera aparición: 'Tenéis que decir sí a vuestros violines. ... Hermanos, hay que poner en esto todo nuestro empeño ... ¡Pero hay que querer! ¡Hay que decirle sí al violín! ... Me empeñé en que mi garrote llegaría a ser para mí como un ojo. Y lo he logrado. Hermanos, ¡empeñémonos todos en que nuestros violines canten juntos y lo lograremos! ¡Todo es querer!' (88–91).

David no sabía en aquel momento que el empeño de Valindin, también 'hombre emprendedor y eficaz', era muy contrario al suyo, y creyó haber conquistado el sí de sus compañeros: 'Donato, ¡han dicho sí! ¡Un sí pequeñito, avergonzado, pero lo han dicho! ¡Lo conseguiremos!' (92). En el acto tercero, por contraste, frente a la férrea voluntad del explotador, la de ellos se deshace; cuando David les pide otra vez el sí, Lucas responde sólo: '¿Cuándo vais a dejar de soñar?'; Nazario: '¡Soy yo ahora quien dice que no!'; y Donato: 'Yo no digo nada' (165).

David queda, pues, vencido y aislado, y su voluntad individual—cuyo emblema ya no es su violín, sino su garrote—no conseguirá más que el asesinato de Valindin y su propia muerte. '¡Palos de ciego!'. Sólo a medias tenía razón al decir que 'todo es querer'; el empeño del individuo se tuerce y fracasa si falta el de otros. Como comenta Luis Iglesias, si en *La señal que se espera* la fe y la voluntad vencen, 'Silvano, Silverio, Velázquez o David experimentarán que contra el "querer" del hombre se levanta casi siempre la oposición de la sociedad, de los otros hombres'.[27] *El concierto de San Ovidio* 'parece decir que se precisa la unión de muchas voluntades, esto es, una solidaridad difícil de conseguir, porque contra ella trabajan las fuerzas a las que no conviene su existencia'.[28] Pero Valentín Haüy tiene todavía cosas que decirnos al respecto. Escuchémosle otra vez:

> Sucedió en la plaza de la Concordia; allí se han purgado muchas otras torpezas. Yo he visto caer en ella la cabeza de un monarca más débil que malvado, y después, las de sus jueces: Danton, Robespierre ... Era el tiempo de la sangre, pero a mí no me espantó más que el otro, el que le había causado: el tiempo en que Francia entera no era más que hambre y ferias ... (194)

Haüy contempla ahora la historia de la orquestina desde otra perspectiva, otro punto histórico, el de 1800, y nos sugiere, sin saberlo bien él, toda una serie de analogías y paralelos nuevos. La crueldad de Valindin—más malvado que débil, por cierto—le acarreó un garrotazo en la nuca a manos de una de sus víctimas; el sistema opresivo que le patrocinaba ha perecido asimismo con la degollación, en el mismo lugar, de su máximo representante. Pero el asesino del explotador, según Haüy ha oído decir, murió ahorcado, y los revolucionarios, los jueces del Antiguo Régimen, con quienes David implícitamente se asocia, han pagado también con sus cabezas. Crueldad y opresión han provocado una reacción en cadena de muertes y venganzas, que para Haüy son todas 'torpezas' espantosas, si bien la responsabilidad principal recae sin duda sobre los primeros instigadores. Buero mismo ha hablado, más recientemente pero en términos muy parecidos, de la lección histórica que nos ofrece la Revolución francesa. Parece ser para él el *locus classicus* del problema de 'la repugnante y necesaria violencia' y 'la repugnante e inútil crueldad' de las que habló a proposito de *La fundación*. Es el máximo ejemplo para él de que 'la violencia histórica ... no es siempre intrínsecamente mala. La experiencia nos ha demostrado que en ciertas ocasiones históricas no hubo otro modo de dar un paso adelante ... que el de la violencia, y ello por el hecho muy conocido y obvio de que las clases dominantes en una sociedad determinada se resisten a ser licenciadas cuando la historia, de hecho, las ha licenciado ya. Y como esa resistencia es asimismo violenta y bárbara, no hay más remedio que oponerle otra violencia. Sería ideal y maravilloso que esa inevitable violencia fuese sin embargo lo menos cruel posible' y que no fuese en cambio, como tan a menudo es, 'un semillero de crímenes. Y es de éstos de los que yo abomino—si bien no más que de los constantes crímenes de la violencia organizada y establecida en etapas de aparente tranquilidad histórica ... La Revolución francesa fue enormemente violenta, y ahora sí quiero decir cruel ... Los posteriores resultados de ésta fueron buenos y también malos ... pero ... aquella tremenda convulsión fue mucho más positiva que negativa si la consideramos en su conjunto ... En mis obras, casi instintivamente humanistas, qué duda cabe de que se exalta la necesidad de limitar en todo lo posible la crueldad y el crimen, y de que se los rechaza como actos éticamente inadmisibles; qué duda cabe de que mi teatro aboga indirectamente por una evolución histórica lo más pacífica y lo menos violenta posible. Pero yo no podría rechazar en él de plano la violencia histórica, a veces necesaria'.[29]

¿Y la violencia intrahistórica—el asesinato de Valindin por David? ¿Fue una violencia necesaria, en defensa de sí mismo, y a favor de otros? ¿O en parte al menos una crueldad, un crimen motivado por celos y venganzas personales, que él mismo no se perdonó? '¡He matado, Adriana! ¡Yo quería ser músico! ¡Y no era más que un asesino!' (187). Buero ha hecho suya la 'tremenda frase' de Larra: 'Asesinato por asesinato, ya que los ha de haber, estoy por los del pueblo'; y ha comentado también: 'No es que él aprobara, ni gozara con aquellos crímenes de su pueblo, pero los justificaba mucho más que los de la reacción inmovilista'. Y quisiera también que reconociéramos—si hemos gozado, como es probable, con el crimen de David—que 'en el fondo todos somos, en mayor o menor grado, *co-autores de todos los crímenes*. Y la mayor honradez está en comprenderlo e intentar superarlo'.[30]

Para los espectadores de 1962, el cambio de perspectiva de 1771 a 1800 habrá facilitado y subrayado otro salto en el tiempo y el espacio, que sin duda habían dado ya, a la España contemporánea, para la cual la obra tenía evidentemente un mensaje. Tal como dos ingleses, Gagen y Jordan, han advertido—para muchos españoles, sin duda, se trata de recuerdos personales—los primeros años de aquella década eran un período de crisis en el desarrollo político de la posguerra, con la reaparición de una clase obrera muy poco organizada pero militante, que el Partido Comunista de España y sus simpatizantes parecían concebir como el preludio de un derrumbamiento violento del régimen franquista, si bien dicho análisis carecía de realismo y había de ser impugnado desde dentro del partido mismo. De febrero de 1962 en adelante, hubo serios desórdenes entre estudiantes y obreros, centrados desde abril en las cuencas mineras de Asturias. A principios de mayo, empeoró la situación. El día 4, el gobierno declaró un estado de emergencia; los dias 5, 6, y 7 hubo manifestaciones muy violentas en Madrid, y el 15 un grupo de intelectuales y universitarios, de obreros y parientes de prisioneros políticos, marcharon en silencio alrededor de la Puerta del Sol, para demostrar su solidaridad con los mineros en huelga. Más de 50 personas fueron detenidas, entre ellas Victoria Rodríguez, la esposa de Buero, a quien se dedica *El concierto de San Ovidio*.[31]

El ambiente en que vivía el país, la capital y el dramaturgo al escribir su obra, explican fácilmente las indirectas políticas y sociales en que abunda. Por ejemplo, la desatendida súplica de David: '¡Unidos, hermanos!' (165) se ha relacionado con el eslogan del P.C.E. 'Unidos, hermanos proletarios'; pero es en el diálogo de David con el calderero Bernier donde más se concentran las constantes alusiones al hambre que sufren tantos, y a la corrupción de la ley, que permite la 'desaparición' de un enemigo personal mediante una 'carta secreta'—hechos históricos no desprovistos de analogías contemporáneas. '¡Cuántas cosas necesitan remedio!' exclama David—y Bernier responde: '¡Y habrá que encontrarlo, moler! Pero abriendo el ojo ...' (170).

Evidentemente Buero, como en tantísimas obras suyas de la época franquista, 'abría un proceso' a una sociedad y un régimen opresivos, y meditaba pública pero solapadamente sobre las maneras directas—o no tan directas, como las suyas—de combatirlos, de modo que su drama resultaba peligrosamente actual. Tuvo razón Ricardo Doménech en escribir entonces que 'la problemática de la obra guarda una estrecha semejanza con la problemática de una situación presente' y que Buero, como Brecht y casi todos los grandes dramaturgos contemporáneos, había empleado 'una técnica de distanciamiento histórico como una manera de decir lo que pasa cuando lo que pasa no se puede decir'.[32] En este sentido, también la tuvo Eduardo Haro Tecglen en su reseña de la reposición de 1986, al decir que nuestra obra 'en su tiempo estaba repleta de alusiones al entorno político y social, y el espectador colaboraba como cómplice feliz. Es un documento de una época'. Pero demostró una cortedad de miras, un extraño daltonismo quizás, al insinuar que es sólo esto, que 'en un contexto actual ... todo lo alusivo y todo lo punzante carece de sentido, y queda solamente la anécdota o el suceso, que tienen poco por lo que interesar a esta sociedad', que 'la obra tiene más valor retrospectivo y documental que actual'.[33] Sería casi tan absurdo afirmar que otro 'clásico' moderno, *Las brujas de Salem* de Arthur Miller, estrenado en 1952, interesa sólo por sus relaciones con el período del Senador McCarthy.

Con una cortedad de miras parecida, a mi modo de ver, se ha interpretado a veces el subtítulo de *parábola en tres actos* como alusivo sólo al mensaje de la obra para los espectadores de 1962. Incluso Luis Iglesias define *parábola* como 'relato de una historia o cuento del que deben obtenerse enseñanzas que conciernen a la actualidad'.[34] Este nivel de interpretación sin duda lo tiene; pero ha de entenderse también en un sentido mucho más amplio. Entre distintas definiciones, ¿por qué no atenernos a la del Diccionario Académico: 'Narración de un suceso fingido, de que se deduce, por comparación o semejanza, una verdad importante o una enseñanza moral'?

El mismo Iglesias, por cierto, ha señalado hasta qué punto obras posfranquistas de Buero, como *La detonación*, de 1977, demuestran '*a posteriori* que la creación de un teatro cuya acción se sitúa en tiempos pasados no era un mero recurso para esquivar una censura supuestamente atenta sólo a lo que se desarrollara en la época actual. Todo el ciclo histórico de Buero encierra otros sentidos ...'.[35] Efectivamente, como hemos visto y como veremos, sus obras reflejan todas una visión del hombre y del mundo mucho más amplia, de alcance mucho más universal de lo que pueden sugerir las referencias a lo puramente actual y nacional que indudablemente contienen.

> Sí, me dije, embargado de noble entusiasmo; convertiré en verdad esta ridícula farsa. Yo haré leer a los ciegos; pondré en sus manos libros que ellos mismos habrán impreso. Trazarán los signos y leerán su propia escritura. Finalmente, les haré ejecutar conciertos armoniosos'. (194–95)

La palabras de Haüy parecen un eco de las del David ilusionado del acto primero. Pero las está leyendo otra vez; provienen de nuevo de aquella 'página ilustre'. En realidad, lo que ha hecho Buero es crear en David un supuesto precursor de Haüy, un ciego no menos visionario que hubiese concebido e intentado realizar, con trágicas consecuencias, el mismo sueño. Haüy, un hombre oscuro pero infinitamente mejor situado, ha emprendido otro camino. 'Y si el sueño parece quijotesco', como ha dicho David Johnston, 'en las manos de un hombre como Haüy, puede convertirse en realidad histórica. Si David representa la respuesta revolucionaria, Haüy representa claramente la respuesta reformista. Transformada radicalmente su percepción de la sociedad por la experiencia catártica del "concierto", encuentra que su vida, hasta entonces sin sentido, se dirige totalmente hacia la creación de un mejor modo de vivir para otros'.[36] Frente al filántropo fingido que a David le defraudó, y a quien rechazó y mató, aparece el filántropo de verdad, el ilustrado que sí admite 'los disparates de un Juan Jacobo o de un Voltaire', y se dedica concienzudamente a 'cultivar su jardín', a mejorar la suerte de un pequeño grupo de sus prójimos.

A algunos críticos no les convence del todo esta respuesta reformista. Barry Jordan, por ejemplo, insiste en que las posibilidades de acción de que dispone Haüy no están sencillamente al alcance de todos, sino distribuidas desigualmente según la situación social del individuo y su acceso al poder; alega que 'si Haüy, sensible y humanitario, es una versión auténtica, limpiada, de paternalismos opresivos anteriores, representa sin embargo su continuación'. 'Este nuevo paternalismo puede verse', dice, 'como una manera de encauzar en formas socialmente aceptables y controlables (es decir, el colegio para ciegos) las consecuencias potencialmente desestabilizadoras de la resistencia popular; y en sociedades basadas en la propiedad privada y en divisiones clasistas es posible sostener que la apelación a un paternalismo generoso y la creencia en la soberanía del individuo, no ofrecen respuesta alguna a contradicciones y conflictos sociales'.[37] A Carlos Isasi Angulo tampoco le agrada el hecho de que '*El concierto* apunta sí a una solución, pero no de signo revolucionario, ... sino reformista, de la cual Haüy es el portaestandarte. Su actitud filantrópica ... no dista mucho de la de los partidarios del despotismo ilustrado. En el fondo Haüy está evitando con las reformas de poco alcance que la verdadera revolución se lleve a cabo'.[38]

Efectivamente, el Haüy histórico era más bien un reformista que un revolucionario verdadero. Al emprender su tarea en 1784, buscó el favor de la nobleza y del mismo Luis XVI, y los niños de su colegio de París exhibieron sus habilidades en Versalles en 1786. (Por una ironía de la historia, sus alumnos le fueron retirados, por un decreto de Napoleón, dos años después de escribirse su 'tercera nota').[39] Y no era de esperar que Buero le convirtiera en un revolucionario genuino, porque él mismo no lo ha sido nunca, en el sentido corriente. Como hemos visto, rechaza los 'actos éticamente inadmisibles' y aboga 'por una evolución histórica lo más pacífica y lo menos violenta posible'; e insiste siempre en la importancia y la potencialidad ilimitada del individuo. Poco después de estrenarse *El concierto de San Ovidio* escribe: 'Un siglo de luchas sociales ha venido a demostrar que toda tentativa de cambio externo de las estructuras económicas y políticas, emprendida sin conceder atención suficiente a la conducta moral de cada individuo y al problema de su personal perfeccionamiento, puede acarrear graves consecuencias para los objetivos propuestos. Y por eso vivimos hoy una reactualización del problema moral, que ha ganado decisiva importancia práctica incluso entre los más firmes partidarios de la violencia histórica'.[40] Sus sucedáneos más evidentes en el escenario no son por lo tanto los rebeldes más o menos violentos que aparecen a veces en sus obras. Suelen ser más bien hombres profesionales e intelectuales, acomodados, a veces, pero nunca acomodaticios sino abnegados, sensibles y éticamente admirables: su Silvano, su Velázquez, su Valmy, y sobre todo (ya que *La detonación* parece una *Apologia pro vita sua*) su Larra. Y en Valentín Haüy podemos percibir cierto parentesco con su Esquilache, que sirve a un rey ilustrado, que dimite y abandona sus innovaciones para evitar una guerra fratricida, pero que, frente al cínico Ensenada, insiste en que el pueblo no es siempre menor de edad, sino que lo es todavía, pero que un día, tal vez, comprenderá.[41] Digámoslo de una vez: en *El concierto de San Ovidio* es indudable que Buero compadece a y padece con David; pero a quien se parece es a Valentín Haüy.

Adviértase el nuevo giro que Buero da a sus palabras cuando levanta la vista otra vez de lo escrito, y vuelve de la reacción de 'aquel mozo exaltado' a su situación presente, de 1800:

> No es fácil, pero lo estamos logrando. Si se les da tiempo, ellos lo conseguirán, aunque yo haya muerto; ellos lo quieren, y lo lograrán ... algún día. (195)

No menos soñador, pero más realista, reconoce ya que la tarea 'no es fácil'; que es colectiva ('lo estamos logrando') y contingente ('si se les da tiempo'); que no se cumplirá, como acaso había creído, por imposición de su propia voluntad ('convertiré'; 'haré leer'; 'pondré'; 'haré ejecutar'), sino mediante la de *ellos* ('ellos lo quieren, y lo lograrán'), ni en su propia vida, sino en un provenir lejano—'algún día'. Su fe en el futuro recuerda la de tantísimos 'contemplativos' buerianos—de Penélope, de Silvano, de Silverio, de Esquilache, de Mario, de Eloy, de Goya, de Asel, que confían en las nuevas generaciones, en los hijos, los otros, los hombres nuevos, hombres pájaros o voladores ... Pero, para el espectador, recuerda sobre todo la de David, compartida por Adriana, en la escena anterior, de un David que también (en poco tiempo) ha envejecido y madurado, pero en quien el dolor de su propio fracaso se acompaña ahora de una fe ardiente en que *otros* triunfarán:

> David—Solo sé que no veo, que nunca veré ... y que moriré.
> Adriana—Nuestros hijos verán ...
> David—*(Oprime, exaltado, la mano de ella sobre su hombro)* ¡Pero lo que yo quería puede hacerse, Adriana! ¡Yo sé que puede hacerse! ¡Los ciegos leerán, los ciegos aprenderán a tocar los más bellos conciertos!
> Adriana—*(Llorando)* Otros lo harán.
> David—*(Muy triste)* Sí. Otros lo harán. (190)

Pero importa subrayar la total e irónica independencia de los dos sueños. Haüy no es, como quiere Iglesias, 'un hijo espiritual de David, alguien que se sintió inspirado por su acción, lo que hace que ésta no haya sido inútil'.[42] Haüy no ha visto más que una vez a David; no puede haber intuido siquiera la visión del ciego, y la suya, aunque idéntica, nació espontáneamente. Buero le hace decírnoslo ahora:

> Y, sin embargo, no estoy tranquilo. No quise volver a la feria, ni saber ya nada de aquellos pobres ciegos. Fue con otros con los que empecé mi obra. (195)

Los dos protagonistas son dos ejemplos, uno intrahistórico, otro histórico—más significativos y afirmativos todavía en virtud de su independencia y desemejanza—del héroe bueriano, el vidente o soñador que ocupa, en palabras de David Johnston, 'el centro de la visión histórica de Buero, una visión que busca continuamente humanizar el proceso histórico frente a una oposición aparentemente inmovible'. Para Buero, sigue Johnston, 'el punto culminante del desarrollo histórico racional y civilizado será señalado por la síntesis definitiva de la biografía intrahistórica y la historia'. En una carta de noviembre de 1977, Buero le escribió: 'Hay en un indefinido futuro un punto de convergencia (al que quizá nunca lleguemos pero al que sí podemos acercarnos más) entre 'intrahistoria' individual (o colectiva) e historia'.[43]

Los sueños de los soñadores buerianos, que son en el fondo un solo sueño, en que la Humanidad se muestra capaz de franquear (un poquito) sus limitaciones físicas o metafísicas, sociopolíticas u ontológicas, pueden brotar espontáneamente, a cualquier momento y en cualquier sitio, del espíritu del hombre, porque emanan de una facultad inmanente, de algo que constituye lo más hondo de su ser. Pero en un drama determinado Buero escenifica normalmente un solo ejemplo, el caso de un solo soñador. Si de su obra entera se desprende que tales casos se repiten, sólo dos de sus tragedias nos ofrecen dos ejemplos a la vez: *El concierto de San Ovidio* y *El tragaluz*. En *El tragaluz*, como hemos visto, unos investigadores del futuro descubren con cierto asombro que un ser de nuestro siglo, el Padre, y su 'profeta' Mario, concibieron unos siglos antes una visión tan hondamente humana como la suya. Y en *El concierto de San Ovidio* surgen en un mismo lugar y tiempo—en París, en 1771—dos sueños idénticos, pero en dos sujetos distintos y aislados el uno del otro.

Pero *El concierto de San Ovidio* es también una obra única—o casi única—entre las de Buero, en que estos sueños, evidentemente, no son una ilusión sino una posibilidad concreta que se ha realizado ya. La experiencia de dos siglos ha demostrado, y lo sabe cualquier espectador, que los ciegos sí pueden leer, sí pueden aprender a tocar los más bellos conciertos. Y esta confirmación del sueño por los hechos de la historia apenas vuelve a producirse en los dramas de Buero. No se me ocurren más que dos ejemplos menos evidentes; las reformas emprendidas por su Esquilache, como observó Jean-Paul Borel, se han realizado parcialmente en la transformación política de España y de Europa;[44] y los 'artificios mecánicos' con que su Goya imaginó que los hombres un día volarían pertenecen igualmente a nuestra experiencia cotidiana.

Tanto David como Haüy intentan además poner sus sueños en obra; el conato de aquél está destinado al fracaso, pero sabemos que el de éste, 'finalmente', ha de conseguirse. En este sentido 'la parábola de Buero', como Gagen ha dicho, 'es la de un optimista radical. Las palabras de Haüy parecen demostrar que la sociedad puede perfeccionarse'.[45]

Evidentemente, seguimos explotándonos unos a otros; seguimos tratando inhumanamente a otros humanos, e incluso a los ciegos; pero este pequeño adelanto alienta nuestra fe—una fe que duda, claro está—en la posibilidad de otros progresos.

'Pero'—la obra no ha terminado. Haüy no está tranquilo, ha dicho, ni nosotros tampoco. Quedan preguntas, interrogantes:

> Pero oí decir que, poco despúes, ahorcaron a uno de ellos ... ¿Será cierto? Lo he preguntado alguna vez a otro ciego, ya viejo, que toca desde hace años el violín por las esquinas. El tendría que saberlo por su edad. Incluso pudo ser uno de los de aquella horrenda orquestina. Pero nunca responde. Tiene la cara destrozada por la viruela; parece medio imbécil y ya es mayor para entrar en mi colegio ... *(Comienza a oírse, interpretado por un violín, el adagio de Corelli)* Él es. Nunca toca otra cosa que ese adagio de Corelli. Y siempre va solo. (195)

Lo que Haüy nos dice sirve para atar algunos cabos, pero deja sueltos muchos todavía. Confirma—o parece confirmar—que David fue ajusticiado; que Adriana—aunque de ella no aprendemos otra cosa—no supo perdonar, como David lo hizo, a su 'Judas'; y que éste, que tendrá ya 46 años, en vez de suicidarse ha purgado su culpa con treinta años de soledad y remordimientos, expresando, mediante aquel *adagio* de Corelli, todo lo que había significado para él el maestro que traicionó.

No sé si Buero se dio cuenta, pero es otra ironía de la historia que al escoger Haüy al primero y más apto de sus discípulos, François Lesieur, éste era un mendigo de 16 ó 17 años, la misma edad que tenía Donato—'que ya es mayor para entrar en mi colegio'—cuando se incorporó a 'aquella horrenda orquestina'.

Otra ironía, que tampoco sé si fue voluntaria, o un desliz de Buero (como aquel que cometió al imaginar que Goya escribió en 1823 a su amigo Zapater, que había muerto veinte años antes), es el hecho de que Melania de Salignac, que según David, 'está aquí. En Francia ... En algún lugar ... que ignoro' en 1771, había muerto en 1766.[46] Pero no sería extraño que David ignorara que su Dulcinea del Toboso, 'la mujer más hermosa de la tierra' (90), para quien hablaba y para quien tocaba, además de ser 'una damisela remilgada' no era ya 'una mujer de carne y hueso' (161).

Pero fijémonos ahora en aquel *adagio* de Corelli. Más de la mitad de las obras de Buero terminan con un 'eco'; reaparecen al final palabras, imágenes o sonidos que los espectadores reconocemos. Es un truco algo intelectual que puede pecar de efectista, pero cuyo empleo merecería un estudio detenido. Lo repetido se enfoca necesariamente de un modo distinto; adquiere por lo tanto un sentido nuevo, y a menudo ambiguo, y su reaparición subraya siempre uno de los mensajes—o misterios—de la obra.

En varios casos se trata, como aquí, de una música; pero la repetición por Donato del *adagio* de Corelli, que tanto amaba David, es también uno de muchísimos motivos de *El concierto de San Ovidio* que recuerdan la primera obra de su autor, *En la ardiente oscuridad*, y convalidan las palabras de Ricardo Doménech, para quien ésta 'viene a ser como un centro motor, del que parten—y al que regresan—las posteriores y sucesivas *exploraciones* del dramaturgo'.[47] No es éste, sin embargo, el momento de estudiar de nuevo las semejanzas y diferencias entre estos dos dramas de ciegos, que tantas veces se han comentado, aunque quedan, creo yo, algunas cosas que decir.[48] Observemos solamente que en *El concierto de San Ovidio* es Donato—no Valentín Haüy—quien recuerda y repite lo expresado por el ciego vidente, como Carlos repitió las palabras de Ignacio, de cuya muerte también estaba culpado. Pero esta vez lo que se recuerda y se repite—si bien su mensaje es tal vez muy parecido—es una música.

El empleo por Buero de la música y de otros efectos sonoros, a pesar de un estudio temprano de Beth Noble[49] y de algunas páginas de García Lorenzo, es otro aspecto de su obra que está por estudiarse en toda su extensión.[50] Ciertos efectos sonoros resultan de primerísima importancia, como el ambiguo gorjear de los pájaros de *Las cartas boca abajo*, el ruido del tren que se utiliza en *El tragaluz* 'para expresar escondidas inquietudes'; y la multidad de sonidos diversos que compartimos en *El sueño de la razón* con el sordo Francisco de Goya. Pero en casi todas sus obras Buero, que nunca descuida aspecto alguno de su escenificación, y acota 'hasta la saciedad', especifica una música apropiada. En 1970, se expresa así a Roberto Ricciardi:

> Puesto que conozco bastante música, me interesa mucho la música y por ello elijo yo mismo aquella música que me parece la más indicada ... A mí me interesa mucho el aspecto musical del teatro, no sólo porque soy un aficionado a la música, sino porque entiendo que en la esencia misma del teatro domina de cierto modo la música ... En diversos momentos de mis obras yo experimento la necesidad de completar o potenciar el sentido

> poético e intuitivo de los problemas que la obra presenta mediante una potenciación musical. Y entonces elijo la pieza que me parece a mí que, en ese momento, puede ser quizá una de las más significativas para expresarlo.[51]

En su tragedia griega de 1952, *La tejedora de sueños*, Penélope, cuyas esclavas recitan al principio y al final 'una poesía sin melodía', para celebrar la falsa leyenda de su constancia, en el segundo acto les manda cantar una canción sin palabras, que expresa, según Buero mismo, 'lo que las palabras no expresan del todo', puesto que 'para llegar a ciertas cumbres teatrales hace falta remontar la palabra y llegar a la "no palabra". La "no palabra" en el teatro puede ser la música, y aun puede ser el silencio'.

La música es, en efecto, un elemento de la tragedia clásica cuya expresividad el dramaturgo desea restaurar: 'La última expresión de lo trágico es música, como lo fue en Grecia ... Por eso hay frecuentes apoyaturas sonoras en mi teatro'. Como el coro antiguo, tiene equivalentes en el drama de hoy: 'Late tras la belleza de las palabras, como factor emotivo que se sutiliza sin huir y, en cuanto puede, revive en tonadillas, canciones y fondos melódicos'.[52]

En algunas obras suyas—entre las cuales es de notar que debemos incluir sus seis últimas—la música, lejos de servir meramente para amenizar, ambientar o acompañar la acción, desempeña un papel esencial. Fijémonos en tres, además de *El concierto de San Ovidio*, en que llega a constituir un símbolo central. Reducir a palabras lo que significa, en cualquier caso, sería claramente absurdo, ya que se emplea, como hemos visto, para expresar lo que las palabras son incapaces de expresar, pero su mensaje esencial, como el de Buero, en el fondo es siempre el mismo: esperanza en el futuro.

Los seis personajes de *La señal que se espera*, de 1952, necesitan oír una melodía tocada por un arpa eólica para convencerse de que su vida tiene un sentido, para seguir viviendo. En los últimos momentos del acto segundo, la música suena, milagrosamente según parece, y la escuchamos con ellos. En el acto tercero aprendemos que el milagro no fue tal cosa; el arpa había sido tocada por una de ellos, Susana. Pero al final se ha producido un milagro de otra índole; han conseguido todos un momento de serena esperanza, como 'los que a los antiguos les hicieron creer en la posibilidad de oír la armonía de las esferas', y los espectadores percibimos de hecho 'una música increada que no existe en la tierra, pero acaso puede parecérsele remotamente al preludio de

Lohengrin'; ellos no la oyen, pero Susana dice sentirla: '¡La siento! ¡La siento dentro de mí!'.[53]

Dieciséis años más tarde, Buero publica *Mito*, el libro de una ópera que no llegó a estrenarse. Su protagonista, el ex-barítono Eloy—el don Quijote de la ciencia-ficción—cree que el 'baciyelmo' que se utiliza en una versión operística del mito cervantino es un detector, en forma de platillo volante, arrojado por unos visitantes marcianos, de quienes espera la salvación de nuestro 'orfano mondo'. Cuando lo percute en la primera parte, se oye una música inefable, que él y su Sancho (Simón) escuchan con nosotros. Después no emite más que un 'ahogado sonido de latón', pero al final, cuando Eloy ha muerto heroicamente, escuchamos otra vez, y hasta el final, enramada con la música de una nueva representación de la opera, la misma extraña sucesión de notas; y varios de los demás personajes, aunque no sabemos si la oyen, miran para el baciyelmo con distintas reacciones de asombro y respeto.[54]

Otros once años después, Buero estrena una obra a la que puso en un principio el título de *Trío en la noche*.[55] Su protagonista Juan Luis, un ex-ministro de Franco, ha contratado a un trío de cuerdas para que toquen en una velada para celebrar el vigésimo aniversario de su matrimonio con Julia. Ésta descubre que su matrimonio se basó en un mezquino fraude, y se suicida, de modo que la velada nunca tiene lugar. Pero gran parte de la obra consiste en sueños o alucinaciones que compartimos con Juan Luis, en los que se oyen trozos del *Trío Serenata en re mayor* de Beethoven, si bien los músicos son tres víctimas suyas, sus jueces en la noche. En distintos momentos se interpretan tiempos apropiados de la *Serenata*: el *Minueto*, el *Adagio*, el *Alegreto*; pero la obra empieza y termina, como la *Serenata* misma, con una *Marcha*. Esta había sido descrita por el amante anterior de Julia, que se identifica con el violinista, como 'un himno a la vida, a la esperanza en el futuro', y ella toma al fin la viola—que hasta ahora ha quedado abandonada—para interpretarla con sus compañeros. Pero cada uno de los demás personajes más o menos positivos de la obra, al salir por última vez del escenario, la han tarareado o silbado también. Y al final el protagonista desesperanzado se queda sumido en la oscuridad, mientras 'el trío continúa la ejecución de la marcha, envuelto en una irisada, victoriosa luz'.[56]

En *El concierto de San Ovidio*, Robert Nicholas creyó percibir un remedo de la estructura musical del *Concerto grosso* de Corelli del que procede nuestro *adagio*.[57] Como Derek Gagen ha insistido, es una interpretación muy poco convincente;[58] pero en cada una de las cuatro partes de *Jueces en la noche* se recuerda, en su orden original, un tiempo del *Trío Serenata*. En esta obra sí encontramos un reflejo de la forma—como también de la manera en que, para Buero, debe interpretarse el fondo—de una obra musical conocida.

Tampoco podemos coincidir con Nicholas en hallar en *El concierto de San Ovidio* ecos de un debate sobre la superioridad de la música instrumental a la vocal; en este sentido es errónea también su identificación de David con Corelli.[59] Pero, para mí, la elección de aquel *Concerto grosso* como fondo musical de la obra no fue ni casual ni gratuita; era de esperar que David sintiera afinidad con el compositor italiano de medio siglo antes. El Corelli violinista no sólo había sentado las bases de la técnica moderna de tocar su instrumento, sino que en sus *Concerti grossi* había sido el principal creador de una nueva forma orquestal, en que se combina y se contrasta un grupo de *solisti* con una 'colectividad' de otros intérpretes. Lo que más parece haberle dolido a Valentín Haüy, 'amante de la música', ante la 'horrenda orquestina' de los ciegos, a juzgar por otras frases de la 'tercera nota' que Buero no le hace citar, era que 'ejecutaban un canto monótono, ya que todos, el cantor, los violines y el bajo, hacían oír la misma parte. Era gracias, sin duda, a esta última circunstancia que se pretendía justificar el insulto que se había hecho a estos desafortunados, rodeándolos de emblemas de una estúpida ignorancia; colocando, por ejemplo, detrás de su corifeo, la cola desplegada de un pavo real, y sobre su cabeza el tocado de Midas'.[60] En dicha reacción de Haüy se inspira sin duda Buero, que incorpora a su escenificación todos estos detalles, e indica en una acotación: 'Violines, violoncello y cantor dan exactamente el mismo tono: una viva y machacona melodía a toda fuerza, ejecutada con mecánica precisión y sin el menor sentimiento' (146), para hacer que David, paralelamente, suponga en un principio que 'cada cual aprenderá su parte de oído' (89), que insista tantísimas veces en que los ciegos pueden hacerlo, porque 'nosotros no debemos hacer otra cosa' (107), y que incluso esté dispuesto en el tercer acto a seguir 'de hazmerreír por las ferias ... si él consiente en que yo, ¡yo solo! os vaya enseñando acompañamientos a todos. ¡Cuando volvamos en febrero, seremos una verdadera orquesta! ¡Seremos hombres, no los perros sabios en que nos ha convertido!' (165).

Podríamos decir metafóricamente, a diferencia de Nicholas, que *El concierto de San Ovidio* constituye una especie de *Concerto grosso*, en que todos los intérpretes tocan partes distintas, puesto que no sólo David y los otros ciegos sino casi todos los personajes—La Priora,

Adriana y Lefranc, señaladamente—se definen por su concepto de la música. Pero quien más claramente contrasta con David—y con Haüy, que anhela hacer a sus ciegos 'ejecutar conciertos armoniosos',—es el negociante Valindin. Como Luis Iglesias ha subrayado, 'Valindin es quizá el personaje mejor matizado de la obra'; no 'un personaje unilateral ni esquemático' sino 'un hombre complejo, lleno, como todos, de ambigüedades'.[61] Pero confiesa desde la primera escena que no es músico. Parece amar sinceramente a Adriana, pero se enfurece cuando ésta le pide que la deje volver a cantar y bailar. Se asombra ante la insistencia de David en que los ciegos pueden tocar partes diferentes, y se contraría cuando oye—mejor dicho, cuando se le asegura—que éste toca bien. David para él es un lunático, y sueña con algo imposible que supondría sólo la pérdida de un tiempo precioso. Se enfada cuando David quiere conservar su violín, insistiendo en que a ninguno de los ciegos se le antoje tocar en la calle, en perjuicio de su negocio. Por fin reconoce sin ambages que los quiere convertir en payasos, y resume abiertamente su filosofía:

> ¡Dejad que rían! ¡Todos nos reímos de todos; el mundo es una gran feria! ¡Y yo soy empresario y sé lo que quieren! ¡Enanos, tontos, ciegos, tullidos! ¡Pues a dárselo! ¡Y a reír más que ellos! ¡Y a comer a su costa! *(Con enorme desprecio)* ¡Y dejaos de ... músicas! (140)

Es incapaz de comprender más valores, más aspiración humana, que el interés que representa satisfacer el gusto depravado de su público. Claro que en esto, como también comenta Luis Iglesias, 'Valindin resulta condenado, pero sobre todo lo es la sociedad'.[62]

Para David, que antes de perder la vista gustaba siempre de pensar, oír de libros y tocar, la música lo es todo—un consuelo, una defensa contra el miedo, y sobre todo un sueño de que 'nadie me causaría mal ni yo a nadie'; de poder mostrar que él y sus compañeros no son animales enfermos sino tan capaces, tan hombres, como los demás; de encontrar a una mujer—Melania—que por saber música sería capaz de comprender su pena y sus anhelos. Y todo esto lo expresa cuando toca el *adagio* de Corelli, dos veces en el primer acto, y cuando en el tercero, privado ya de su instrumento, lo canturrea. Es su *leit-motiv*, su propia 'canción de los malos momentos', para cuando 'está triste'; pero en su mayor frustación no deja de ofrecerle alivio y esperanza: '*(Los puños se cierran con un golpe brusco sobre las rodillas, pero la garganta no cesa de recordar)*' (155). Contrasta por tanto con el grito, seguido por sollozos, en que prorrumpe después en un rapto de desesperación: '¡Yo tengo que tocar!' (166), y con la cacofonía de la orquestina ante la cual sólo puede llorar o callar; aunque también, evidentemente, con el *allegro* del mismo *Concerto* de Corelli, que escuchamos 'en el aire' en otros dos momentos de la obra. El primero es un momento de verdadera alegría, en que todos sus compañeros parecen haber dicho sí a sus ensueños, en que Donato estrecha la mano que le ha puesto en el hombro, y él grita: '¡Lo conseguiremos!' (92). El otro es acaso el peor de todos. Abandonado por los demás, desilusionado por la mentira de Lefranc y vencido por Valindin, se supone odiado también por Donato, que le suplica que se vaya 'solo ... ¡Solo, David, solo!' (177).

Cuando tras un oscuro lento 'se oye, muy débil, el principio del *allegro* de Corelli, y de pronto, las campanadas de la dos', para Nicholas el *allegro* representa la resolución de David de eliminar la causa de su persecución y explotación, mientras que, para García Lorenzo anuncia 'el enfrentamiento de dos hombres, de dos mundos, de dos concepciones de la existencia'.[63] Para mí el *allegro* 'muy débil' es más bien un melancólico recuerdo de la esperanza, perdida ya, de poder realizar el sueño ahora, mientras que el *adagio*, paradójicamente quizás, seguirá siendo una promesa:

> Es cierto que les estoy abriendo la vida a los niños ciegos que enseño; pero si ahorcaron a uno de aquellos ciegos, ¿quién asume ya esa muerte? ¿Quién la rescata? *(Escucha unos instantes)* Ya soy viejo. Cuando no me ve nadie, como ahora, gusto de imaginar a veces si no será ... la música ... la única respuesta posible para algunas preguntas ... (195–96)

Haüy sigue intranquilo, e insinúa que los espectadores también debemos estarlo ante lo que hemos presenciado. Formula una pregunta, y propone una respuesta; pero ambas, en la intención de Buero, son profundamente ambiguas.

Si nos quedamos en el nivel argumental, se nos está preguntando si las aspiraciones del ciego David han podido sobrevivirle, y Buero nos está respondiendo que sí, tanto en la repetición de 'su' *adagio* por su discípulo como en los 'conciertos armoniosos' tocados por los de Haüy y sus sucesores de hoy.

Si concebimos la obra como una parábola político-social, se nos está preguntando si cualquier deseo de progreso para la Humanidad es una quimera destinada a un fracaso total, y Buero parece responder que, al contrario, la labor paciente y abnegada de reformistas como Haüy—a la que estamos invitados, implícitamente, a incorporarnos—puede tal vez llevarnos hacia nuevas posibilidades de una convivencia social pacífica y armoniosa.

Pero si el más hondo motivo de nuestra intranquilidad es haber sentido en *El concierto de San Ovidio* una problemática trágica inherente a la naturaleza y existencia humanas y más allá de soluciones utópicas, filosóficas o religiosas, se nos está pidiendo una vez más una respuesta a la angustia del hombre ante su propia aniquilación, y para Buero la música parece simbolizar—o acaso constituir—una chispa de esperanza, como las Euménides liberadoras que postula según él, por desesperanzada que parezca, toda tragedia de verdad.[64]

NOTAS

1 Antonio Buero Vallejo, *El concierto de San Ovidio. El tragaluz* (Madrid: 1971), 194. Todas las referencias serán a esta edición. Véase tambien la edición (Madrid: 1989) de David Johnston, que ha publicado asimismo una importante 'guía crítica' (Londres: 1990).

2 Reseñas públicadas en *La gaceta ilustrada* y *Triunfo*; véase *Teatro español 1962–1963*, (Madrid: 1964), 73–75 y 77–79.

3 'Spanish Play in Tuscany', *The Times* (7 de septiembre de 1967).

4 A. Berenguer, 'Para una aplicación del método estructuralista genético al estudio del teatro español contemporáneo', *Prohemio,* 2 (1971), 503–12 (510).

5 E. Pajón Mecloy, 'De símbolos a ejemplos', *Sirio,* I (1963), núm. 9, 9–12 (12).

6 F. Ruiz Ramón, *Historia del teatro español, Siglo XX*, (Madrid: 1975 [2a edición]), 366.

7 Marion P. Holt, *The Contemporary Spanish Theater (1949–1972)*, (Nueva York: 1975), 121. La traducción al español, como en otros casos, es mía.

8 Luis Iglesias Feijoo, *La trayectoria dramática de Antonio Buero Vallejo* (Santiago de Compostela: 1982), 317. Véanse también Mariano de Paco, 'El "perspectivismo histórico" en el teatro de Buero Vallejo', en *Buero Vallejo (Cuarenta años de teatro)*, editado por ídem (Murcia: 1988), 101–07; ídem, '*El concierto de San Ovidio* y el teatro de Buero Vallejo', *Anales de Filología Hispánica,* (1990), 37–51 (50).

9 Derek Gagen, 'The Germ of Tragedy: the Genesis and Structure of Buero Vallejo's *El concierto de San Ovidio*', *Quinquereme,* 8 (1985), núm. 1, 37–52 (49). Véase también su '*Veo mejor desde que he cegado*': Blindness as a Dramatic Symbol in Buero Vallejo', *Modern Language Review,* LXXXI (1986).

Aprovecho la oportunidad de agradecer su amistosa ayuda, como también la de nuestros compatriotas David Johnston y Barry Jordan, en la preparación del presente estudio.

10 R. L. Nicholas, *The Tragic Stages of Antonio Buero Vallejo* (North Carolina: 1972), 14.

11 A. Buero Vallejo, *Tres maestros ante el público* (Madrid: 1973), 41.

12 Victor Dixon, 'The "Immersion-Effect" in the Plays of Antonio Buero Vallejo', en *Themes in Drama 2: Drama and Mimesis,* editado por James Redmond (Cambridge 1980), 133–37; y en *Estudios sobre Buero Vallejo,* editado por Mariano de Paco, 159–83 (esp. 170–71). Véase también ídem, 'Los "efectos de inmersión" en el teatro de Antonio Buero Vallejo: una puesta al día', *Anthropos,* 79 (1987), 31–36.

13 *Op. cit.*, 317.

14 *Op. cit.*, 279.

15 *Op. cit.*, 317.

16 Buero, *Tres maestros*, 19.

17 *Op. cit.*, 317.

18 En una carta personal que me mandó el 23 de junio de 1966.

19 Véase Gagen, 'The Germ of Tragedy', 41–42.

20 A. Buero Vallejo, 'Ibsen y Ehrlich', *Informaciones* (4 de abril de 1953). Véase Gagen, 'The Germ of Tragedy', 42.

21 A. Buero Vallejo, 'De mi teatro', *Romanistisches Jahrbuch,* XXX (1979), 217–27.

22 A. Buero Vallejo, *Caimán. Las cartas boca abajo* (Madrid: 1981), 107.

23 A. Buero Vallejo, *Un soñador para un pueblo* (Madrid: 1959), 199–200.

24 A. Buero Vallejo, *El tragaluz* ed. cit., 213, 290 y 309.

25 Aquí, en el texto de este estudio que leí como conferencia, una imaginaria acotación 'bueriana' rezaba: *(El investigador levanta en su mano izquierda una reproducción del cartel, y señala con el índice de su derecha a una de las figurillas. Al público:).*

Buero no ha explicado, que yo sepa, su elección del nombre de David; pero pensaba, posiblemente, en el músico más afamado de la Sagrada Escritura, ya que su protagonista, en palabras de Hanna

Geldrich-Leffmann, 'Vision and Blindness in Dürrenmatt, Buero Vallejo and Lenz', *Modern Language Notes* XCVII, (1982), 671–93: 'como su homónimo bíblico, derriba a su enemigo físicamente superior'. Pero si así fue, no deja de ser irónico, para mí, que a David se le negó, 'por haber derramado mucha sangre' el privilegio de edificar el templo de Jehová, reservándose esta tarea para su sucesor, el sabio Salomón.

26 A. Buero Vallejo, *La señal que se espera* (Madrid: 1959), 57.

27 *Op. cit.*, 120.

28 *Op. cit.*, 317–18.

29 Ida Molina, 'Una charla de Buero Vallejo: Buero Vallejo habla de la violencia', *Estreno*, V (1979), 26–28.

30 Ida Molina, 'Una charla', 28.

31 Gagen, 'The Germ of Tragedy', 43; Barry Jordan, 'Patriarchy, Sexuality and Oedipal Conflict in Buero Vallejo's *El concierto de San Ovidio*', *Modern Drama*, XXVIII (1985), 431–50 (448, nota 4).

32 Ricardo Doménech, '*El concierto de San Ovidio* o una defensa del hombre', *Primer Acto*, XXXVIII (diciembre de 1982), 14–17.

33 E. Haro Tecglen, 'Dos académicos en escena', *El País* (28 de abril de 1986).

34 *Op. cit.*, 302.

35 *Op. cit.*, 466.

36 David Johnston, '*El concierto de San Ovidio*: The Struggle against History', *Journal of the Modern Language Association of Northern Ireland* (1980), 1–8 (6).

37 *Op. cit.*, 445–47.

38 A. Carlos Isasi Angulo, 'Hacia una nueva interpretación del teatro de Antonio Buero Vallejo', *Iberorromania* (Nueva época), II (1975), 111–235 (123).

39 Véanse Valentín Haüy, *Essai sur l'éducation des aveugles* (Paris, 1786); Maurice Monier de la Sizeranne, *Les aveugles par un aveugle* (1891), 61–111; Gabriel Farrell, *The Story of Blindness* (Harvard: 1956), 18–29.

40 Antonio Buero Vallejo, 'Muñiz', en Carlos Muñiz, *El tintero. Un solo de saxofón. Las viejas difíciles* (Madrid: 1963), 53–70 (66).

41 Buero, *Un soñador*, 23, 102.

42 *Op. cit.*, 313.

43 Johnston, '*El concierto*', 5.

44 Jean-Paul Borel, *Quelques aspects du songe dans la littérature espagnole* (Neuchâtel: 1957), 51–57.

45 Gagen, 'The Germ of Tragedy', 47–48.

46 D. Diderot, *Oeuvres philosophiques* (Paris: 1964), 154.

47 Ricardo Doménech, *El teatro de Buero Vallejo*, (Madrid: 1973), 54.

48 Véanse sobre todo E. Pajón Mecloy, 'De símbolos a ejemplos'; Antonio Buero Vallejo, 'De la ceguera en mi teatro', *La Carreta* (septiembre de 1963), 5; Jean-Paul Borel, 'Buero Vallejo: Teatro y Política', *Revista de Occidente*, 2 (agosto de 1964), 226–34; Martha T. Halsey, ' "Light" and "Darkness" as Dramatic Symbols in Two Tragedies of Buero Vallejo', *Hispania*, L (1967), 63–67; Norma Louis Hutman, 'Todo es querer', *Papeles de Son Armadans*, XLIX (1968), 37–54; Gagen, 'Veo mejor'.

49 Beth W. Noble, 'Sound in the Plays of Buero Vallejo', *Hispania*, XLI (1958), 56–59.

50 Luciano García Lorenzo, 'Elementos paraverbales en el teatro de Buero Vallejo', en *Semiología del teatro*, ed. por L. García Lorenzo y J. M. Díez Borque (Barcelona: 1975), 105–25. Véase también Adelardo Méndez Moya, 'La música en Buero Vallejo', *A Tempo*, núm. 6 (1989–90), 37–51, aunque apenas alude a *El concierto de San Ovidio*.

51 Citado por Magda Ruggeri Marchetti, *Il teatro di Antonio Buero Vallejo*, (Roma: 1981), 154.

52 Véase Iglesias, *op. cit.*, 122.

53 Buero, *La señal que se espera*, 71–72.

54 A. Buero Vallejo, *Mito. La doble historia del Dr Valmy* (Madrid: 1976),240–44.

55 Véase Iglesias, *op. cit.*, 497, nota 1.

56 Antonio Buero Vallejo, *Jueces en la noche* (Madrid: 1979), 116–21. Evidentemente, los títulos mismos de otras obras de Buero subrayan la primordial importancia en ellas de la música: *Una extraña armonía*, *Música cercana*.

57 Nicholas, *op. cit.*, 70.

58 En su reseña de Nicholas, *Bulletin of Hispanic Studies*, LIII (1976), 358, y 'The Germ of Tragedy', 48.

59 *Op. cit.*, 70. Véase más bien Eric Pennington, 'The Role of Music in *El concierto de San Ovidio*', *Romance Notes,* XXVI (1985), 18–21.

60 *Troisième note du citoyen Haüy*, (Paris: 1800), 9.

61 *Op. cit.*, 301, 306–07.

62 *Op. cit.*, 307.

63 Nicholas, *op. cit.*, 70–71; García Lorenzo, *op. cit.*, 121. Véase Hebe Pauliello de Chocholous, 'El procedimiento grotesco en *El concierto de San Ovidio*', *Cuadernos de Filología* (Mendoza, Argentina), III (1969),

135–53 (139): 'El *allegro* sirve de fondo entre las dos escenas patéticas y trágicas que constituyen el plano culminante del drama'.

64 Véase, por ejemplo, Buero, *Tres maestros*, 143.

El espejo de *Las Meninas*

GWYNNE EDWARDS

La famosa obra de teatro de Buero Vallejo, puesta en escena por primera vez en el Teatro Español en 1960, es el trabajo de un artista convertido en dramaturgo cuyo protagonista es uno de los más grandes pintores españoles y que lleva por título el mismo que una de las pinturas españolas más célebres: 'Las Meninas'. Por supuesto, no es extraño encontrar que los dramaturgos pinten o dibujen, o que los pintores escriban obras de teatro—Lorca, Alberti y Picasso vienen inmediatamente a la memoria—porque el teatro y la pintura tienen muchos puntos en común. Aunque las dos actividades se desarrollan en dos ámbitos esencialmente diferentes—la palabra y el óleo—los dramaturgos, a través de los siglos, se han esforzado por 'suspender la incredulidad' y por lograr que una público acepte lo que ve en escena, esfuerzo que coincide claramente con la lucha de los pintores por crear en los lienzos la ilusión de la realidad. Además, en lo que al teatro se refiere, uno de los desarrollos más importantes fue la creación del proscenio, cuya forma rectangular o cuadrada contiene las figuras en escena, como lo hace el marco de una pintura, encerrando los personajes y los objetos dentro del mismo cuadro. Dentro del marco, sea en el escenario o en el cuadro, la colocación de las figuras y su iluminación invitan a otra comparación, como lo hace también el papel que el espectador o el público desempeña al colocarse delante de una pintura o de un proscenio. Dados estos puntos de contacto, una obra de teatro escrita por un dramaturgo-pintor sobre un pintor y su obra adquiere un interés excepcional, particularmente a la luz de las circunstancias políticas o históricas en las que se pintó el cuadro y se escribió la pieza de teatro.

El cuadro de Velázquez, de 1656, ilustra los puntos generales ya mencionados, valiéndose de objetos y métodos particulares para reforzarlos. El sitio en que los personajes de la pintura se encuentran es el taller del artista en el Alcázar, habitación que había pertenecido al príncipe, Baltasar Carlos, antes de su muerte a los diecisiete años. En este ambiente bastante realista, las figuras también adquieren un fuerte sentido realista. Velázquez, en persona, se encuentra de pie frente a un gran lienzo. A su izquierda, arrodillada, está una menina, una dama de honor, doña María Agustina Sarmiento, la cual ofrece un vaso de agua a la princesa de cinco años, la Infanta Margarita. A la izquierda de la princesa, de pie, aparece otra dama de honor, doña Isabel de Velasco, e inmediatamente detrás de ella, doña Marcela de Ulloa, dama de honor cuyo hábito de monja da muestras de su viudez. El hombre que la acompaña es un guarda-damas, el único miembro del grupo que no ha sido identificado. En la esquina inferior, hacia la derecha del cuadro, se observan dos enanos que formaban parte de la Corte: la niña con la cabeza grande es Mari Bárbola y el enano con un pie sobre el lomo del perro es Nicolasillo Pertusato. En el marco de la puerta, hacia el fondo, está José Nieto, el aposentador de la reina. Finalmente, podemos observar en el espejo las imágenes del rey y la reina, Felipe IV y Mariana, los cuales se encuentran, observando a todos, fuera del cuadro.

Para muchos críticos, el sentido de realidad es el rasgo sobresaliente de la pintura. A fines del siglo XIX, el crítico alemán Carl Justi sugirió que Velázquez había pintado un instante verídico en la vida cortesana: al encontrarse en su estudio dibujando a la pareja real, la Infanta y sus acompañantes habían sido llevados allí para aliviar el tedio de la sesión.[1] Velázquez, según Justi, reconoció el potencial de la escena y elaboró inmediatamente un bosquejo que luego transformaría en el cuadro definitivo. Pero si esta explicación parece ahora absurda, otros puntos de vista también han enfatizado la importancia del realismo en el cuadro. En 1972, Dale Brown anotó:

> La fascinación de esta pintura, encargo de la familia real, es fácil de imaginar. Los reyes nunca habían visto antes nada tan real, una imagen elaborada por un hombre que refleja el mundo a su alrededor, que muestra las lámparas en el techo. Realmente los maravilló y asombró, reacción idéntica a la que la gente iba a experimentar en siglos posteriores frente a las primeras fotografías. 'Las Meninas' tiene mucho en común con la fotografía, y aun con la instantánea, ya que es una pintura sincera, que captura un momento.[2]

Para muchos críticos, a través de los siglos, el éxito de Velázquez ha sido imprecedente, ya que creó una ilusión de la realidad, una impresión fácilmente confirmada por el espectador que se detiene frente a esta gran obra de arte en el Prado.

Por otra parte, la misma frase 'ilusión de la realidad' enfatiza tanto 'ilusión' como 'realidad', y un estudio detallado de la pintura de Velázquez revela muy claramente que su efecto en el espectador se atribuye sobre todo al arte del pintor, o mejor dicho a su 'artimaña'.[3] En este aspecto, el espejo, localizado al fondo del cuadro, desempeña un papel muy importante. Su efecto más evidente es el de crear un sentido de profundidad totalmente convincente al reflejar al rey y la reina, que se encuentran realmente fuera del cuadro. Su localización coincide más o menos con el lugar desde el cual observa la escena el espectador. La presencia de los reyes se refuerza también por la manera en que Velázquez, la Infanta, Mari Bárbola, el guarda-damas y José Nieto, así como el perro en el primer plano del cuadro, se dan cuenta repentinamente de su presencia. Hay, por lo tanto, un sentido tridimensional extraordinario que intensifica notablemente el efecto de realismo. Si el espejo no hubiera sido incluido, este efecto se habría reducido enormemente.

Pero todo lo dicho arriba supone tener en cuenta solamente los aspectos superficiales y más obvios de 'Las Meninas', cuando hay en realidad otros factores mucho más sutiles y profundos que deben ser mencionados en relación a la 'artimaña' de la pintura: aspectos referentes a la apariencia y a la realidad, a la ilusión y a la verdad, tan amados por los escritores y pintores del siglo XVII. La presunción de que el rey y la reina permanezcan fuera de la pintura ha sido cuestionada por el arquitecto Ramiro Moya y por el mismo Buero Vallejo.[4] Sus conclusiones, basadas en exámenes científicos de la perspectiva de la pintura, son las siguientes: el espejo no refleja a la pareja real, presente en la habitación pero fuera del cuadro, como si estuvieran en los zapatos del espectador, sino sus imágenes ya dibujadas sobre el lienzo frente a la figura de Velázquez. El pintor, sugiere Buero, se burla del espectador de su cuadro, haciéndole creer primero que el espejo refleja a la pareja real, en persona, observando su reflejo, y, segundo, que el espectador se encuentra en la misma posición que el rey y la reina, observando su propio reflejo imaginario. Sin embargo, la verdad es que la perspectiva de la pintura está ligeramente en diagonal y que alguien de pie, frente al espejo, no podría ser reflejado. Es como si, sugiere Buero, Velázquez le estuviera diciendo: 'Imaginad que os miráis en un espejo ... Por más que os esforcéis, nunca os podréis mirar en el espejo'.[5] Pero esto no es un ingenioso truco pictórico de 'lo ves, ya no lo ves'; al contrario, plantea una pregunta mucho más fundamental sobre la fe que damos a la apariencia de las cosas, y hasta qué punto podemos, figurativamente, estar seguros del suelo que pisamos. Por lo tanto, para don Quijote, la nube de polvo que se aproxima es un ejército; para Sancho un rebaño de ovejas, dos realidades—¿o son, tal vez, dos apariencias?—aceptadas con igual convicción. Para Segismundo, prisionero una vez más después de su breve experiencia de la vida en la corte de su padre, ¿cuál es la verdadera realidad?:

> Yo sueño que estoy aquí
> destas prisiones cargado,
> y soñé que en otro estado
> más lisonjero me vi.
> ¿Qué es la vida? Un frenesí.
> ¿Qué es la vida? Una ilusión.[6]

Para muchos, el planteamiento de Buero de que el espejo no refleja la pareja real en persona, y su concomitante de que el espectador no ve lo que imagina ver, puede parecer exagerado; pero de ninguna manera reduce la importancia de la pintura en lo que se refiere al tema de la apariencia—realidad, que también está presente en muchas formas distintas. Consideremos, por ejemplo, los vestidos de los personajes: la Infanta, en el centro, lleva un vestido hecho de seda, con un ribete rosado; las dos damas de honor se ven igualmente resplandecientes; Mari Bárbola con un vestido color azul oscuro, galoneado en plata; Nicolasillo viste lo que parece ser un traje rojo de terciopelo, y el mismo Velázquez aparece más como cortesano que pintor, con la llave de chambelán de palacio en su cinturón y la cruz roja de la Orden de Santiago en su pecho. Aunque el ambiente que se observa es en general informal, los trajes insinúan la formalidad, la elegancia y el resplandor de la Corte—el esplendor superficial de la vida en palacio. Igualmente, las poses de las damas de honor en relación a la Infanta, y sobre todo la actitud bastante teatral de José Nieto, en el marco de la puerta, evocan el estilo de vida en el cual la formalidad de la etiqueta lo es todo. Pero Velázquez, como pintor, tenía bastante inteligencia e intuición para introducir también en esta imagen de la brillantez formal de la Corte elementos que la trastornan y que muestran su superficialidad. La realidad por debajo de la apariencia se sugiere ante todo por el contraste entre el esplendor del vestido de Mari Bárbola y la marcada fealdad de su cuerpo rechoncho y su rostro abultado. Así, con una imagen fuerte, Velázquez parece subrayar el hecho de que en la Corte, por debajo del traje y de la máscara de la apariencia, grandes deformaciones pueden existir, no sólo física sino moralmente también. Vale la pena señalar, además, que la imagen de Felipe IV y de la reina Mariana en el espejo se caracteriza por su indefinición y por su calidad fantasmagórica: las figuras reales son reconocibles pero insustanciales. Fue, sin duda alguna, la época en que la grandeza de la que antes gozó España estaba literalmente evaporándose, en que las verdaderas desgracias del país parecían testimoniar la verdad de que, como varios autores de la época notaron, todo poder y riqueza son simplemente transitorios. La imagen del rey y la reina es realmente una ilusión en más de un solo sentido, y subraya también el hecho de que las sedas y los brocados, los cabellos de oro y la belleza perfecta de los demás personajes no son menos ilusorios. Ello hace evocar el famoso poema de Góngora a su amada en el que señala que con el correr de los tiempos su belleza encantadora se transformará: 'en tierra, en humo, en polvo, en sombra, en nada ...'[7]

Uno de los momentos más sorprendentes en la pieza teatral de Buero es la última escena, en que, al descorrerse las cortinas, el público ve en el escenario la recreación de 'Las Meninas':

> *A la derecha de la galería, hombres y mujeres componen, inmóviles, las actitudes del cuadro inmortal bajo la luz del montante abierto. En el fondo, Nieto se detiene en la escalera tal como lo vimos poco antes. La niña mira, cándida; el perro dormita. Las efigies de los reyes se esbozan en la vaga luz del espejo. Sobre el pecho de Velázquez, la cruz de Santiago. El gran bastidor se apoya en el primer término sobre el caballete.*[8]

Es un golpe audaz y brillante cuyo efecto es que el público reconozca instantáneamente algo familiar. Pero es aún más importante, en cuanto a la intención del dramaturgo, la forma en que, habiendo capturado la atención del público, la manipula inmediatamente. Fuera del 'cuadro', Buero utiliza a Martín como comentarista de la escena. Este personaje es un pobre mendigo que permite al público escuchar la conversación de los personajes, dedicada solamente a lo que ocurre dentro del palacio, y ciega a la realidad externa. El guarda-damas, que en la obra se llama don Diego Ruiz de Azcona, dice:

> Hay quien se queja, doña Marcela ... Pero nuestra bendita tierra es feliz, creedme ... Como nosotros en Palacio. (237)

La menina, doña Isabel de Velasco, observa:

> Dicen que en Toledo una fuente mana piedras preciosas ...(237)

La Infanta, al contrario, permanece silenciosa, demasiado inocente para sentirse afectada por lo que la rodea. Velázquez murmura dos palabras—'Pedro ... Pedro',—pensando en el amigo de Martín, Pedro Briones, un hombre pobre y desgraciado que una vez gozó de la protección del pintor, y que, después de haber servido como soldado y tras asistir al ocaso de España, acaba de morir recientemente en la miseria más abyecta. Si el cuadro de Velázquez insinúa la verdad que subyace a la apariencia, es Buero Vallejo quien realmente captura y hace explícito este tema, utilizando para ello una gran variedad de técnicas teatrales impresionantes.

En este sentido, el comienzo de la obra es extremadamente importante en términos de las relaciones que se establecen entre la escena y el público. Cuando se levanta el telón, se enfrentan los espectadores con lo que a primera vista parecen ser dos pinturas de Velázquez: Menipo, el filósofo griego, y Esopo, el narrador de historias:

> *La escena se encuentra en borrosa penumbra, donde sólo se distinguen dos figuras vigorosamente iluminadas, de pie e inmóviles en el primer término de ambos laterales.* (106)

Aunque la acotación da a entender finalmente que las dos figuras son en realidad los modelos que posaron para los cuadros dieciséis años atrás, que ahora son mucho más viejos y visten trajes diferentes, no se puede negar que para el público las poses y la iluminación crean momentáneamente la ilusión de dos pinturas inmediatamente reconcibles: *'La semejanza es completa'* (106). Pero la ilusión se rompe cuando una de las figuras se dirige al público:

> Martín—(*Al público*) No, no somos pinturas. Escupimos, hablamos o callamos según va el viento.

Las primeras palabras de la obra son así una advertencia contra la engañosa naturaleza de la apariencia. Además, cuando Martín dé un paso hacia adelante, dejando atrás el cuadro, creará una nueva relación emocional y espacial con el espectador. La figura inmóvil de Menipo se convierte inmediatamente en Martín, que habla al público presente, creando una sensación de confianza y seguridad mutua. Esto tiene también otras consecuencias. Al traspasar un marco de realidad, el pasado, y entrar en otro, el presente, Martín se convierte en una especie de intermediario, una persona colocada—como lo está en el escenario—entre la escenografía del siglo XVII, a sus espaldas, y el espectador del siglo XX, en la sala. Este es el mecanismo que abre y cierra la obra y que, en un sentido 'enmarca' los acontecimientos que ocurren en ella. Además, tal como se ha sugerido, en referencia a la última escena, su propósito es el de permitirnos ver las cosas tal como son y no como creemos que son; observar más objetivamente y sacar nuestras propias conclusiones. En este sentido, en particular, Martín juega un papel fundamental; es la vista del ciego Pedro Briones, a quien le dice: 'No puedes valerte sin mí' (109); pero sirve también como nuestros ojos y nuestro guía hacia la verdadera naturaleza de la realidad que se nos va a presentar. Cuando vuelve a incorporarse a la acción, dejando su papel de comentador, esto no quiere decir que el sentido de marco ya creado comience a desaparecer. Realmente, el mecanismo de enmarcación se repite en formas diversas a través de la obra. Y aunque su presencia no sea siempre obvia, su función fue claramente asumida por el gran marco del proscenio del Teatro Español cuando *Las Meninas* fue puesta en escena por primera vez en 1960. El público de esta primera representación no pudo sino observar la acción a distancia, tal y como muchos espectadores observan la pintura del Prado, reflexionando sobre ella.

Dentro del gran marco del proscenio, otros pequeños marcos se evocan en varias ocasiones, creando, por consiguiente, el efecto de un marco dentro de un marco, o el de una pintura dentro de una pintura. Esto ocurre de la manera más sorprendente, como ya hemos visto, a finales de la obra, cuando las cortinas se descorren para revelar, detrás, a los personajes en una recreación escénica del cuadro de Velázquez. Este mismo mecanismo se emplea en un contexto diferente en la Primera Parte de la obra cuando, después de haber sido presentado cada personaje individualmente, el escenario se transforma en el estudio de Velázquez:

> *La luz general decrece y aumenta en la zona central, donde desparecen las cortinas para mostrarnos el obrador del cuarto del príncipe. A la derecha del fondo, la puerta abierta. Pareja abre las maderas del último balcón y luego viene al primer término y abre las del segundo. El aposento se llena de luz.*

En efecto, nos enfrentamos con el cuadro de Velázquez sin figuras: la puerta abierta en el fondo a la derecha, la habitación iluminada con la misma luz que en el cuadro proviene de la ventana que está a la derecha. La manera de recrear este momento genera en el público una sensación de reconocimiento y familiaridad instantáneos, lo que por supuesto implica un acercamiento emocional y una empatía frente a lo que se observa; o si se quiere, este efecto escénico crea un puente entre el escenario y el espectador. Por otra parte, el uso de las cortinas y la iluminación produce un efecto de enmarcación, la cual se encuentra dentro del gran marco del proscenio, lo que contrarresta la sensación inicial de familiaridad, equilibrándola con una sensación más amplia de distancia y objetividad. El efecto no es el de un espectador frente a un cuadro, como en una galería, sino el de observar la pintura desde otro lugar en la galería, a través del marco de la puerta.

Todo el interrogatorio a Velázquez, que forma la Segunda Parte de la obra, tiene lugar dentro del marco interior. Como en el primer ejemplo, la iluminación del escenario en su totalidad se transforma en la del área central:

> *La luz general decrece y se concentra sobre las cortinas, dejando las fachadas en penumbra.* (207)

Ahora como antes, las cortinas se abren para revelar el estudio de Velázquez:

> *Las cortinas se descorren y dejan ver al obrador.*

Después del interrogatorio, efectuado por el rey, las cortinas se cierran una vez más, y unos momentos más tarde se vuelven a abrir para recrear la escena final de *Las Meninas*. Hemos dicho ya que esto es una técnica por medio de la cual se crea una sensación de ruptura y de distancia entre el público y el escenario, y que corrobora aquella objetividad propuesta por Brecht, la que nos ayuda a sacar conclusiones sobre los acontecimientos que se presentan en el escenario. Sin embargo, se puede ir mucho más lejos, y afirmar que la técnica gira en torno al concepto de 'ver', el cual se enfatiza con la iluminación, el enfoque y la creación de impresionantes efectos pictóricos. Todo esto sugiere que ésta no es una simple técnica empleada por Buero Vallejo sin considerar la esencia de la obra. Todo lo contrario, la técnica y el tema son en *Las Meninas* una sola cosa: el 'ver' determina la forma en que el dramaturgo va a presentar el material en cada una de las escenas porque el 'ver' es la preocupación central de la obra en su totalidad. Es bastante lógico que esto sea así, dado que el protagonista es Velázquez y que en la famosa pintura se refiere ya a temas tales como la perspectiva y la ilusión. Pero en la obra de Buero, el tema del ver se maneja con variedad y sutileza, abarcando cada uno de sus aspectos. Esta es una obra de visión en todos los sentidos.

Alusiones al 'ver' o a 'la vista' se hacen a lo largo de toda la obra. Hay muchas ocasiones, por ejemplo, en que los personajes aparecen esporádicamente en el balcón del Palacio Real y observan a los demás. Así, doña Marcela de Ulloa, obsesionada por Velázquez, lo observa—*(No lo pierde de vista)* (116)—, mientras que, un poco más tarde, la Infanta observa la conversación que entre ellos tiene lugar—*(Sin salir a los hierros los observa con recato desde el batiente)* (127). Cuando Nicolasillo, el enano de palacio, aparece, hace alarde de su apodo, Vista de Lince, y de su poder de observación constante y minucioso sobre cada uno de los miembros de la Corte: 'Vista de Lince ... ve y oye de lejos' (152). Por el contrario, Pedro Briones, el mendigo, fija la mirada sobre Velázquez pero sin poder verle claramente porque se está quedando ciego: '¿Sois vos don Diego. No veo bien' (154). Un poco antes, Nicolasillo había contrastado su propia habilidad, la mirada de Lince, con la incapacidad de Velázquez para ver y por lo tanto para plasmar en sus pinturas los objetos con claridad y precisión: 'No queréis reconocer que teneís cansados los ojos' (150). Importa también mencionar los diferentes tipos de 'ver' que se personifican sobre el escenario y que se mencionan en el texto, incluso el factor clave del público que ve a los personajes, observándolos tan de cerca como se observan unos a otros.

El acto de ver, en su nivel más profundo, está identificado por Buero con la verdad, cuyo campeón es el mismo Velázquez. En la escena del juicio de la Parte Segunda, el pintor Angelo Nardi acusa a Velázquez de pintar con imprecisión y por lo tanto con falsedad, ya que su visión es defectuosa. Velázquez responde argumentando que cuando el artista mira a un punto fijo, el área alrededor de éste es imprecisa, borrosa. Pintar lo que se ve, de un modo impresionista, es, por lo tanto, pintar la verdad:

> Velázquez—Cuando miráis a los ojos de una cabeza, ¿cómo véis los contornos de la cabeza?
> Nardi—*(Lo piensa)* Imprecisos.
> Velázquez— ... Yo pinto el ver. (221)

Mientras que la acusación de Nardi se centra en la falsedad de la pintura de Velázquez en general, la de su sobrino, José Nieto, se dirige a un cargo más específico, referente a su pintura de Venus, por la que Velázquez ha sido culpable de indecoro, de haber pintado 'imágenes lascivas'. Poco después, Nardi prosigue con la acusación y señala que Velázquez no sólo no ha logrado dar a sus retratos de la realeza 'la majestad adecuada' sino que también sus enanos y bufones se pintan como iguales en dignidad a las personas reales. Las dos acusaciones claramente tienen que ver con imágenes que, por cualquier razón, son 'aceptables', mientras que Velázquez arguye en su defensa que él representa la verdad esencial de las cosas: en el caso de su Venus, la mujer es bella, la lascivia no recae en la pintura sino en el ojo del observador: '... las mentes lascivas que en todo ven lascivia' (214); en el caso de los enanos y bufones, su deformidad no debe opacar sus otras cualidades: 'Esos desdichados tienen un alma como la nuestra' (220). La importancia del juicio no se encuentra tanto en la vindicación de Veláquez y su pintura, como en la revelación de la hipocresía de sus acusadores. Angelo Nardi, bastante audaz para poner en tela de juicio la pintura de Velázquez, se nos revela como un impostor. José Nieto, que parece ser un hombre de altas creencias morales, acusa a Velázquez movido por la codicia, porque desea la posición de 'aposentador' del rey. El análisis de 'imagen' en relación con la pintura se transforma durante la escena del juicio en la imagen que los hombres y, por lo tanto la sociedad, presentan al mundo externo: las máscaras detrás de las cuales se ocultan ellos mismos, la apariencia que oculta a la realidad. Este es el verdadero tema de Buero; el interés por la pintura y la búsqueda de la verdad por parte del pintor se convierten en una preocupación más general por la naturaleza del mundo en que vivimos.

El mundo de la obra, la Corte de Felipe IV, se rige totalmente por la apariencia en sus formas más diversas. Hay que subrayar en este aspecto los elegantes trajes y el comportamiento formal de los personajes, las máscaras tras las cuales ocultan su verdadera naturaleza. En un momento del juicio esto se nota perfectamente:

> *El dominico se inclina ante El Rey y la infanta. El Rey le devuelve la reverencia y la infanta le besa el rosario. Luego da la vuelta por la izquierda y se dirige al fondo acompañado del Marqués entre las reverencias de todos.* (225)

En un instante de la obra, Velázquez se dirige al rey diciéndole que para él la verdad se encuentra en aquellos momentos en que la máscara de la etiqueta de la Corte cae: 'Yo creo que la verdad está en esos momentos sencillos más que en la etiqueta' (169). Cuando María Teresa, la hija mayor del Rey, visita a Velázquez en su estudio, se siente encantada de tener la oportunidad de comportarse más naturalmente: 'Me he vuelto a escapar de la etiqueta' (142). A través de la obra entera, el abismo entre la apariencia y la realidad se revela constantemente. La elegancia de las dos meninas, doña María y doña Isabel, contrasta con su falta de caridad hacia los mendicantes, Pedro y Martín; y la aparente respetabilidad de doña Marcela de Ulloa, vestida de su hábito de monja, se contrapone a su ardiente deseo hacia Veláquez. José Nieto da muestras de humildad cristiana pero envidia el éxito de Velázquez. En la escena final del juicio, toda esta fachada de hipocresía y de mentiras, intensificada por la formalidad superficial del comportamiento de los individuos, se derrumba ante las observaciones implacables del mismo Veláquez. No es una coincidencia que la pintura de la Venus desnuda sea el foco de críticas en la Corte, ni que, a pesar de la vindicación de Velázquez, la pintura tenga que estar oculta en su estudio, ya que es, más que cualquier otra cosa, la representación de la verdad pura y desnuda.

Si la verdad yace detrás de la fachada de la Corte, también se halla más allá de la Corte, en las vidas de la gente ordinaria. En una conversación con el Rey, María Teresa se refiere a las condiciones del país en conjunto: 'En Palacio todo se sabe: que hemos perdido la saca de plata, que no hay dinero, que el país tiene hambre, que la guerra va mal ...' (164). La desgracia del país—su rápido descenso económico, militar y social—se encarna en la figura débil, envejecida y casi ciega de Pedro Briones, a quien Velázquez ha dado amparo. Es él quien da una relación viva de su propia experiencia en el ejército desmoralizado en Flandes y del malestar general que se experimenta en España:

> En Flandes ... los soldados pasaban hambre ... Si alguno se quejaba, lo mandaba [el capitán] apalear sin piedad ... En Galicia los labriegos han quemado todo el papel sellado porque han vuelto a gravarles el aceite ... En Palencia quemaron la cosecha antes de entregarla ... El país entero muere de hambre, don Diego. Y, como en Flandes, le responden con palos, con ejecuciones ... (177–78)

Para el Rey y la Corte, éstas son verdades que deben mantenerse a raya, o haciéndolas parecer triviales—'El descontento es un humor pernicioso, una mala hierba que hay que arrancar sin piedad' (161)—o tolerándolas con la esperanza del oro y la plata americanos que pronto vendrán para solucionar el problema. Esto es, en efecto, cerrar los ojos a la realidad, una ceguera moral deliberada que se contrapone a la insistencia de Velázquez en mostrar en sus pinturas lo que ve: 'Yo pinto el ver' (221). En este sentido, es irónico que aquéllos que cierran los ojos ante la verdad sean quienes acusen a Velázquez de ser miope, o que Pedro Briones, ya casi ciego, tenga la visión más clara de todos. Este es el comentario que sobre 'Las Meninas' de Velázquez realiza su compañero Martín, quien al final de la obra invita al público a meditar sobre la pintura:

> ... Pedro, casi ciego, decía de él [el cuadro] cosas oscuras, que no entiendo, pero que repetiré como un papagayo ... Decía: será una pintura que no se podrá pagar con toda la luz del mundo ... Una pintura que encerrará toda la tristeza de España ... (237)

Tenemos aquí una imagen de la Corte que a su vez refleja la desgracia de la propia España.

El verdadero logro de Buero, sin embargo, no es el de recrear en escena una imagen impresionante de la España del siglo XVII, sino el de convencer al público de 1960 que es también una imagen de él mismo. Ya se ha hecho hincapié en este punto en el sentido de que hay en la obra de Buero un elemento poderoso de familiaridad. Desde el momento en que se presentan al público las pinturas de Esopo y Menipo, hasta el final mágico de la recreación de una de las pinturas españolas más famosas, el dramaturgo establece un fuerte sentimiento de reconocimiento, tan deliberado como sutil. Igualmente, como ya hemos visto, hay momentos en los que Martín se dirige al público, atravesando tanto la distancia entre el siglo XVII y el XX como entre el escenario y el auditorio. El efecto último de este proceso es que el elemento de reconocimiento ya mencionado se transforma poco a poco en plena identificación, por medio de la cual escenario y auditorio se convierten en uno solo, el uno el reflejo del otro. En efecto, el cuadro se convierte en espejo.

Si la idea de 'ver' está presente a lo largo de la obra en relación con los personajes del escenario—en el reconocimiento mutuo y en su capacidad de ver y comprender la verdad, etc.,—es algo que también abarca al público, confrontándolo con aquellas cuestiones que al principio parecían relevantes sólo al mundo representado en el escenario. En este aspecto, es necesario considerar las observaciones hechas por Pedro Briones en la Primera Parte de la obra sobre el cuadro de Velázquez. A pesar del escenario palaciego, la pintura contiene, según él, 'toda la tristeza de España'. Además, a medida que observa a las figuras del cuadro, se va haciendo consciente de que, a pesar de las diferencias de clase y de otras circunstancias, son imágenes de él mismo, el cuadro transformado en un espejo en el que observa su propio reflejo:

> ... llegará un momento, como a mí me sucede ahora, en que [el individuo] ya no sabrá si es él el fantasma ante las miradas de estas figuras ... puesto que él está ya en el cuadro cuando lo miran ... (174)

Y cuando en el futuro otros observan la pintura, su experiencia será la misma: 'Quien los mire mañana [a los seres] lo advertirá con espanto' (174). Son palabras que, en efecto, se aplican al público de la obra de Buero, cuya acción está contenida en el marco del cuadro, el proscenio, que a su vez actúa como espejo. Para el público de la primera representación en el Madrid de 1960, la sensación de reconocimiento habría sido muy fuerte. Veintiún años después de la Guerra Civil, la obra hace alusión al hambre, la opresión, la censura, las mentiras y la necesidad, cosas tan relevantes para la España de Franco como para la de Felipe IV. El tercer centenario de la muerte de Velázquez fue para Buero un momento apropiado para rendir homenaje al gran pintor español, lo mismo que para crear un espejo-imagen para sus propios contemporáneos.

NOTAS

1 Véase Carl Justi, *Diego Velázquez und sein Jahrhundert* (Bonn: 1888), II, 311; *Velázquez y su siglo*, traducido del alemán por Pedro Marrades (Madrid: 1953).

2 Dale Brown, *The World of Velázquez* (New York: 1969), 169.

3 Véase Madlyn Millner Kahr, *Velázquez: the Art of Painting* (New York: 1980), 135–41.

4 Antonio Buero Vallejo, *Tres maestros ante el público* (Madrid: 1973). Véase en particular 'El espejo de "Las Meninas" ', 64–77.

5 *Op. cit.*, 85.

6 Calderón, *La vida es sueño*, ll.2178–83.

7 Luis de Góngora, 'Mientras por competir con tu cabello'.

8 Antonio Buero Vallejo, *Las Meninas* (Madrid: 1981), 237. Todas las alusiones son a esta edición.

Conciencia individual y colectiva en *Jueces en la noche*

DEREK GAGEN

Jueces en la noche constituye uno de los títulos más polémicos en la larga y distinguida labor teatral de Buero Vallejo. La recepción crítica de la obra, tras su estreno en el Teatro Lara de Madrid el 2 de octubre de 1979, fue casi unánimemente negativa y no sólo entre sectores de la derecha que, presumiblemente y con toda razón, se veían aludidos en el texto.[1] La hostilidad está reflejada con característico vigor en la conocida *Historia social de la literatura española*:

> Cuando por fin Buero Vallejo entra en el terreno directamente político como con *Jueces en la noche* (1979), el resultado es, sin más, decepcionante. El postfranquismo, los 'demócratas de toda la vida', el terrorismo, el golpismo, todo ello es tratado aquí con tales sutilezas, alusiones y elisiones, con tal carga de elementos folletinescos y utilizando una retórica tan verdaderamente 'teatral', que la obra pierde tanto su dramaticidad como su posible efectividad de lección político-histórica.[2]

Y sin embargo, a los trece años de su estreno, *Jueces en la noche* va adquiriendo un valor especial y distintivo dentro de la fluida evolución del teatro de Buero. Parece constituir un paso importante en la creación de un teatro de concienciación personal y colectiva, tan apta para la España democrática—que también tiene sus Juan Luis Palacios—como lo fuera para tiempos de transición.

El propio dramaturgo parece a veces reivindicar la importancia del texto en este sentido, colocándolo dentro de otros subgrupos de su producción dramática. Cuando David Johnston le pregunta si *Música cercana* forma, junto con *Lázaro en el laberinto* y *Diálogo secreto*, 'una suerte de trilogía', Buero declara que 'habría que extender un poco más la cosa y pensar que hay también una tetralogía, incluyendo en ella *Jueces en la noche*'.[3] No obstante, con esta obra incluso los más leales defensores de Buero Vallejo suelen adoptar una actitud algo defensiva. Para Iglesias Feijoo 'puede ser que este "misterio profano" no resulte la mejor obra del autor ... pero, sin duda, posee múltiples valores y desarrolla ideas dramáticas sugeridas con antelación en obras a veces bastante lejanas'.[4] De manera similar, Torres Nebrera, en un importante estudio de la obra, empieza por admitir que no tiene la importancia de otras obras, pero subraya la validez de *Jueces en la noche* como 'obra dramática, la primera que conozco, que nos habla clara y llanamente de unos hombres y mujeres, los de aquí y los de ahora, en la España postfranquista, que sigue siendo el resultado de la llaga del 36, supurante durante cuarenta años más'.[5] Ese factor es precisamente el que da lugar a la negativa recepción de la obra según Richard Salvat, ya que atribuye el poco éxito crítico de *Jueces en la noche* al hecho de que haya llegado 'en un momento de excesiva transición y aparente cambio, poco propicio para la gran reflexión moral que Buero nos planteaba'.[6]

Sin embargo, algunos críticos han visto en *Jueces en la noche* no tanto 'las limitaciones del modelo teatral adoptado por Buero' o 'la deficiente factura del texto', por citar un despiadado comentario de Alberto Fernández Torres,[7] sino, en palabras de Victor Dixon, una obra que 'inicia una nueva etapa—la cuarta y acaso la definitiva—en su trayectoria dramática'.[8] Y, añadiríamos, lo más significativo es que esta última etapa haya comenzado precisamente en 1979.

Aunque, como veremos, la clave de esta 'gran reflexión moral' está en el subtítulo 'Misterio profano', el dato esencial para comprender la importancia inmediata del estreno de *Jueces en la noche* es precisamente esta fecha: 1979. El tema de la obra es el frustrado intento de Juan Luis Palacios de celebrar el vigésimo aniversario de su matrimonio con su esposa Julia. Un aniversario, tanto personal como nacional, es el punto en que un pasado establece contacto con el presente. Pero 1979 es también para Buero Vallejo un año de importantes aniversarios. *Jueces en la noche*, terminado en mayo de 1979, se estrena el 2 de octubre, treinta años después del sensacional estreno de *Historia de una escalera* (14 de octubre de 1949). Pero 1979 señala otros aniversarios significativos para España y para Buero Vallejo, siempre tan consciente de semejantes conmemoraciones. (Valga como ejemplo *Las Meninas*, obra que, estrenada en 1960, celebra el 300 aniversario de la muerte de Velázquez.) Parte del subtexto de *Jueces en la noche* está constituida precisamente por el contraste entre la España de 1949 y la de 1979. Es tan obvio que corre el riesgo de redundancia intelectual repetir una vez más que en 1949 el país, bajo la dictadura de Franco, padece un aislamiento internacional, enmascarado por una política de nacionalcatolicismo y autarquía económica que en la década de los cincuenta va a fallar de manera espectacular.[9] Treinta años después ha tenido lugar el despegue industrial, el llamado 'milagro español', y España experimenta las delicias de la sociedad de consumo. *Historia de una escalera* era esencialmente una mirada atrás que revelaba que—socialmente hablando—nada había cambiado entre 1919 y 1949. Como observa Iglesias Feijoo, 'la omnipresente escalera que conforma el único marco visual del escenario durante todo el drama puede ser, en su persistente evidencia a lo largo de los años de la historia, el símbolo de la perduración de una situación social que aprisiona a todos aquellos seres y les impide liberarse'.[10] Pero en 1979, muerto el dictador, bajo unos reyes configurados según el modelo europeo que, según parecía, guiaban al país hacia una estabilidad democrática, España está en plena transición. El lento y ordenado progreso hacia la democracia tiene lugar, además, bajo un Jefe de Gobierno, Adolfo Suárez, que bajo el antiguo régimen había sido Gobernador Civil, Director de Radio Televisión Española y Ministro del Movimiento, pero el país no es la España de 1949 (ni mucho menos la de 1919). Tanto la rapidez del desarrollo industrial, de la urbanización, como la adquisición de toda la infraestructura parlamentaria, de grupos de poder y presión, se ven perfectamente reflejadas en *Jueces en la noche*. La nueva España es un país en que el diputado exfranquista Juan Luis Palacios sigue inmerso en la corrupción y dispuesto a servir de intermediario entre Ginés Pardo y don Jorge en la compraventa de terrenos para una multinacional, sacando su tajada de cuatro millones, como es natural (70). Pero en aquel invierno de 1978 a 1979, cuando Buero escribía *Jueces en la noche*, España no sólo corría el riesgo de la corrupción ya que, según Carr y Fusi, escribiendo precisamente acerca de aquel difícil invierno, 'el terrorismo está desacreditando la democracia y ha favorecido el resurgir de la fuerzas autoritarias y de la derecha neofascista en la segunda mitad de 1978'.[11] Esa nueva España democrática se ve amenazada de un lado por el terrorismo vasco y organizaciones como FRAP y GRAPO y del otro por grupos neofascistas que claman contra el terrorismo y la democracia y piden que el ejército (re)tome el poder. Al igual que Buero en *Jueces en la noche,* algunos sostenían que elementos de la ultraderecha se habían infiltrado en grupos como FRAP y GRAPO y cometían actos de terrorismo en una campaña de provocación y desestabilización. El simbólico escenario de 1949, esa escalera que no cambia en treinta años, modélica indicación de una sociedad estancada e incapaz de transformación, ya no servía en 1979. Como tampoco servía el frustrado idealismo de un Urbano para representar la esperanza política. El sentimiento de desencanto con una semidemocracia que coincidía con el aumento del paro, de la delincuencia juvenil y con el colapso de los valores tradicionales, se refleja en el pasotismo o apoliticismo, representado en esta obra por Julia:

> Cristina—¿No te parece nada, por ejemplo, que siga habiendo terrorismo?
> Julia—De izquierdas y de derechas. No tenemos remedio' (56).

Para resumir, se puede ver que entre la fecha de su primer estreno y, treinta años después, la de *Jueces en la noche*, Buero había visto y comentado unos cambios enormes en España. Es más, la nueva democracia, confirmada en la Constitución de 1978, no parecía estable. Es evidente que Buero iba a querer ofrecer algún comentario sobre esta situación, reaccionar ante ella. Desde 1949 venía presentando los problemas de la vida española a través de un discurso simbólico o indirecto[12] que no solamente superaba las restricciones de la censura sino que obligaba al público de las butacas a reflexionar sobre los problemas representados en forma dramática ante ellos.

En cierto sentido Buero nunca se había mostrado tan *directo* como en *Jueces en la noche*. La acción transcurre 'en la Capital del Estado y en nuestro tiempo' (32). El argumento no es complejo. El matrimonio, Juan Luis Palacios y Julia, llevan casi veinte años casados y se disponen a celebrar este aniversario aunque su relación carece de toda intimidad y calor. Se establece durante la obra que, hacía veintidós años, Juan Luis había sido responsable—junto con el policía Ginés Pardo—de la detención del novio de Julia, Fermín Soria, quien—aunque Julia lo ignora—había muerto apaleado en la cárcel. La segunda línea del argumento, la más directamente relacionada con la situación política de España en 1979, explora la reacción de Juan Luis, diputado ahora en la España democrática pero ministro durante el anterior régimen, ante la convicción de que Ginés Pardo está ahora implicado en un posible atentado contra un importante militar liberal. Juan Luis no denuncia a Ginés, creyendo así poder salvar su matrimonio a fuerza de ocultar su papel en el encarcelamiento y muerte de Fermín Soria. Revelada la verdad, la del asesinato del militar y la del papel de Palacios en la detención de Soria años antes, Julia se suicida. Torres Nebrera nota la conexión entre la tragedia personal y la nacional:

> El ex-ministro Juan Luis Palacios aparece, así, como responsable moral de dos muertes, la del militar asesinado por los terroristas y la de su propia mujer, además de serlo ya de otras interiores: la de aquellos *jueces* que le atormentan en su mundo de pesadillas.[13]

A pesar de una nota que pretende evitar analogías embarazosas entre la situación de Palacios y la de ciertos políticos de la época,[14] la obra parecía en cierto modo tener el carácter de una *pièce à clef*. El crítico de *El País* comentó que 'es una obra del día, de ahora mismo; con la frescura de un periódico diario' pero añadió: 'Desgraciadamente la dramaturgia, la literatura, la forma de expresión, no acompañan esas intenciones'.[15] Esa crítica de una supuesta técnica directa iba a convertirse en un lugar común. Otros se quejaban del partidismo de la obra: en el estreno se escucharon protestas.[16] Pero esto para Buero no era importante. En la nueva España se puede discrepar sin resolver las diferencias a fuerza de armas. 'España tiene que ser un país de aplausos y de pateos, pero no de crímenes'.[17]

Desde nuestra perspectiva en los cambiantes años noventa se comprende sin dificultad el carácter polémico de *Jueces en la noche*. El Presidente del Gobierno y numerosos diputados de UCD y Alianza Popular habían sido falangistas o tibios críticos partidarios de una reforma desde dentro del régimen. Muchos de los que ahora preconizaban la democracia tenían un historial de apoyo al franquismo. Por eso una de las tesis de *Jueces en la noche* es que en realidad poco había cambiado, que las fuerzas que dominaban antes seguirían ahora en el poder. Y esas fuerzas eran, naturalmente, el capital, el clero y las fuerzas militares, representados en la obra por don Jorge, el Padre Anselmo, y el General y Ginés Pardo. (Estos dos últimos simbolizan las dos facetas de la mente policíaco-militar: la democrática y la reaccionaria.) Tan obvia alegoría política, en realidad lo menos importante de la obra, parecía en 1979 ser la parte más significativa del mensaje. Además, en un 'misterio' no es extraño encontrar un discurso alegórico. Pero, como indica el subtítulo 'Misterio profano', con toda evidencia no se trata de un *misterio* tal como lo entendían los primitivos dramaturgos de la Edad Media o en tiempos modernos Unamuno en su misterio *El otro*, sino de una versión profana del misterio medieval, es decir no la escenificación de un misterio o pasaje de la historia sagrada sino la alegórica escenificación de un *misterio* contemporáneo.[18] Esta técnica alegórica daba lugar, según algunos comentaristas, a una disminución de la acción dramática. Para Pablo Corbalán:

> Buero tenía sus fantasmas que, sin duda, son los fantasmas políticos de casi todos los españoles, desde un lado y desde el otro. Buero se expresa desde el suyo, que es el democrático, sin fisuras ni concesiones. Y no ha podido prescindir de la simbología más estricta. Y los símbolos de este 'misterio profano' agarrotaron la acción, suprimiéndola. Aquí veo yo el error de una obra que pudiera haber sido el análisis más valiente y certero de la fantasmagórica situación ético-política española.[19]

Parece claro, sin embargo, que la élite político-intelectual de España no quería ver semejante análisis en las tablas, por 'valiente y certero' que fuese, aun cuando el público llenara el Lara durante dos meses. Según Alberto Miralles, los partidos políticos temían provocar a la ultraderecha y por eso impedían el desarrollo de un teatro agresivo a través del proceso que denomina 'la progresiva domesticación de la vanguardia teatral'.[20]

Aunque Buero no forma parte del 'nuevo teatro' en 1979, el análisis de Miralles se puede aplicar a su caso. Además, Buero tenía una biografía personal que indicaba no sólo que era el dramaturgo idóneo para tratar semejantes temas sino que al mismo tiempo era el dramaturgo con más probabilidades de ofender tanto a la derecha como a la izquierda. Por encima de esto podemos discernir aspectos del argumento relacionados con circunstancias particulares del autor, que ahora pasamos a comentar.

El aspecto biográfico más conocido es el compromiso político-social de Buero que forma un contexto inevitable para la comprensión de *Jueces en la noche*. Nacido en Guadalajara en 1916, Buero es hijo de un militar culto y 'liberal'. Estudia pintura en la Escuela de Bellas Artes de Madrid durante la Segunda República y a los veinte años, al estallar la Guerra Civil, lucha con el Ejército Republicano, primero como soldado de infantería y luego en el Cuerpo de Sanidad. Pero la muerte de su padre y la detención de su hermano por los republicanos parecen haber dejado una huella muy honda en el espíritu del dramaturgo. Su reacción ante la muerte de su padre y el haberse salvado él al final de la catástrofe serían la causa del obsesionante tema de la culpabilidad tan frecuente en su teatro.[21] Comentando su experiencia de aquellos años declara:

> No hay experiencia igual; a muchas personas les arranca la vida, a otras les hunde y ya no pueden levantar cabeza. A veces me siento culpable—sin tener culpa—por no haberme destruido como se han destruido tantos. He tenido suerte, lo siento, y pido perdón a los que no han podido dejar de ser destruidos.[22]

De ahí el tema, tan central en la cosmovisión de Buero, del castigo que no se puede evitar. Ni el Carlos de *En la ardiente oscuridad*, ni el Vicente de *El tragaluz*, ni el Tomás de *La fundación*, ni mucho menos Juan Luis en *Jueces en la noche*, podrán escapar a los resultados de sus acciones anteriores.[23] La presencia de la foto del padre de Buero en su mesa de trabajo es indicio de la importancia para el dramaturgo de esos recuerdos. Buero no es un Vicente ni un Juan Luis Palacios pero su sentimiento trágico nace de esas vivencias tan íntimas.

Pero *Jueces en la noche* parece tener su fuente u origen en otro recuerdo íntimo de signo más positivo para Buero. En 1959 contrae matrimonio con la joven actriz Victoria Rodríguez, la Daniela de *Hoy es fiesta*, que iba a ser la Infanta en *Las Meninas*. En 1978–1979 escribe *Jueces en la noche* al acercarse a su propio vigésimo aniversario y en el estreno es Victoria Rodríguez quien tiene el papel de Cristina, la radicalizada voz de la conciencia de Julia. En fin esta obra tiene como tema un aniversario de boda que coincide con los veinte años del matrimonio de Buero y Victoria Rodríguez, y con los treinta años desde su primer estreno. Y éstos no son los únicos aniversarios significativos. 1979 marca los cuarenta años desde el final de la Guerra Civil, guerra en que el padre del autor muere no en ninguna batalla sino en un acto de venganza lejos de la línea de combate. El misterioso papel de don Jorge tiene mucho que ver con la obsesión de Buero por la muerte de su padre.[24]

Se ve así como se han podido relacionar en la mente del dramaturgo los dos hilos del argumento de *Jueces en la noche*:

a) la revelación de Juan Luis como colaborador de un burdo y maléfico fraude, típico de toda su vida privada y pública;
b) el retrato de un matrimonio vacío y moribundo, si no muerto, que se resuelve—en el sueño de Juan Luis con el que termina la obra—con el suicidio de Julia y su simbólica reunión con Fermín.

Los tres aniversarios—20 años de matrimonio; 30 años de labor en el teatro; 40 años de vencido en una guerra civil—proporcionan una base de experiencia vital sobre la cual Buero elabora una honda reflexión acerca del comportamiento privado y público de sus personajes. No será necesario aclarar que semejante mezcla de significado individual y colectivo es muy característica de nuestro dramaturgo. Desde los tempranos personajes como Fernando y Urbano o Penélope, Buero ha sabido combinar la exploración de temas individuales y colectivos. En el caso de *Jueces en la noche* el argumento parece derivar de datos personales, los aniversarios, pero creando un personaje principal o protagonista que dista mucho de reflejar al autor: Juan Luis Palacios no comparte con Buero ni su feliz unión matrimonial ni su ideario político ni su visión del mundo, aunque—como en casos como Silverio en *Hoy es fiesta* o Vicente en *El tragaluz*—uno tiene la impresión de estar presenciando una reflexión por parte del dramaturgo sobre lo que podría haber pasado si él hubiera 'tomado el tren'. Empleando la técnica del 'misterio profano', como un auto calderoniano con mensaje no sacramental sino sociopolítico, Buero consigue dar un valor colectivo a esa toma de conciencia personal que experimenta Juan Luis. No se trata de un Flaubertiano 'Juan Luis Palacios, c'est moi' sino más bien 'Juan Luis Palacios, somos todos si continuamos actuando como si la transición a la democracia no estuviera ocurriendo'. Según esta lectura Juan Luis es un Vicente que espera sobrevivir tomando el tren de la democracia. Como dice a don Jorge:

> Hemos sido el poder y lo debemos seguir siendo incluso desde la izquierda, si queremos evitar disparatadas experiencias socializantes. Ya sé que un cambio de familia política puede menoscabar la buena fama personal, pero hay que convertirse a tiempo en un buen peón de reserva. ¿No le parece? (87).

El 'Misterio profano', entre otras cosas, nos previene contra los peligros y consecuencias de semejante actitud.

La técnica empleada por Buero es una vez más el efecto de inmersión, elemento esencial de su gramática teatral.[25] Durante gran parte de la obra, al espectador se le comunica no una realidad experimentada por los personajes sino la realidad imaginada en los sueños o pesadillas de Juan Luis. Estas escenas oníricas, que según cálculos de Dixon constituyen el 30% de la obra, se presentan de forma casi simétrica:

Parte Primera

I (a) 37–52. Escena onírica. Juan Luis imagina la fiesta para celebrar el aniversario. Incluye el recuerdo de la falsa detención de Julia hace 22 años.

(b) 52–67. Tiempo presente. Una semana antes del aniversario.

II (a) 69–94. Tiempo presente. El día siguiente. Escenario múltiple.

(b) 94–103. Escena onírica. Juan Luis sueña que mata al general y que es muerto por Ginés Pardo.

Parte Segunda

I (a) 105–22. Tiempo presente. Juan Luis habla con el Padre Anselmo; conversación de Julia con Cristina mientras el fantasmagórico don Jorge acompaña a Juan Luis.

(b) 122–31. Secuencia onírica. Acusaciones de los músicos y del seudo-don Jorge.

II (a) Tiempo presente. En el salón, pero con escena múltiple para conversaciones telefónicas con el verdadero don Jorge y el Padre Anselmo. La secuencia empieza con los pensamientos de Juan Luis a través de la voz del imaginario don Jorge y termina con el suicidio de Julia.

(b) 159–66. Secuencia onírica. El subconsciente de Juan Luis incorpora a Julia al trío de músicos que constituyen sus *Jueces en la noche*.

Como se ve, el espectador experimenta un continuo vaivén entre los sueños de Juan Luis y el tiempo real:

Parte Primera: I Sueño > Tiempo real.
II Tiempo real > Sueño
Parte Segunda: I Tiempo real > Sueño.
II Tiempo real > Sueño.[26]

El protagonismo de Juan Luis está clarísimo en esta estructura pero hay un aspecto de particular interés, a saber, el papel del personaje de don Jorge que, convertido en la mente de Juan Luis en padre de su víctima Fermín, aparece no sólo en escenas oníricas sino también en secuencias de tiempo real. Dada la importancia de la figura del padre en la obra de Buero, urge examinar más detenidamente este personaje, sobre todo porque esta obsesión parece crecer en los años anteriores al estreno de *Jueces en la noche*. (El poema 'De vivos y de muertos' que asocia dos muertes, las de Lorca y del capitán Francisco Buero, fue publicado en *El Eco de Sitges* en diciembre de 1977.)

Vemos a don Jorge por primera vez cuando Juan Luis le presenta la propuesta de Ginés Pardo para la compra de unos terrenos. Desde el principio la relación Juan Luis-don Jorge es de hijo-padre: 'Usted es siempre tan amable conmigo ... Quisiera, una vez más, su consejo. Para mí, sus opiniones son como las de un padre. Por sus conocimientos, por su experiencia' (86). Aunque don Jorge cortésmente rechaza la comparación, durante la obra se comporta como una figura paternal, pero no con el calor humano que tradicionalmente se llama paternal sino con esa sabiduría cínica que se suele asociar con el prototipo del hombre de negocios experimentado en el mundo. Recordemos que el 'hijo' Juan Luis es un ex-ministro y ahora diputado, pero que don Jorge representa no la política a nivel nacional sino la empresa *multi*nacional, de la misma forma que el Padre Anselmo representa la Iglesia y el General las Fuerzas Militares. Don Jorge sustituye al padre real de Juan Luis. Julia describe la relación de Juan Luis con su progenitor en términos elocuentes: '¡Tú sólo te has querido a ti mismo, como el hijo malcriado que eras de un poderoso!' (153). Sus palabras sugieren que entre Juan Luis y el coronel Palacios—'Medalla individual en la Cruzada y miembro de la Casa Militar de su Excelencia' (48)—no ha existido el grado de afecto que el subconsciente de Juan Luis imagina en el padre de Fermín Soria.

Este segundo don Jorge creado por la imaginación y mala conciencia de Juan Luis aparece con aspecto muy distinto del pulcro director de Indelecsa: 'No lleva corbata, la camisa, el pantalón y la cazadora son viejos y pobres, el cabello muéstrase algo despeinado' (94). Como es frecuente en la semiología teatral de Buero, el empleo de la indumentaria para señalar cuál de los dos don Jorge aparece en cada escena exige un esfuerzo por parte del espectador, aunque va reforzado por la luminotécnica. Las escenas oníricas están bañadas en una extraña luz muy fría: 'La extraña figura cruza hasta el primer término de la estancia y, bajo heladas claridades, se sienta' (94).

No sólo la iluminación y la ropa sino también y sobre todo la política y la actitud moral distinguen al fantasmagórico don Jorge y a su hijo Fermín del mundo de Juan Luis y el verdadero don Jorge. La muerte de Fermín, su protesta contra la España franquista, constituye una especie de victoria para su padre en el sueño de Juan Luis:

> Logramos darle estudios al chico y, más tarde, que ingresara en la Facultad de Medicina. Usted no sabe lo que es eso. La tenacidad en la pobreza, la decisión de no admitir nunca una derrota definitiva.

Y, siempre en el mundo creado por el subconsciente de Juan Luis, cuando el padre de Fermín se entera de que le han matado en la cárcel y se siente derrotado:

> Pensé en él y me volvieron los ánimos. Aunque nos hubieran destruido, no habían podido con nosotros. Mi hijo también había dicho 'no'. Y decir 'no' es vencer.[27] (98)

Este fantasmagórico padre de Fermín, que parece representar el lado 'contemplativo' latente en el carácter del protagonista, empieza en la Segunda Parte a ejercer un papel irresistible en el colapso del 'activo' Juan Luis. Se convierte en la voz de su conciencia y este colapso a nivel personal tiene también su significado político colectivo. Juan Luis acaba por perder a su mujer cuando en la última escena ella se incorpora al trío de jueces—uno de los desenlaces menos abiertos del teatro de Buero. Ya que 'decir "no" es vencer' y que vuelven a tocar la Marcha del Trío Serenata de Beethoven, el 'himno a la vida', esta pérdida tiene un significado más amplio que el simple colapso de una relación matrimonial.

La toma de conciencia de Juan Luis ocurre en el subconsciente, en el mundo de sus pesadillas, aunque él quiera olvidarlas. 'No he descansado bien esta noche. Tuve una pesadilla tremenda ... que he olvidado completamente' (58). Pero Juan Luis, que empieza por pedir consejos a la figura paternal de don Jorge, termina por convertir al seudo-don Jorge en ese padre del desaparecido Fermín, antagonista político y verdadero amor de Julia. E incluso en ese sueño-pesadilla se convierte a sí mismo en el médico que Fermín iba a ser, lo cual equivale a confesarse su fracaso. Como dice a Julia poco antes de que ésta se suicide: 'Mírame. Soy un hombre sin paz, porque tengo conciencia. Lo que te hice es mi vergüenza permanente' (154). Con estas palabras Buero parece ofrecer un mensaje no sólo a Juan Luis, o a los Juan Luis, sino a todos los espectadores. En palabras de Iglesias Feijoo, lo que Juan Luis ejemplifica 'es cómo un modo de comportamiento individual trasciende a la esfera pública y concretamente a la política'.[28]

Como era de esperar, el público teatral del otoño de 1979 se fijaba más en la advertencia contra el peligro terrorista de la derecha. Y como era también de esperar, muchos no pudieron aceptar la interpretación que ofrecía Buero. Diez Crespo puso los puntos sobre las íes:

> Que la idea de que se acaben las violencias nos parece digna de elogios, está fuera de dudas; pero no hasta el extremo de que dentro de esa desdichada clasificación de derechas e izquierdas sean las primeras las que únicamente son, según el autor, culpables de los crímenes y desatinos que hoy envilecen los acontecimientos de la vida española. Esto es acercarnos a un fácil folletín que me parece impropio de un dramaturgo de la categoría de Antonio Buero Vallejo.[30]

Sin duda, la reacción habrá sido distinta tras el frustrado golpe del 23 de febrero de 1981. Pero *Jueces en la noche* opera a un nivel más profundo que el de un teatro político de discurso directo. Explora la depresión y suicidio de una mujer traicionada hacía 22 años por el que iba a ser su marido. Al mismo tiempo explora las otras traiciones políticas y humanas de Juan Luis, demostrando cómo su conciencia las convierte en la pesadilla representada por el trío, los jueces en la noche. Esta conciencia individual del protagonista tiene facetas colectivas. Pero la honda vibración emotiva de ciertas escenas debe conectarse con vivencias personales del dramaturgo, con esos aniversarios (1939, 1949, 1959), y con el recuerdo del padre, reflejado quizás en la figura del 'segundo' don Jorge. Todos somos los jueces de nuestro propio comportamiento: ése es el mensaje de una obra que, aunque termine con un suicidio, es, como la Marcha beethoviana, un himno a la vida.

NOTAS

1 Luis Iglesias Feijoo, *La trayectoria dramática de Antonio Buero Vallejo* (Santiago de Compostela: 1982), 497, cita algún comentario sobre la 'defenestración' de Buero por parte de la crítica.

2 Carlos Blanco Aguinaga, Julio Rodríguez Puértolas, Iris M. Zavala, *Historia social de la literatura española (en lengua castellana)*, (Madrid: 1984 [segunda edición]), 228.

3 David Johnston, 'Entrevista a Antonio Buero Vallejo', *Ínsula*, 516 (diciembre, 1989), 25–26.

4 Antonio Buero Vallejo, *Jueces en la noche. Hoy es fiesta*, prólogo de Luis Iglesias Feijoo (Madrid: 1981), 'Prólogo', 23. Se citará el texto de *Jueces en la noche* por esta edición.

5 Gregorio Torres Nebrera, 'Construcción y sentido de *Jueces en la noche* de Antonio Buero Vallejo', en *Estudios sobre Buero Vallejo*, edición de Mariano de Paco (Murcia: 1984), 333–45 (333).

6 Richard Salvat i Ferré, 'Buero desde la representación escénica', *Anthropos*, 79, Extraordinario 10 (1987), 42–46 (45).

7 Alberto Fernández Torres, '*Jueces en la noche* de Antonio Buero Vallejo', *Ínsula*, 396–97 (noviembre–diciembre, 1979), 31.

8 Victor Dixon, 'Los efectos de inmersión en el teatro de Antonio Buero Vallejo: una puesta al día', *Anthropos*, 79 (1987), 31–37 (33).

9 Raymond Carr, Juan Pablo Fusi, *España de la dictadura a la democracia* (Barcelona: 1979), 69–72.

10 Luis Iglesias Feijoo, 'Lectura sociológica de *Historia de una escalera*', en *Estudios sobre Buero Vallejo, op. cit.*, 221–35 (235).

11 Carr y Fusi, *op. cit.*, 281. El capítulo 'Post scriptum 1978', 310–17, escrito en los últimos meses de 1978, ofrece un sugestivo cuadro de las tensiones sufridas en la España de *Jueces en la noche*.

12 José Rodríguez Richart, 'Un aspecto de la evolución de la creación dramática de Antonio Buero Vallejo', *Iberoromania*, XVI (1982), 84–96 (87).

13 Torres Nebrera, *op. cit.*, 335.

14 'NOTA—Los personajes de la presente obra son ficticios. Ninguna posible semejanza con personas reales debe entenderse como alusión a éstas.' (32).

15 Haro Tecglen, citado en *Regreso a Buero Vallejo, Cuadernos El Público*, 13 (abril, 1986), 54.

16 Francisco Alvaro, *El espectador y la crítica* (Valladolid: 1980), 77–79.

17 *Cuadernos El Público, op. cit.*, 55.

18 Iglesias Feijoo, *Trayectoria dramática*, 513, ofrece uno de los pocos comentarios que se han hecho sobre el empleo del término 'misterio'.

19 *Cuadernos El Público, op. cit.*, 55.

20 Alberto Miralles, 'La progresiva domesticación de la vanguardia teatral durante la transición política española' en *Nuevas tendencias escénicas. La escritura teatral a debate* (Madrid: 1985), 26–31 (26).

21 Terminado el presente ensayo llega a mis manos el denso trabajo de Jean Cross Newman, *Conciencia, culpa y trauma en el teatro de*

Antonio Buero Vallejo (Valencia: 1992) que estudia este aspecto de la obra de Buero.

22 *Cuadernos El Público*, *op. cit.*, 10.

23 Jean Cross Newman, en *Conciencia, culpa y trauma*, 29, indica los casos de suicidio entre los personajes 'culpables' de Buero. Erróneamente incluye a Juan Luis Palacios entre ellos.

24 Ver mi estudio '"De vivos y de muertos": Alberti, Buero Vallejo and the Ghost of Lorca', *Antípodas*, 2 (1989), 31–49. Enrique Pajón Mecloy, en *Buero Vallejo y el antihéroe. Una crítica de la razón creadora* (Madrid: 1986), 95–96, cree que la identificación de Buero con la izquierda política 'equivale en el orden social a una ruptura con los ideales paternos' y relaciona esta ruptura con el complejo de Edipo.

25 Ver, además del estudio citado en la nota 8, Victor Dixon, 'The Immersion Effect in the Plays of Antonio Buero Vallejo' en *Themes in Drama 2. Drama and Mimesis* (Cambridge: 1980), 113–37.

26 En la Parte Segunda quizás fuese de esperar el orden: Tiempo real > Sueño: Sueño > Tiempo real. Sería de interés saber el efecto de presentar el texto en este orden.

27 Este Fermín, que ahora toca el violín, con su 'No' victorioso ofrece un curioso contraste con aquel David de *El concierto de San Ovidio* que exhorta a sus compañeros a 'decir sí a vuestros violines'. Para el símbolo del violín, ver David Johnston, *Buero Vallejo, 'El concierto de San Ovidio'*, Critical Guides to Spanish Texts 48 (Londres, Grant and Cutler: 1990), 68–69.

28 Iglesias Feijoo, 'Prólogo', *op. cit.*, 27.

29 *El espectador y la crítica*, *op. cit.*, 77

Buero Vallejo y Unamuno: la maldición de Caín

DAVID JOHNSTON

Quizás uno de los mayores logros del teatro de Antonio Buero Vallejo, en su totalidad, es el de poner el sufrimiento humano en un contexto histórico, explicando así cuáles son las raíces colectivas del dolor individual. Si se me permite hablar del eje de la visión dramática de Buero, éste se encontraría en el punto de intersección entre la fuerza invasora de la historia y las preocupaciones íntimas del ser humano de carne y hueso. Digo 'visión dramática' y no sólo 'visión del ser humano' porque la complicidad entre escena y público que crea el teatro de Buero se nutre en gran parte de la tensión entre las exigencias de la vida de fuera (historia, sociedad, responsabilidad etc.) y las debilidades y deficiencias de la propia personalidad. Dicho en estos términos, estamos ante un análisis existencial, pero también tomaremos en cuenta que una obra de teatro no se compone solamente del texto. Es también, por encima de todo, una actuación, y el compromiso con la realidad que imbuye esa obra—lo que tal vez llamase Buero su 'visión correctiva'—no se encuentra anclado en lo que dice el texto, sino en la relación dinámica que logra crear el dramaturgo entre las palabras del escenario y lo que se está pensando o sintiendo en el auditorio. Como dice David Hare, 'la obra está en el aire'.[1] Buero llena este espacio entre escena y público, donde la obra de teatro alcanza su máximo significado, quizás de una forma algo ibseniana, de cargas emocionales y dilemas profundamente éticos (todos éstos históricamente específicos), que dejan al espectador con sus propias respuestas emocionales y éticas a flor de piel. Por citar un ejemplo sencillo, el famoso 'todo es querer', que lanza el David ciego de *El concierto de San Ovidio*, no se debería tomar como un llamamiento inequívoco a la fuerza bruta de la voluntad, sino como el intento de hacer que el espectador de 1962 sienta tanto su propia inercia como la que caracteriza su momento histórico. El teatro de Buero no propone una sola verdad ni tampoco ofrece un tratamiento unilineal de sus ideas, sino que de dichas ideas va tejiendo una tela dramática cuya riqueza de textura se consigue gracias a sus matices, sus reflejos e incluso sus contradicciones internas, es decir, de todo ese juego dramático que va creando alrededor de esas ideas. El significado del teatro de Buero no se encuentra, pues, en las aparentes conclusiones desenterradas por todo un ejército de críticos, cuya labor es a veces más literaria que dramática, sino en esta textura que hace que el espectador reaccione y sienta y, reaccionando y sintiendo, se enfrente con las ideas de la obra.

Dijo W. B. Yeats que de nuestra discordia con los demás, creamos retórica, mientras que de nuestra discordia con nosotros mismos, creamos poesía. El poeta irlandés habría entendido 'retórica' y 'poesía', a la manera de Pound y del mismo Unamuno, como dos tipos de lenguaje apropiados para hablar el uno de los temas del espacio público, y el otro del mundo íntimo y único del individuo. El teatro de Buero siempre ha sido un espacio que ha ofrecido a España la oportunidad de reflexionar sobre su propia realidad, de pensar delante de sí misma, por decirlo así. Pero un teatro puramente social, aunque esto suene a paradoja, pierde su contacto con la realidad, tendiendo a la creación de personajes distorsionados y situaciones escuetamente emblemáticas. Por otro lado, un teatro que sea un lugar de puro análisis psicológico, se cierra ante el público, inclinándose hacia una introspección cada vez más excesiva. La perspectiva más profunda del teatro de Buero refleja la de Unamuno. Mejor dicho, la convierte en dialéctica teatral: la vida pública sólo se percibe en su dimensión más completa cuando el teatro arroja luz en lo que la intimidad del ser individual oculta y protege.

Queda claro que en el gran teatro del mundo, los actores—que somos nosotros—no sólo tienen que profundizar muy dentro de sí mismos a fin de conseguir una buena actuación, sino que también tienen que interrelacionarse, y a través de esa interrelación crean la dimensión sociopolítica de la vida. Pero queda también claro que uno de los temas más importantes de Buero Vallejo, al igual que de Unamuno, es mostrar al ser humano incapaz de establecer dicha interrelación, debido a razones fundamentalmente ontológicas que luego van derivando en toda una serie de divisiones políticas y éticas—Buero, en particular, muestra cómo las relaciones humanas se agrian o se anulan a causa de la naturaleza negativa de nuestras acciones (o falta de acción) y de las exigencias explotadoras de nuestras estructuras económicas y sociales. Sin embargo, más allá de esta barrera ética, los dos escritores coinciden en su evaluación de las condiciones psicológicas que militan en contra de los intentos del individuo para establecer relaciones significativas.

En términos muy amplios, se puede afirmar que la obra de Unamuno y el teatro de Buero (éste tanto por su forma como por su contenido) reflejan las observaciones de R. D. Laing[2] de que la interrelación personal, es decir, creativa, sólo puede existir entre seres que se mantienen distanciados (Joaquín, en *Abel Sánchez*, nunca se distancia de Abel, así como Julio, por ejemplo, en *Llegada de los dioses*, nunca se libera totalmente de su padre) pero que no están aislados (de la forma en que lo está Mario en *El tragaluz* y Augusto, quizá más intensamente, al principio de *Niebla*). En definitiva, puede decirse que lo que determina la capacidad del ser humano para interrelacionarse es, por una parte, el equilibrio entre la separación y el aislamiento (que viene a ser una constante preocupación formal del teatro bueriano), y, por la otra, entre el compromiso social y la pérdida de identidad. En el área de la psicología existencial, el paralelo sin duda más importante entre Buero y Unamuno es su tratamiento del tema de la envidia como condición aguda que destruye el sentido de distanciamiento del individuo fundiéndolo con el otro en una relación negativa. En su análisis de la envidia, en común con otros escritores (entre ellos Machado), Unamuno y Buero utilizan el pasaje bíblico de Caín y Abel como mito expositor para dar forma y expresión artística a una experiencia emocional común. Para ambos escritores, el mito de Caín se convierte en una metáfora dialéctica de las relaciones humanas que no sólo representa 'dos actitudes básicas y opuestas en la lucha existencial', como sugiere Nonoyama,[3] sino que también hace justicia a la compleja interacción de la fraternidad y la rivalidad que, en la visión de los dos escritores, yace en lo más hondo de las relaciones humanas.

La obra que expone más claramente la preocupación de Unamuno por el tema de la envidia es *Abel Sánchez* (el modelo básico cainista de esta novela se adapta luego al teatro, aunque con menos éxito, en *El otro).* No obstante, vemos que, en general, el tema de Caín y Abel está presente en su obra desde 1902. Por su parte, la obra de Buero ofrece muchas situaciones que se prestan fácilmente a una interpretación cainista. *El tragaluz* es la obra que trata más explícitamente este tema, habiendo reconocido Buero que basó la relación entre Mario y Vicente en el mito de Caín,[4] pero la imagen de una relación corroída por la envidia se convierte en un lugar común del teatro bueriano. Por una parte, queda claro que el lenguaje del cainismo funciona como un elemento retórico de su teatro, dirigiéndose a la realidad de una historia nacional de división, conflicto y usurpación. Pero, como comprobaremos, tanto Buero como Unamuno rehacen el mito de una forma también poética, hallando en él el reflejo de un conflicto que tiene sus orígenes en fuentes que no son materialistas sino ontológicas. Unamuno, de hecho, utilizó frecuentemente el mito de Caín para refutar la visión materialista de la historia, según la cual el conflicto humano se debe principalmente a la injusticia económica, afirmando que 'no sería por hambre, sino por envidia, no sería que un hermano mató a otro para robarle, sino para vengarse. ¿Para vengarse de qué? De que le sentía superior a él, más acepto a Dios'.[5] Esta hambre espiritual, que describe Unamuno, es también la fuerza motora de algunos personajes buerianos que luchan con un *otro* omnipresente que les quita toda seguridad individual. En *Madrugada*, por citar un ejemplo temprano, cuando Amalia acusa a Leandro de haber intentado destruir su relación con Mauricio, tío de aquél, Leandro trata de defenderse alegando 'Yo no he luchado por el dinero'. Sin embargo, Amalia ve claramente que las raíces de la discordia van más allá de un motivo externo: 'No. Luchaste por la envidia. Le envidiaste toda tu vida y acabaste por envidiar que me tuviese'.[6]

En *Abel Sánchez*, el cainismo parte del hecho de que existe una naturaleza en apariencia arbitrariamente impuesta que gobierna por entero al individuo. En su artículo 'Robinson Crusoe', Unamuno saca a relucir la cuestión de la injusta distribución de las cualidades personales universalmente reconocidas al preguntar '¿Y no es acaso una injusticia toda superioridad?'. Continúa: 'De estas dolorosísimas reflexiones puede ver el lector en nuestra novela *Abel Sánchez*' (VIII, 800), novela que, en palabras de David Turner, 'plantea una protesta contra la manera injusta en la que Dios ha distribuido sus favores entre los hombres'.[7] Joaquín apenas puede expresar su tremendo sentimiento de incapacidad ante la gallardía conquistadora de Abel al enterarse de que su rival también se ha ganado el amor de su querida Helena. Mentalmente acusa a Abel de sus cualidades personales, 'tú el simpático, tú el festejado, tú el vencedor, tú el artista ... Y yo ...' (II, 1017). Joaquín se obsesiona de tal manera con su complejo de inferioridad y se ve tan atraído hacia la órbita de Abel—a expensas de su propia conciencia de ser distanciado—que se contempla a sí mismo como un embrujado, y la metáfora del bebedizo se convierte en la representación de la aparente falta de poder del individuo ante su ya impuesta naturaleza.

Este mismo tipo de protesta encuentra su expresión muy pronto en el teatro de Buero, mediante las palabras de Ignacio, quien pregunta angustiado: '¿Por qué tenía que haber ciegos?'.[8] El dramaturgo utiliza así la ceguera (y más tarde la sordera) no solamente como símbolo de la existencia unidimensional que impone la circunstancia histórica, sino también como un largo lamento acerca de las desigualdades inherentes a la condición humana. Sin embargo, es en *Casi un cuento de hadas*, a través del personaje de Riquet y de las hermanas Laura y Leticia, donde Buero examina más claramente la injusticia de la distribución arbitraria de aquellas cualidades que exige la aprobación social. Aunque la obra presenta los extremos de la belleza, la fealdad, la estupidez y la inteligencia, Buero se aleja de cualquier tendencia hacia lo grotesco que pueda haber caracterizado al cuento original. La deformación que refleja la obra es una deformación psicológica que se agrava a medida que la envidia, profundamente arraigada en la relación de las dos hermanas, se hace más explícitamente violenta. El siguiente extracto evoca lo que es también la agonía del encadenado Joaquín y ofrece una interesante penetración psicológica por parte de Buero del tema de Caín:

> Laura— ... ¡Ella se llevó toda la belleza! ¡Toda la belleza que hubo que repartir entre las dos!
> Oriana—Tú te llevaste el ingenio ...
> Laura—¿Me lo llevé? ¡No lo quiero! ¿De qué me sirve?
> Oriana—Ya ves que los hombres te cortejan a ti.
> Laura—*(Se vuelve hacia su hermana exaltada)* ¡Dame la belleza que me has quitado! ¡A ti tampoco te sirve! ¡Dámela! ¡Es mía!
> Leticia—*(De repente)* ¡Tómala toda y dame tu talento!
> Laura—¡Ah! ... ¿Cambiarías? Lo comprendo. Yo también lo haría *(En voz baja)* Te odio. No sabes lo que tienes. ¡La belleza! ... ¡Dios mío! ... A veces siento ganas de destruírtela.[9]

La escena aumenta en intensidad, pasando por la envidia de Laura y la de Leticia, y llegando a la confesión pasional de odio, que también es una característica de Joaquín. Ninguna de las dos hermanas se siente completa, cada una envidia las ventajas de la otra y se resigna, al final, a llevar una existencia amargada por el odio. Esta sensación de fatalidad—el bebedizo de Joaquín—halla una expresión concreta en la obra a través de la figura de Oriana, la adivina que misteriosamente ha presagiado no sólo la respectiva disposición y apariencia de las hermanas, sino también la posible salvación de Leticia por medio de su relación amorosa con Riquet. Oriana aconseja a Laura que se retire a la vida contemplativa, separada de otros seres humanos para buscar así el aislamiento que le compense la falta de distanciamiento que la está acechando. También es el consejo que Joaquín se da a sí mismo, pero los personajes de Unamuno y Buero no son capaces de enfrentarse con la soledad, de tolerar el aislamiento. De todas formas, a diferencia del Larra de *La detonación*, que se suicida ante la imposibilidad de establecer alguna relación válida,[10] Laura, protagonista agónica plenamente unamuniana, prefiere 'ese infierno' de la relación fracasada 'a la nada' (57).

A través del suicidio de su Larra, Buero está desafiando a su público precisamente a que no sólo se enfrente con la angustia pública de dudas, miedos y por último, como en la caja de Pandora, de esperanzas, sino también a que juzgue la calidad de su propio mundo interno. Es así como el espectador, ese ser oscuro capaz de un crecimiento infinito a través de su contacto con el teatro, puede llegar a sentir la relación entre la calidad de su actuación hacia fuera y la de su mundo interior. Esto es justamente lo que Joaquín y Laura no pueden hacer. Ninguno puede aprovechar la inherente libertad para la lucha que para Unamuno tanto como Buero, teóricos los dos de la lucha como verdadero receptáculo de las libertades humanas, forma una parte vital en sus respectivas visiones trágicas. Describiendo la meta de su teatro como la de dar 'gafas a cegatos que quisieran ver',[11] Buero está aludiendo a esa posibilidad que plantea el teatro de luchar, a través de la lucidez, contra la ceguera de la circunstancias impuestas, ya sean históricas o personales. Laura y Joaquín carecen del distanciamiento necesario—la conciencia del ser como sujeto independiente—para que su voluntad de lucha genere las condiciones apropiadas para una vida que sea a la vez más realizada y más útil. En los términos más sencillos, ¿cómo puede contribuir uno a un proyecto histórico si no pertenece ni a sí mismo? Esta es la pregunta que subyace en toda la dramaturgia bueriana.

En este sentido, el camino que recorre David en *El concierto de San Ovidio* muestra una topografía marcadamente existencial. A través de este personaje vemos cómo la persona con voluntad, que conserva el grado necesario de distanciamiento (David como soñador), puede luchar contra los aspectos negativos de su personalidad (David como ciego metafórico, sobre todo para con la mujer) y caminar hacia lo que Unamuno denominaba el yo 'ideal' o 'arquetípico' (David como miembro de una orquesta 'real'), intentando, mientras tanto, establecer una relación personal enriquecedora (David como padre de hijos videntes). También queda claro que la fuerza de este 'querer ser' enzarza a David en una guerra para la que está mal preparado, como pasaremos a ver más adelante, pero el hecho de que el espectador vislumbre, por breve que sea, lo que pudo (y debería) haber sido, le deja al final con una imagen utópica pero duradera de lo que puede ser la vida en toda su plenitud, una existencia más allá de la ceguera y del conflicto.

Esta idea de la guerra de las relaciones humanas, que Buero plasma en obras como *El concierto de San Ovidio* y Unamuno en novelas como *Niebla*, es central en el cainismo. Si ambos escritores evocan este mito es porque caracteriza los diferentes grados de tensión en que coexisten la fraternidad y la rivalidad entre los seres humanos, una tensión expresada a través de situaciones en las que los hermanos, las hermanas o los amigos íntimos disputan por una relación amorosa. Nonoyama alude a esto en conexión con *El tragaluz* y *El otro*, declarando que 'en ambas obras la mujer es un motivo para intensificar la lucha fraternal'.[12] Por su parte, Otto Rank, en su estudio del fenómeno del doble en la literatura, deduce también que el acostumbrado clímax violento entre el doble y su prototipo se produce, por regla general, dentro de una relación amorosa.[13] El deseo de establecer una relación amorosa se une claramente a la cuestión del amor propio o del amor a la personalidad propia, que es el yo arquetípico de uno mismo. Es éste un deseo que surge, en la obra de Buero y Unamuno, no tanto del impulso por la posesión carnal (de hecho, ambos a menudo presentan al amor mecánicamente físico como una función del egoísmo) como por la necesidad de ser aceptado por el otro como sujeto (normalmente en el caso de los dos autores se trata de un sujeto que sufre)—de manera que, por ejemplo, en *El concierto de San Ovidio*, David es aceptado como músico y no solamente mendigo ciego, y Adriana, en vez de prostituta, como mujer que lucha por sobrevivir. De este modo, la decisión de Augusto, en *Niebla*, y Riquet, en *Casi un cuento de hadas*, de luchar con el otro, representado por Mauricio y Armando respectivamente, no es sólo el deseo de ganarse a una mujer hermosa, la expresión de una sensibilidad que todavía conserva un sabor romántico o melodramático, sino el intento desesperado por recuperar gran parte de la seguridad ontológica basada en el amor mutuo.

La relación entre Dionisio y Néstor, personajes de *Caimán*, es la que representa más claramente, dentro del teatro de Buero, lo expuesto anteriormente. La aparente amistad de ambos se ve alterada constantemente por discusiones acerca del valor de la acción política. Por una parte, estas discusiones se contemplan en términos de una tensión también muy unamuniana entre el compromiso de la 'vita activa' y la 'vita contemplativa', pero más profundamente son metáforas de las diferentes actitudes y opiniones de los dos hombres con respecto a la monomanía de Rosa—su insistencia en que su hija, desaparecida hace tiempo, está todavía viva. Mientras Néstor lucha desesperadamente por obligar a su esposa a compartir su resignación, Dionisio la alienta a tener fe en lo imposible, esperando que así sea él capaz de realizar su propio sueño al ganarse su amor. El lisiado Dionisio se ha retirado a su concha de desesperación, sucumbiendo miserablemente a su abrumador sufrimiento, y solamente Rosa puede devolverle su amor propio. De este modo, Néstor y Dionisio son algo más que voces de contradictorias respuestas a la tragedia humana y a la inautenticidad de lo social. Ambos necesitan el amor de Rosa para contrarrestar su propio sufrimiento—el 'caimán' del sufrimiento que presta el título a la obra. De ahí que estén unidos por una rivalidad psicológica que va más allá de cualquier conflicto abstracto entre principios filosóficos, políticos o religiosos. Hermanados por un sufrimiento compartido, ambos se disputan amargamente el amor de Rosa. El *yo* está en confrontación directa con el *otro*, cada uno queriendo convertirse en el sujeto amado, cada uno luchando por imponerse a través de las posibilidades del amor. A este respecto, es importante constatar que las raíces de la rivalidad van mucho más allá de su ostensible causa. Como hemos visto en el anterior análisis breve de *Abel Sánchez* y *Casi un cuento de hadas*, el otro tiene una omnipresencia que define—y definiendo, coarta—la existencia del yo. Esto queda claro en las escenas finales de *Caimán*, donde se origina una disputa por celos, que evidencia que la relación triangular está firmemente atada por realidades psicológicas que hacen que cada elemento sea indispensable para los otros dos. Néstor, aunque consumido por celos, se da cuenta de que no puede echar a su rival de casa:

> Dionisio—Hace un minuto me echabas. ¿Me pides ahora que me quede?
> Néstor—¡Sí!
> Dionisio—*(Después de un momento)* ¿Aunque me acueste con ella?
> Néstor—Merezco que te rías de mí.[14]

A la muerte de Rosa sigue inevitablemente la desaparición de Dionisio, dejando al final la puerta abierta para que Néstor vuelva a orientarse a sí mismo hacia la vida. Aquí tenemos un ejemplo muy vivo de la paradoja que Unamuno también veía como crucial en su psicología existencial: sólo en y a través del otro puede realizarse completamente la auto-identidad, y sin embargo la existencia del otro constituye una amenaza y una limitación impuesta sobre el yo. En un mundo definido por la ausencia de Dios, como lo es el mundo reflejado en el teatro de Buero (recordemos las importantes palabras finales de Larra, de que 'este mundo es demasiado horrible como para atribuírsele a un autor bondadoso'),[15] el ser humano busca su equilibrio y su seguridad a través de la trascendencia del amor.

Por tanto, el cainismo surge en parte por razones de estabilidad ontológica (la postura vulnerable del individuo por querer ganarse a la pareja o establecerse ante los padres o Dios) y en parte por el consiguiente resentimiento exacerbado a causa de ciertas condiciones sociales específicas. En *Abel Sánchez*, el rechazo de Joaquín por parte de Helena no sólo confirma a los ojos de éste la preferencia que la sociedad muestra por Abel, sino que, dentro de su propia experiencia del mundo, recuerda el rechazo arbitrario de Dios ante el ofrecimiento de Caín. El antagonismo de los dos tiene sus raíces en el hecho de que crecieron juntos como gemelos del alma (II, 1006), pero al final termina en la denuncia del propio Unamuno de una sociedad regida por toda una serie de 'abelitas' y 'cainitas' (II, 1006). Rank también señala las consecuencias posteriores de una rivalidad arraigada en la niñez:

> El hermano menor está acostumbrado, incluso en la vida cotidiana, a parecerse de alguna manera al hermano mayor, al menos en apariencia externa. El es, por decirlo así, el reflejo de su yo fraternal que ha vuelto a la vida; de este modo es también un rival en todo lo que el hermano ve, siente y piensa.[16]

Esta rivalidad conduce a posturas en la vida tan opuestas como las de Abel y Joaquín, y Mario y Vicente. La escala de valores de Abel y Vicente, y la de Joaquín y Mario reflejan, en términos amplios, los modos 'tener' y 'ser', tal como los describe Erich Fromm.[17] Mientras que aquéllos persiguen unos fines totalmente egocéntricos, llevando unas vidas totalmente dirigidas hacia la adquisición, éstos viven centrados en su propio ser. De este modo, tanto Buero como Unamuno se alejan de la tradicional visión de Abel como víctima afligida y ofrecen una interpretación del mito mucho más compleja, según la cual los sufrimientos de Caín son en sí mismos la huella de su superioridad moral.

Los personajes cainistas de Buero y de Unamuno, sin embargo, están unidos por una tensión que va más allá de cualquier grado de rivalidad política o moral, y que tiene sus raíces en la experiencia de la infancia. Parece que Unamuno y Buero coinciden en cuanto a la opinión de que el yo central se forma de manera sustancial durante la infancia y de que la continuidad de la personalidad conlleva la consolidación de la identidad de este yo—de aquí, entre otras razones, el importante papel que ambos escritores conceden a los niños. Haciéndose eco de la visión de Wordsworth de que 'el niño es el padre del hombre', Nonoyama habla de la niñez en estos términos:

> Es el núcleo central de las cualidades fundamentales de la personalidad. En su palabra [de Unamuno]: 'Nuestro íntimo ser, el que nos entona el canto de pureza de la niñez lejana'. Esta canción de pureza significará algo innato que constituye el estrato básico de la personalidad antes de que los papeles sociales y la conciencia de un adulto se le impongan.[18]

Mario se niega a ceder este 'íntimo ser' al comprometerse con el mundo. Del mismo modo que Vicente pierde su identidad por una incondicional dedicación a la acción, Mario decide proteger la suya mediante la retirada. A través del juego del tragaluz, Mario pretende confundir a su hermano con sus propias visiones subjetivas del pasado y, haciéndole regresar a su pasado personal, enfrentarse a su sublimado sentimiento de culpa. Este movimiento es ético, en el sentido de que busca la vuelta a la inocencia de la infancia (en la cual, como percibe confusamente Vicente, el padre desempeña el papel del Dios que castiga y absuelve), pero también es existencial, ya que, al ser un intento de recobrar el pasado, concierne a la totalidad del yo antes de que su seguridad se atrofiara mediante la presencia del otro. Así que el deseo inconsciente de Vicente de volver al íntimo yo de la infancia, de armonizar los contradictorios *otros* activos dentro de su personalidad social, se expresa en su constante vuelta al sótano y su confesión final. El movimiento hacia la infancia, como vemos también en los primeros capítulos de *Abel Sánchez*, representa una obsesión para con las raíces más profundas del problema.

De esta forma, en el caso de la relación fraternal perdida de Vicente y Mario, podemos destacar que el cainismo es la proyección de la confusión interior que surge del extrañamiento del yo de la infancia—ética y ontológicamente seguro—noción que Zubizarreta detecta subyacente al sentido de rivalidad fraternal unamuniana.[19] La sensación de que algo intrínseco a uno mismo le ha sido hurtado por el rival fraterno es común a todas las situaciones cainistas de Unamuno y Buero. En *Las cartas boca abajo*, cuya denominación por parte del autor como 'tragedia española' alude, entre otras cosas, a lo que Unamuno también consideraba el vicio nacional, es decir, la envidia, la relación silenciosa y hosca entre las dos hermanas, la Adela ibseniana y la Anita strindberguiana, naufraga en la misma sensación de usurpación-invasión que, como ya hemos visto, caracteriza la relación Laura-Leticia y Dionisio-Néstor. La ostensible causa de la rivalidad entre Adela y Anita es el amor que sienten las dos por Ferrer Díaz, pero al final del primer acto, en un momento culminante, Adela deja ver que la rivalidad tiene un origen mucho más profundo. Acusando a Anita de haber sido 'la preferida de papá' y que 'papá sólo veía por tus ojos',[20] Adela deja bien claro que el asunto de Ferrer es de mucha más envergadura. Esta usurpación todavía continúa, ya que Anita ha establecido una relación aparentemente maternal con Juanito, el hijo de aquélla. Desasosegada por la envidia, que en un principio la llevó a intervenir en la relación entre Anita y Ferrer, Adela se queda irremediablemente sola. Asimismo, la envidia de su marido, Juan, por Ferrer es el factor desencadenante por el cual pierde la tan ansiada cátedra. Es una envidia que no proviene únicamente de factores profesionales, ya que Juan tiene una relación competitiva con Garcés (personaje al cual, como a Ferrer, el público no llega a conocer directamente) exenta de la envidia corrosiva que marca la pauta de su actitud hacia Ferrer. Además, es consciente de que en lo más hondo de su personalidad (es decir, en su papel de amante esposo y padre) está amenazado por la atractiva proyección de su rival. El amor y la compasión, que deberían proporcionar una base segura y sólida a la vida familiar, se agotan debido a un omnipresente y perpetuo aire de tensiones.

Si aceptamos la afirmación de Regalado García de que 'el concepto unamuniano de la verdad está de acuerdo con el de Ortega, que la define como "la coincidencia del hombre consigo mismo"',[21] concluiremos que la víctima del cainismo no puede relacionarse con su mundo porque no es capaz de trascender la tensión fundamental sujeto-objeto para establecer una relación consigo mismo. Esto queda evocado intensamente por el gemelo superviviente de *El otro*, al describir a su hermano gemelo entrando en la habitación:

> Me vi entrar, y el otro ..., yo ..., ... empezaba a vivir, o mejor a desvivir, hacia atrás, a retrotiempo, como en una película que se haga correr al revés ... Empecé a vivir hacia atrás, hacia el pasado, a reculones, arredrándome. (XII, 811)

Aquí se nos presenta una versión intensificada de la vida de Mario en el sótano, donde el tiempo se ha detenido y donde él evoca, taciturna e incesantemente, las cosas de la infancia. Tanto Mario como el gemelo superviviente, en este sentido, ven sus futuros personales amenazados por la presencia del otro y, por ende, se esfuerzan por anclar su yo a un pasado estático.

Por consiguiente, como hemos visto, la víctima del cainismo en la obra de los dos escritores está sujeta a un nexo destructivo de presiones ontológicas y sociales. De esto surge el impulso hacia la violencia, un rasgo distintivo de todas las situaciones cainistas que hemos repasado. En cada caso, el sentido de usurpación lleva al yo vulnerable a atacar al favorecido otro; en *Abel Sánchez*, Joaquín está a punto de estrangular a Abel cuando éste muere de un ataque al corazón; y en *El tragaluz*, Mario es el responsable indirecto de que a Vicente le dé muerte su propio padre, tal como demuestra el siguiente sueño que relata a Encarna:

> Había un precipicio ... Yo estaba en uno de los lados, sentado ante mis pruebas ... Por la otra ladera, corría un desconocido, con una cuerda atada a la cintura. Y la cuerda pasaba sobre el abismo, y llegaba hasta mi muñeca. Sin dejar de trabajar, yo daba tironcitos. Cuando corría ya junto al borde mismo, di un tirón y lo despeñé.[22]

El sueño demuestra un enfrentamiento entre las áreas de experiencia consciente e inconsciente de Mario. Lo que se percibe a un nivel obvio es que el desconocido es Vicente, cuyo yo íntimo se ha distorsionado de modo que resulta irreconocible. El hecho de que el desconocido esté corriendo y de que Mario esté sentado nos proporciona un contraste entre la acción y la contemplación, que es una distinción aparente entre los dos hermanos. Sin embargo, el sueño muestra que Mario no es tan pasivo como él creía. Tal como admite más tarde, en realidad estaba 'actuando tremendamente' (107), nivel de acción que su sueño quiere minimizar con el uso del diminutivo 'tironcitos' y resaltando que todo sucedía 'sin dejar de trabajar'. La cuerda misma es un símbolo potente del odio fraternal, del lazo que une y, a la vez, que amenaza. Desde otro nivel, el sueño también representa la división interior de Mario y la proyección de la culpa. El es a la vez actor y espectador, víctima y verdugo.

En las situaciones cainistas planteadas por Unamuno y Buero, el verdugo se convierte en víctima, de forma tanto ontológica como ética. El asesinato, real o como intento, no puede cambiar el hecho de que la víctima existiese y de que el estatus ontológico del verdugo se haya visto irrevocablemente afectado. De esta forma, ambos autores, de acuerdo con su compleja visión del mito de Caín, apuntan a la ambiguedad esencial de los términos 'víctima'/ 'verdugo'. Es un tema que sale, por ejemplo, en *La doble historia del doctor Valmy*, pero en *El tragaluz* también hay referencias frecuentes a las víctimas de Vicente, entre cuyo número se pueden contar a su padre y a Mario, quienes, a su vez, son responsables de su muerte. La angustiada pregunta de Mario de '¿Quién ha sido víctima de quién?' (107) encuentra eco en el ama de *El otro* quien afirma que 'el verdugo se cree la víctima; lleva dentro de sí el cadáver de la víctima, y aquí está su dolor. El castigo de Caín es sentirse Abel, y el de Abel sentirse Caín' (XII, 859). Escribe Nonoyama al respecto:

> Cada Abel tiene su Caín personal. El hombre es verdugo y víctima de sí mismo. La consecuencia del odio fraternal es la autodestrucción y la esterilidad.[23]

De este modo, en *El otro* y en *Casi un cuento de hadas*, el gemelo superviviente y Laura están sometidos a la lucha irresoluble que continúa en su propia psique, de la misma forma que Adela y Juan, en *Las cartas boca abajo*, se ven obligados a consumir su existencia encerrados en una situación/casa/nación triste y sin futuro. Pero, por otra parte, *El tragaluz* y *Abel Sánchez* implican la posibilidad de hallar un nuevo principio, el de la unión de la sangre de Caín y Abel. Mario no sólo saca un nivel de consciencia más profundo de la lucha con su hermano, sino que también criará al hijo de Vicente como si fuera suyo. Tras la muerte de Abel, Joaquín también adquiere un nuevo grado de consciencia, reflejado en su 'si pudiéramos volver a empezar' (II, 1119). Su 'traed al niño', refiriéndose al nieto que comparte con Abel, indica la misma fuente de posible esperanza, tal como el mismo Unamuno sugería en su prólogo a la segunda edición de la novela (II, 1006).

Queda claro que tanto Buero como Unamuno investigan dentro de la personalidad (que para los dos escritores sólo puede existir en y a través de sus múltiples relaciones con los demás) para descubrir allí las raíces de nuestra actuación hacia fuera. Los dos escritores comparten una visión marcadamente dialéctica del mundo interior del ser individual, y de la relación individuo/circunstancias. Es precisamente esta tensión dialéctica entre el yo y todo lo que lo rodea (sociedad, historia, un sinfín de *otros*) la que ofrece al individuo su mayor aliento (crecimiento personal/progreso histórico, aunque también hay que reconocer que la dialéctica unamuniana es más cerrada en este sentido), y su mayor peligro, ya que le involucra en una guerra cuyas consecuencias psicológicas y ontológicas pueden ser devastadoras. Como ya hemos comentado, tanto Unamuno como el lector admiran la agónica autenticidad de Joaquín en contraste con el suave conformismo de Abel; sin embargo, este reverso del mito de Caín implica que el asesinato—de intención, tanto como de hecho—puede ser consecuencia de la lucha por llegar a ser uno mismo. De igual manera, en *El concierto de San Ovidio*, el 'todo es querer' de David adquiere una perspectiva diferente por su triste confesión al fin de la obra: '¡Yo quería ser músico! ¡Y no era más que un asesino!'.[24]

Estas palabras, pronunciadas en vísperas de la revolución francesa, poseen una clara dimensión histórica, pero también señalan que el precio de la autenticidad individual, del 'querer ser' que tanto Unamuno como Buero consideran la parte más fundamental del ser humano, es la vida experimentada como un continuo de conflicto. De esta forma, Buero y Unamuno llegan a una conclusión paralela a la de Sartre, quien en *L'être et le néant* describe el conflicto como el sentimiento originario del ser para otro. Asimismo Unamuno reconocía abiertamente que la lucha por la autenticidad conducía inevitablemente al conflicto:

> Y si es hombre de veras, trata de imponer a los demás su personalidad, trata de dilatarla. Y nace así la guerra, la guerra santa, no sólo entre las diversas especies, sino entre los miembros de una misma especie. (VII, 800)

También señalaba con frecuencia cómo este tipo de 'guerra civil' era tan vital para la salud colectiva como lo era la 'guerra intestinal' para la vida individual. En el contexto histórico de España, esta visión de la supuesta vitalidad de la guerra civil puede parecer chocante, incluso irresponsable, pero sirve como metáfora para ilustrar lo que él consideraba la necesidad de romper el molde de conformismo de una sociedad estancada[25] (O'Casey denominaba al mismo intento literario 'sembrar el divino descontento'). También nos recuerda inevitablemente las palabras mesiánicas de Ignacio en *En la ardiente oscuridad*, cuando declara que su intención es la de 'traer guerra, y no paz'.[26] La cristología que encarnan

Ignacio y David está abocada hacia un futuro conquistado a través del conflicto, y no por el tipo de debate socrático en el que participan los dos en la primera etapa de su relación con los demás. Pero Buero no busca disfrazar las consecuencias negativas de tal conflicto pasional. El choque entre Ignacio y Carlos, como el de David con Valindin, no sólo demuestra el crecimiento de la auto-conciencia en un plano fenomenológico, sino que también presenta los peligros últimos (el asesinato) de dos voluntades enfrentadas en la lucha. No cabe duda de que *El concierto de San Ovidio* es una obra más explícitamente política que *En la ardiente oscuridad*, pero su conflicto central no está por eso menos arraigado en las profundidades de la personalidad humana.

La siguiente cuestión que plantea N.G. Round, refiriéndose a la obra de Unamuno, podría aplicarse con igual relevancia a la de Buero:

> ¿Puede una persona existir simultáneamente para sí misma y para los demás? ¿O es que el contacto humano es sólo una lucha sin escrúpulos por conseguir el dominio entre voluntades que compiten por la existencia?[27]

Este es el dilema fundamental con el que Mario se enfrenta en *El tragaluz*, donde la vida humana se percibe como un combate destructivo donde hay que devorar 'antes de que te devoren' (56). Es una visión ética que rechaza la jungla capitalista del mercado económico; pero también es una denuncia del ser de Vicente, una condena que tiene sus raíces en un enfrentamiento fraternal que es, a su vez, una metáfora, tanto unamuniana como bueriana, de la centralidad de la discordia entre los seres humanos. Por consiguiente, el tema central al que los dos autores se enfrentan—lo que podríamos llamar la columna vertebral ética de sus respectivas obras—es la forma en que uno puede perseguir la autenticidad sin provocar necesariamente el conflicto.

Ninguno de los dos llega a ofrecer una firme y rápida respuesta a este problema, aunque dada su visión de la complejidad y fluidez de la personalidad humana, no les sería posible darla. Además, tanto Unamuno, por convicción quijotesca, como Buero, por ser un dramaturgo plenamente consciente de que lo que hace mejor el teatro es estimular y no convencer, crean una obra que se deriva del principio esencialmente teleológico de que el individuo crea su propio propósito a través de la motivación interior y no la organización exterior. Dicho en otros términos, tanto el escritor vasco como nuestro dramaturgo intentan empujar a su lector/espectador, por derroteros emocionales, hacia su propio acto de descubrimiento. En las respectivas psicologías existenciales de Unamuno y Buero el crucial paso del yo íntimo (presentado a través del lenguaje de la niñez, de los sueños, de la vida retirada) al yo relacionado (también podría considerarse el crecimiento desde la individualidad hacia la personalidad) sólo se consigue a través de una sociabilidad que a menudo se le niega al individuo. Esta es una parte inherente a la tragedia humana, y ninguno de los dos escritores pretendería minimizar esta condición. Aun así, ambos crean modelos de interrelación en los cuales la constante lucha del yo por crear las condiciones necesarias para su propia autenticidad se ve modificada por medio del amor. A través de figuras como Alejandro Gómez en *Nada menos que todo un hombre* y Néstor en *Caimán*, por citar solamente a dos, vemos cómo la voluntad que lucha por hacerse valer puede trascender al conflicto y conseguir una creativa relación duradera con el otro.

Es en *Del sentimiento trágico de la vida* donde se establece esta relación clave entre la auto-consciencia y la habilidad para contemplar a los demás como yos en su propio derecho. En esta obra cumbre, al igual que en gran parte del pensamiento de Unamuno y Buero, la clave reside en el sufrimiento.[28] Del mismo modo que, por ejemplo, Antonia y Juana reconocen en Joaquín y Ignacio a yos que sufren, también *Del sentimiento trágico de la vida* muestra que al tiempo que la voluntad lucha por perpetuarse a sí misma, puede también personalizar al otro por medio de la compasión y de la respuesta emocional (de ahí la fuerte carga emocional que emana de la obra de los dos escritores), descubriendo así al ser único que hay en el otro y aceptándolo no como rival ni sujeto amenazador sino como a un yo. La asimilación compasiva del yo y el otro (posibilidad sugerida simbólicamente, como hemos comentado, por los niños de *El tragaluz* y *Abel Sánchez*) proporciona una área significativa de campo común dentro de las respectivas psicologías existenciales de nuestros dos escritores, además de demostrar la crucial dimensión ética en sus visiones de las relaciones humanas. Esta trascendencia de la alienación individual se representa más completamente en el cuento unamuniano 'Del odio a la piedad' (II, 728–32), que es una suerte de parábola psicológica, y, dentro de la obra de Buero, quizás más concretamente en *Hoy es fiesta*, en la cual la compasión de Silverio llega a formar una imagen de reconciliación y de perdón que, al final, penetra en las vidas de sus divididos y rencillosos vecinos.

Unamuno denominaba esta visión compasiva del otro 'el método de la pasión',[29] personificada en el trato que el doctor Valmy dispensa a sus pacientes y que también caracteriza la visión, tanto psicológica como ética, que subyace a todo el teatro bueriano:

> Soy un practicón que comete frecuentes errores y que también ha logrado aciertos repentinos por fiarse de su intuición. Mis compañeros sonreirán cuando lean esto, ya lo sé. Ellos pasan la vida hablando de complejos o transferencias ... A mí me importa sobre todo la persona concreta que llega a mi consulta con los ojos húmedos y el corazón agitado.[30]

Es un sentimiento que también encuentra su eco en una rama de la teoría y la práctica del psicoanálisis contemporáneo, según la cual el doctor y el paciente no se deben oponer como dos hechos externos no-relacionados. Es un método ya anunciado por Unamuno en su *Amor y pedagogía*, novela en la que, a través de la sátira de Carrascal y la relación entre don Fulgencio y Apolodoro, se ve claramente la convicción de Unamuno de que, para evitar una visión deshumanizada del prójimo, la percepción y los sentimientos deberían formar una sola categoría (clave de su psicología existencial que nos remite otra vez a la complicidad que establece el teatro de Buero con el espectador). Tanto *Amor y pedagogía* como *La doble historia del doctor Valmy*, aunque son obras bien distintas, se derivan de lo que expresa Paul Ilie acerca del pensamiento unamuniano:

> Unamuno sentía que sólo el poder del amor podía efectuar la integración de nuestras distintas partes culturales, y que sólo el compromiso para con esa cultura podía devolver la integridad psíquica erosionada por la desmoralización del yo social.[31]

Para entender al otro, y así romper el círculo vicioso de la relación sujeto/objeto, el individuo ha de iniciar un proceso de empatía imaginativa a través del cual llega a identificarse con el mundo interior del otro. El amor y el reconocimiento compasivo del sufrimiento pueden, por parafrasear a Blake, limpiar las puertas de la percepción.

Al final de *Amor y pedagogía*, cuando Carrascal y Marina reconocen su pérdida mutua y comienzan a redefinir su propia relación, Unamuno comenta simplemente que 'el amor había vencido' (II, 561). Valmy muestra la otra cara de la moneda al señalar en su primera historia al amor destruido por el fracaso del individuo que es incapaz de conocer y tratar al otro. Sus palabras lapidarias—'los psiquiatras sabemos bien que toda historia humana, por odiosa que resulte, quisiera haber sido una historia de amor y de belleza' (41)—expresan el meollo de todo ese hilo central del pensamiento existencial que se ve reflejado en obras clave como *Abel Sánchez* y *El concierto de San Ovidio*. Por tanto, la gran importancia que ambos autores adjudican a la relación amorosa y al 'método de la pasión' da como resultado un sentido semi-místico de unión con todos los seres humanos (aspecto éste crucial en el quijotismo de los dos escritores). La lucha entre los hermanos de *El tragaluz* adquiere así otra perspectiva, menos histórica y más filosófica, con la preocupación que los Investigadores muestran por querer afirmar la subjetividad de cada uno y de todos los individuos en respuesta a la pregunta '¿Quién es ése?', la versión específica bueriana del 'método de la pasión'. El mundo distante de los Investigadores representa un campo en el que todo conflicto deja paso a una solidaridad humana auténtica. Frances Wyers denota una visión parecida en la obra de Unamuno:

> Debería quedar claro, además, que la disolución del yo se visualiza a veces como una fusión con los demás, como cuando Unamuno escribe sobre 'un distante reinar del espíritu' en que el contenido de cada alma individual saldrá hacia fuera y los 'sentimientos, anhelos y emociones de más hacia dentro ... se mezclarán en una sola niebla espiritual, una alma común, en la que flotan ... nuestros espíritus'.[32]

En *El tragaluz*, los 'sentimientos, anhelos y emociones ...' de cada individuo aparecen capturados y recreados por los Investigadores. En el contexto presente, a la luz de las barreras que ambos autores perciben entre los seres humanos, ese mundo distante futuro y el 'alma común' de Unamuno son más que utopías. Parecen el refugio idealizado para un espíritu debilitado por la lucha.

El deseo de escapar de la carga que supone la personalidad es una característica de muchos de los personajes de Buero y Unamuno. Aquí volvemos al dilema del ser para sí mismo y el ser para los demás, y de cómo puede uno integrarse sin el compromiso deshonesto o asfixiante. Para ambos escritores la respuesta parece residir, al menos parcialmente, en la habilidad de la persona para proyectar una auténtica relación interna en sus asuntos externos, permitiéndole así contemplar su yo exterior, o su papel, con cierto grado de satisfacción. De este modo, ciertos personajes clave, como Ignacio o el cura de *San Manuel Bueno, mártir*, aunque parezcan diametralmente opuestos, en el sentido de que uno propaga el sufrimiento mientras que el otro protege a su pueblo de su propia angustia, son capaces de considerar sus yos sociales como propiedades honradas que reflejan sus aspiraciones internas, en lugar de ser sólo papeles hipócritas. El falso yo público—lo que llamaba Unamuno 'el asesino de nuestro verdadero yo ... de nuestro verdadero yo público, no ya privado' (IX, 989)—se convierte en la obra de Buero en otra barrera fundamental entre el individuo y esa serie de relaciones que le convertirán en persona.

El falso yo público, por fácil y cómodo que sea, tiene dos importantes repercusiones que señalan tanto Buero como Unamuno. Por una parte, destruye las demás formas auténticas de trato con el mundo, presentando una dura concha que aísla de todo contacto al yo interior. Unamuno utilizaba con frecuencia la analogía del crustáceo para este fenómeno psicosocial, argumentando que si el individuo fuera a llevar una vida totalmente humana, debería también dejar expuesto su lado indefenso. Esta analogía proporciona un modelo muy útil para interpretar la última escena de *En la ardiente oscuridad*, en la cual Carlos repite, palabra por palabra, el ardiente deseo de Ignacio por ver las estrellas. Aquí se revela cómo el espíritu de éste ha entrado en Carlos, que ya ha dejado exponer su lado más indefenso de sufrimiento, dimensión de su ser que casi había dominado por completo la dura coraza de la 'moral de acero' que personifica. Por otra parte, el falso yo público, al crear la condición de encierro, podría terminar eliminando toda vida interior, haciendo que la víctima asumiera como propia la identidad impuesta. Nonoyama comenta sobre Goldmann, el dictador de *Aventura en lo gris*, a este respecto:

> Así Goldmann lleva una máscara que no le sienta. En este caso, sobre todo, Carlos, símbolo del pueblo, se la pone, idealizándole y mitificándole. Podemos ver bien esa máscara modelada por la imaginación de otros.[33]

Dada la deuda de Unamuno y Buero para con la tragedia clásica, quizá no sea sorprendente que ambos hayan recurrido al emblema cultural de la máscara para justificar y simbolizar el fenómeno del falso yo haciendo frente al mundo. Ilie observa:

> El interés de Unamuno por la máscara paralela el uso que el arte moderno hace de este tema. Al igual que éste ha puesto en forma dramática la idea de que la falta de cara es un absurdo, así también concibió Unamuno la máscara como una tapadera para una cara sin rasgos y una vida sin sentido. El creía que el hombre le vuelve a dar sentido a su existencia convirtiéndose en actor de comedia o tragedia y que mide su propia valía de acuerdo con el valor de la obra.[34]

La detonación de Buero ofrece de esto una interesante puesta en escena dramática. La obra tiene lugar en el teatro de la conciencia de su protagonista, Larra, el cual contempla su vida en el contexto de la tragedia nacional. La memoria de Larra recrea para él mismo y para el espectador la ficción de su pasado. Esto es claramente unamuniano ya que, como observa Ilie, en el pensamiento de don Miguel 'las situaciones sociales están cargadas de una subjetividad que desciende hacia ellas desde la proyección auto-consciente del yo. De este modo, el yo social actúa en un escenario teñido con lo ficticio de un subjetivismo creativo'.[35] A este subjetivismo se alude a lo largo de toda la obra. Hay una constante confusión de cronología y, a veces, Larra parece ser incluso consciente de la misma escenificación de la pieza (115). Finalmente, en su conversación con Pedro, el criado advierte que él no es más que otra faceta de la propia personalidad, un *otro* dentro del yo de Larra. 'Estás contigo mismo. Por poco tiempo. Hasta que apures el recuerdo' (186), le dice, significando ello que Larra está metido en un monodiálogo explícitamente unamuniano.

Unamuno y Buero retratan a la persona social necesitada de una máscara que, como ha señalado Ilie, se adapte a los rasgos de la cara. Sin embargo, en esta necesidad yace la última barrera no sólo para la posibilidad de relacionarse de forma significativa con los demás, sino también para el auto-conocimiento. El individuo se encuentra en un mundo en el que debe crearse a sí mismo en cierto papel si no quiere ser arrollado por el mundo, pero el papel que él crea nunca llega a reflejar fielmente su yo íntimo. Esta es la tragedia común a don Juan, en *El hermano Juan*, y a Larra. Tras repasar su auto-representación, la creación ficticia de su yo en relación con los demás, Larra al fin fija la mirada en su propia imagen ante el espejo:

> Y éste ... ¿quién es? No lo sé. Ahora comprendo que también es una máscara. Dentro de un minuto la arrancaré ... y moriré sin

> conocer el rostro que esconde ... si es que hay algún rostro. Quizá no hay ninguno. Quizá sólo hay máscaras. (190)

Asimismo, en *El hermano Juan*, que lleva por subtítulo 'O el mundo es teatro', lo cual denota que la obra investigará una realidad que, si es que existe, subyace a la auto-dramatización del yo, Unamuno se pregunta si el individuo tiene o no alguna otra existencia fuera de su papel en el teatro de la vida. Juan le pregunta a Inés:

> ¿Existo yo? ¿Existes tú, Inés? ¿Existes fuera del teatro? ¿No te has preguntado nunca esto? ¿Existes fuera de este teatro del mundo en que representas tu papel como yo el mío? ¿Existís, pobres palomillas? ¿Existe don Miguel de Unamuno? (XII, 984)

La dinámica de estas preguntas es tan religiosa como psicosocial, evocando unas dudas ontológicas que, en el caso de Larra, como ya hemos comentado, se centran en la relación que hemos de establecer con los demás más que en la relación que nos acerca a Dios.

En *Cómo se hace una novela*, y en términos reminiscentes del desesperado monodiálogo de Larra ante el espejo, Unamuno alude a la naturaleza en el fondo inconocible del yo ('Cada uno de nosotros es como un pozo', advierte David a Adriana, en *El concierto de San Ovidio* [155]) y al hecho de que la máscara que asumimos se convierte en nuestra más fácilmente reconocible realidad:

> Y he aquí cómo estas líneas se convierten en una confesión ante mi yo desconocido e inconocible; desconocido e inconocible para mí mismo. He aquí que hago la leyenda en que he de enterrarme. (X, 865)

La diferencia entre esta leyenda y la imagen impuesta está en la auto-construcción. Sin embargo, tanto el Larra de Buero como el propio Unamuno expresan el miedo de que el yo íntimo se sacrifique inexorablemente al yo público o histórico. No obstante, ambos se dedican a crear su propia novela, en vez de convertirse en meros espectadores (camino que también recorre Valentín Hauy) como U. Jugo de la Raza, quien lee novelas solamente 'a fin de escapar de su yo desconocido e inconocible hasta para sí mismo' (X, 866) o como Mario, que corrige pruebas en su aislado sótano, metáfora de su fracaso para escribir, o sea crear, su propia vida.

Unamuno y Buero consideran al individuo idealmente tanto un actor como un espectador (Unamuno distinguía entre el 'intra-hombre' y el 'tras-hombre'[X, 911]). Actúa y contempla. En este contexto, la formulación de la 'contemplación activa' se convierte en una afirmación de la relación interna de la persona (señal de su autenticidad) dirigida hacia el exterior (identidad asegurada en y a través de los demás), síntesis que ambos escritores ven personificada en la figura del héroe quijotesco. Unamuno y Buero consideran el desempeño de un papel como algo hipócrita cuando se representa sin ningún sentimiento auténtico, cuando no refleja la vitalidad interior. 'La pasión de la verdad' de Larra sostiene el papel que desempeña, pero se malogra continuamente debido a la bajísima calidad de la obra, la tragedia nacional, en la que se enclava, haciendo de él un ser paulatinamente amargado e introvertido. La sensación de soledad e inutilidad total que caracteriza al punto de vista desde el cual Larra repasa el drama de su vida encuentra un eco conmovedor en el siguiente párrafo de *Cómo se hace una novela:*

> A las veces, en los instantes en que me creo criatura de ficción y hago mi novela, en que me represento a mí mismo, me ha ocurrido soñar o bien que casi todos los demás, sobre todo en mi España, están locos o bien que yo lo estoy y puesto que no pueden estarlo todos los demás que lo estoy yo ... Y no dejo entonces de acordarme de la figura de don Quijote. (X, 874)

Larra, como don Quijote, asume la difícil libertad de crear su propio papel de acuerdo con los dictados del hombre interior. Sin embargo, es impaciente, incluso ingenuo, y sólo es remotamente consciente de que a él también le hará falta una máscara que configure su papel. Sobreestima consistentemente la honradez de los demás, no sólo en cuanto a la auto-proyección de ellos mismos sino también con respecto a la imagen que tienen de él.

La concepción unamuniana de la máscara como tapadera para una cara sin rasgos y una vida sin sentido se puede apreciar claramente a través de la experiencia de Larra. No sólo sirven las máscaras de barrera contra la verdadera sociabilidad, como observaba además Unamuno, sino que subliman aquellas zonas de la experiencia, como el dolor o el miedo, a través de las cuales el individuo podrá experimentar el impulso catártico hacia la auto-conciencia. Esto queda claro en el primer encuentro entre Larra y Mesonero, en el que aquél logra por única vez persuadir a su compañero a que hable 'sin máscara'. Su aspecto es 'cansado, triste y medroso' (61), clara indicación de que su yo íntimo se ha marchitado. Su único deseo es vivir en paz, 'aunque sea cerrando los ojos ante la ignominia', justificándolo con la creencia de que 'todos no podemos ser héroes' (62). A este nivel, el heroísmo significa, tanto para Unamuno como para Buero, el abrazo quijotesco a la realidad subjetiva de uno y su incorporación a modelos auténticos de interrelación. Este último elemento es justamente el que elude Larra. Se rodea de máscaras que ocultan sólo individuos anónimos (sentido unamuniano de la alienación de la sociedad, expresado mediante el truco brechtiano de hacer que un actor represente varios papeles). Y aquellos que representan sus papeles sin ningún sentimiento terminan por consumir y destruir la pasión de Larra.

En conclusión, hemos visto que los dos escritores describen al individuo en la trágica situación de tener necesidad de los demás, de ser sólo capaz de conquistar su propia plenitud de ser en una relación auténtica, verificada con el otro. Pero apenas es capaz de establecer dicha relación. De esta forma, tanto la obra de Buero como la de Unamuno reafirman en términos trágicos y conmovedores la cuestión profundamente problemática de ser humano, coincidiendo plenamente en su descripción de los obstáculos de las interrelaciones humanas y de las precauciones que debe tomar el individuo si no quiere que su sentido del yo sea totalmente engullido por el anonimato del mundo existencial. Pero, a fin de cuentas, la psicología existencial de los dos escritores está del lado del desarrollo humano trascendente y verdadero. Ambos intentan crear un modelo de amor compasivo como forma de salvación personal en un mundo que deshumaniza y aliena. A este respecto, Buero se muestra algo más positivo al afirmar en alguna obra que la relación amorosa se puede establecer verdaderamente, y que en ella la apaleada personalidad puede empezar a encontrarse a sí misma y a tratar al otro también como sujeto, como un yo con plenos derechos. Unamuno, mientras tanto, admite esto teóricamente como posibilidad, especialmente en *Del sentimiento trágico de la vida*, pero raramente nos pone un ejemplo en el que se haya logrado. Incluso en el caso de Buero, estas, digamos, logradas relaciones generalmente no duran mucho—a Ignacio le matan, David y Silvano son ejecutados, exilian a Esquilache, etc. Tal es el nexo destructivo de la incertidumbre ontológica y las fuerzas sociales en las que los dos autores sitúan al ser humano. A pesar de todo, el teatro de Buero expone la esperanza crucial, kantiana, que el amor espiritual puede generar en sucesivas generaciones. En este sentido, su obra refleja la esperanza agónica inherente a *Del sentimiento trágico de la vida* y *La vida de don Quijote y Sancho* en la que, a pesar de la maldición de Caín, el individuo podrá aprender a vivir en fraternal unidad con su prójimo.

NOTAS

1 David Hare, *Writing Left-Handed* (London: 1991), 30.

2 N. G. Round fue el primero en relacionar la psicología existencial de R D Laing con el pensamiento de Unamuno. Véase su *Unamuno. Abel Sánchez* (London: 1974).

3 Minako Nonoyama, 'La personalidad en los dramas de Buero Vallejo y Unamuno', *Hispanófila*, XLIX (1973), 75. Ángel Fernández-Santos, 'Sobre *El tragaluz*. Entrevista', en Buero, *Teatro* (Madrid: 1968), y William L. Shelnutt, 'Symbolism in Buero's *Historia de una escalera*', *Hispania*, LXII (1959), 61–65, perciben una tendencia unamuniana en Buero, que es la de analizar el problema de España a través del prisma del cainismo. Otros críticos se han referido a los aspectos ontológicos y psicológicos del cainismo unamuniano como más centrales en el teatro bueriano. Véanse Ricardo Doménech, *El teatro de Buero Vallejo: Una meditación española* (Madrid: 1973), 245, e Ida Molina, 'A Note on the Dialectics of the Search for Truth in *El otro* and *El tragaluz*', *Romance Notes,* XIV (1972), 1–4, quienes describen *El tragaluz* como una recreación fundamentalmente unamuniana del mito de Caín. Guadalupe Martínez Lacalle amplía esta visión en 'De la influencia de Unamuno en *El tragaluz* de Buero', *Belfast Spanish and Portuguese Papers* (Belfast: 1979). Uno de los mejores análisis del cainismo unamuniano es el de Carlos Clavería, 'Sobre el tema de Caín en la obra de Unamuno', en *Temas de Unamuno* (Madrid: 1970). Aurora de Albornoz analiza la influencia del cainismo unamuniano en Antonio Machado en *La presencia de Miguel de Unamuno en Antonio Machado* (Madrid: 1968), 208–17. Albornoz considera el cainismo unamuniano 'como característica del hombre español, no como pasión propia de la condición humana', a diferencia de Martínez Lacalle, que lo analiza desde el punto de vista de 'la dramática dualidad que existe siempre en el alma humana'.

4 Fernández-Santos, *op. cit.*, 76.

5 Miguel de Unamuno, *Obras completas*, ed. Manuel García Blanco (Madrid: 1959–1964), VIII, 800. Todas las referencias serán a esta edición, y se darán en el texto como volumen y página.

6 Antonio Buero Vallejo, *Madrugada* (Buenos Aires: 1959), 124.

7 David Turner, *Unamuno's Webs of Fatality* (London: 1974), 65.

8 Antonio Buero Vallejo, *En la ardiente oscuridad* (Madrid: 1973), 43.

9 Antonio Buero Vallejo, *Casi un cuento de hadas* (Madrid: 1965), 17. Todas las referencias serán a esta edicón y aparecerán en el texto como número de página.

10 Véase mi introducción a Antonio Buero Vallejo, *The Shot* (Warminster: 1990).

11 Antonio Buero Vallejo, 'Sobre teatro', en *Teatro*, *op. cit.*, 62.

12 *Op. cit.*, 75.

13 Otto Rank, *The Double. A Psychoanalytic Study* (Chapel Hill: 1971), 33. Asimismo, en su entrevista con Fernández-Santos, Buero hace la siguiente declaración: 'Como recordarás, en casi todas mis obras hay una pareja masculina con una mujer en medio. Tal vez yo no sea capaz de contestar con lucidez a una pregunta como ésta, ya que esta situación que se repite en mi teatro es posible que esté engarzada a alguna de mis vivencias más profundas y que, por ello, no sea consciente de todas sus implicaciones' (*op. cit.*, 75). Para una descripción de posibles fuentes personales para el cainismo de Unamuno, véase José Luis Abellán, *Miguel de Unamuno a la luz de la psicología* (Madrid, 1964), 96.

14 Antonio Buero Vallejo, *Caimán* (Madrid: 1981), 105.

15 Antonio Buero Vallejo, *La detonación* (Madrid: 1979), 45. Todas las referencias serán a esta edición, y se darán en el texto como número de página.

16 *Op. cit.*, 75.

17 Esta tensión entre 'ser' y 'tener' es uno de los temas centrales tanto de *Mito*, de Buero, como de *La vida de don Quijote y Sancho*, de Unamuno.

18 *Op. cit.*, 71.

19 Armando F. Zubizarreta, *Unamuno en su 'nívola'* (Madrid: 1960), 308.

20 Antonio Buero Vallejo, *Las cartas boca abajo*, en *Teatro selecto* (Madrid: 1972), 148.

21 Antonio Regalado García, *El siervo y el señor: la dialéctica agónica de Miguel de Unamuno* (Madrid: 1968), 102.

22 Antonio Buero Vallejo, *El tragaluz* (Madrid: 1970), 41. Todas las referencias serán a esta edición y se incluirán en el texto como número de página.

23 *Op. cit.*, 71.

24 Antonio Buero Vallejo, *El concierto de San Ovidio* (Madrid: 1991), 187.

25 Véase Antonio Buero Vallejo, 'Antonio Buero Vallejo habla de Unamuno', *Primer Acto,* 59 (1964), 19–21.

26 Esta misma visión de Cristo como la fuerza sembradora de una angustia redentora la desarrolla Unamuno en el segundo capítulo de *La agonía del cristianismo.*

27 *Op. cit.*, 37.

28 Es en este sentido que Buero reclama a Unamuno como uno de los grandes maestros de la tragedia contemporánea: 'Unamuno—y en nuestra edad masificada hay que recordarlo siempre—es quien nos revela, a través del teatro, la vuelta al hombre concreto, a la singularidad y al dolor del hombre concreto' (*op. cit.*, 19).

29 Véase, especialmente, a José Huertas-Jourda, *The Existentialism of Miguel de Unamuno* (Gainesville: 1963), 24.

30 Antonio Buero Vallejo, *La doble historia del doctor Valmy* (Madrid: 1976), 52–53. Se citará por esta edicíon y las referencias aparecerán en el texto.

31 Paul Ilie, *Unamuno: An Existential View of Self and Society* (Madison: 1967), 67.

32 Frances Wyers, *Miguel de Unamuno: The Contrary Self* (London: 1976), Véase, especialmente, el capítulo dos para un análisis interesante de la dicotomía aislamiento/compromiso.

33 *Op. cit.*, 73.

34 *Op. cit.*, 69.

35 *Op. cit.*, 65.

Las relaciones de poder en *El concierto de San Ovidio*

BARRY JORDAN

El estreno de *El concierto de San Ovidio* en el Teatro Goya, el 16 de noviembre de 1962, tuvo lugar en un contexto socio-histórico altamente conflictivo. Las huelgas estudiantiles y mineras de febrero a abril fueron seguidas por el estado de emergencia del mes de mayo, las detenciones masivas de la Puerta del Sol en Madrid y el famoso Congreso de Munich. También, casi coincidente con el estreno mismo de la obra, fue detenido y agarrotado Julián Grimau. Ni que decir tiene que los temas y la perspectiva ideológica de *El concierto de San Ovidio* se explican en parte por el ambiente socio-político del país en los tempranos años 60.[1] La crítica también ha tenido en cuenta estas mismas pautas contextuales, y las lecturas más influyentes de la obra de Buero reflejan el impacto de las condiciones históricas en las que la obra fue estrenada. En su concocida edición de *El concierto de San Ovidio* Ricardo Doménech afirma que la obra plantea un 'doble problema: el de la explotación del hombre por el hombre y el de la lucha del hombre por su libertad'. Añade que esta doble problemática está situada 'en un plano que hasta aquí Buero no había abordado explícitamente: el de la lucha de clases'.[2] Otros críticos como Verdú del Gregorio e Iglesias Feijoo han adoptado y ampliado este marco de lectura de la obra.[3] En el presente estudio propongo que la idea de 'lucha de clases', aunque indudablemente un aspecto importante, no sirve como marco adecuado para leer la obra. Tampoco sirve para explicar y ahondar otros niveles de conflicto o luchas, sugeridos por *El concierto de San Ovidio*, que considero aún más importantes. Estos parecen funcionar por medio del lenguaje de la patriarquía y la sexualidad y, en un plano más amplio, forman parte de lo que podríamos llamar las relaciones de poder expresadas en la obra. Este estudio pretende ser, por tanto, una indagación dentro de esas relaciones.

Antes de entrar en materia, convendría ampliar un poco los conceptos de poder y relaciones de poder.[4]

El poder puede definirse de la manera siguiente, como los medios por los cuales ciertos individuos o grupos son capaces de *dominar* a otros y de promover y satisfacer sus intereses aun ante la oposición y la resistencia. El poder es un término que se refiere principalmente a las fuentes, los medios y las relaciones de dominio, control o subordinación, tal como funcionan en situaciones y procesos sociales históricamente concretos. El poder puede ser puramente coactivo, lo cual implica la aplicación directa de la fuerza física para imponer y mantener el dominio y control. También puede ser menos directo, como por ejemplo el resultado de la distribución y del acceso diferenciales de los recursos básicos de la sociedad: los recursos materiales (la propiedad, la riqueza, las materias primas) y los recursos simbólicos (la capacidad de leer y escribir, el conocimiento, la ciencia, etc., el llamado 'capital cultural').

El poder no siempre se impone o se experimenta, ya sea a nivel individual o colectivo, como directamente represivo o coactivo. También es posible concebirlo como el ejercicio y la experiencia de la *autoridad*, como algo aceptado y enjuiciado como *legítimo*. Con el término de autoridad me refiero a la institucionalización de las relaciones de poder, por las cuales los individuos o grupos se acostumbran a obedecer; es decir, ajustan su comportamiento a ciertas reglas, órdenes, normas, etc. Esto se llama comúnmente socialización. Así que hay una relación simbiótica entre poder y autoridad, y el punto en el cual el poder se transforma en autoridad siempre dependerá de su aparente legitimidad, o sea, de su aceptabilidad social. De aquí la necesidad de legitimación, es decir, el funcionamiento de aquellos procesos por los que la posesión y el ejercicio del poder se presentan como 'justos', 'equitativos', 'razonados', 'naturales', o simplemente 'inevitables'. Una última puntualización: el poder siempre implica su antítesis, la resistencia; no hay poder que no engendre sus correspondientes formas de resistencia, ya sean activas o pasivas.

Volviendo al *El concierto de San Ovidio*, vemos que la obra se sitúa históricamente en 1771, 18 años antes del famoso estallido revolucionario francés. Están aquí representados los principales componentes de la jerarquía social pre-revolucionaria: la nobleza, la Iglesia, la burguesía y el campesinado. Pero la obra se transforma en parábola. La lucha histórica entre nobleza y burguesía (sus formaciones de clase, alianzas, divisiones, etc.) queda redefinida, resimbolizada según un nuevo esquema: la lucha entre capital y trabajo, entre el naciente patrón-burgués, Valindin, y el suplente simbólico de las masas trabajadoras, el grupo socialmente marginado de los ciegos. Ahora bien, si Valindin simboliza el naciente poder económico y el enemigo de clase, los ciegos—lejos de representar a los pobres en lucha colectiva contra el opresor—son los marginados, encadenados por su resignación ante la vida y condenados a padecer la explotación. Para ellos, lo que realmente importa es la supervivencia, y la satisfacción de las necesidades materiales más básicas, y el máximo alcance de sus reivindicaciones económicas y sociales es, como dice Nazario, 'comer y folgar'. Entonces, el agente de la lucha política, se diría que no es el grupo de ciegos como colectividad sino la figura aislada y compleja de David, el 'contemplativo', el 'soñador', el 'enajenado'. Por esto, la obra se expone al peligro del maniqueísmo y del reduccionismo; se expone a simplificarse en una pelea entre el bueno (David, bueno por ser pobre y oprimido) y el malo (Valindin, malo por ser patrón, burgués y violento). Por lo tanto, el marco de lectura de 'lucha de clases', sugerido por Doménech y otros, me parece mucho más borroso y difuso, un tanto simplista. No hay duda de que hay lucha, pero a nivel dramático se desarrolla mayormente mediante el enfrentamiento entre dos fuerzas o voluntades antitéticas e individualizadas. La lucha también se expresa a través de la patriarquía y la sexualidad. Aquí sería conveniente hacer algunas puntualizaciones sobre estos dos términos.[5]

La patriarquía es un término que tiene diversos sentidos, entre los que cabría destacar los siguientes: la ideología del dominio masculino, cierto tipo de estructura familiar, y quizá el más corriente y controvertido, la opresión de la mujer por parte del hombre. Sea cual fuere el sentido elegido, el término muestra una contradicción, una división de género, que implican las desiguales relaciones de poder entre hombres y mujeres. Ahora bien, el entender la patriarquía simplemente como una forma de poder directamente coactivo (como ocurre entre Valindin y los ciegos y a veces entre éste y Adriana) o a través de sus manifestaciones institucionales (religiosas, legales, políticas, etc.) sería limitar nuestra definición del término, porque la patriarquía también se manifiesta, aunque más indirectamente, por medio de ciertas prácticas sociales y de ciertas formas de hablar. Como definición provisional, podríamos decir que la patriarquía describe las muchas maneras—directas e indirectas—por las que la subjetividad individual, las divisiones sexuales y la subordinación femenina se logran a través del funcionamiento de las relaciones de poder.

De manera parecida, la sexualidad no es algo 'naturalmente' dado, un simple determinismo biológico o una cuestión de diferencias anatómicas.

El único aspecto 'natural' de la sexualidad es la diferencia biológica entre macho y hembra. Sobre esta base se levanta una enorme estructura cultural de diferencias y divisiones que son expresadas mediante un conjunto de distintos usos léxicos. Es decir, una serie de medios sociales y comunicativos por los que se definen los papeles sociales, la identidad sexual, el placer, el deseo, etc. Y claro está, a través del funcionamiento de las ideologías sociales, algunas definiciones son elevadas a posiciones dominantes y transformadas en 'norma', por ejemplo, la heterosexualidad. No obstante, tales definiciones están siempre sujetas a la contestación, la resistencia y, a la larga, al cambio.

Si pasamos a aplicar estos dos conceptos a *El concierto de San Ovidio*, vemos que la patriarquía se hace visible inmediatamente en el dominio masculino ejercido por Valindin y en el control y la subordinación de la mujer (Adriana). También aparece reflejada mediante ciertos poderes institucionales (el contrato firmado por la Priora con Valindin, las 'lettres de cachet', la policía) y a través de una importante unión de paternalismo y protección, simbolizada por la Iglesia y el Barón. Esta misma unión, que caracteriza las relaciones sociales del viejo orden, se reproduce y se renueva para legitimar el nuevo orden burgués. La relación entre ambos órdenes y el proceso de adaptación social e ideológico al nuevo orden se manifiestan de manera evidente en la figura de Valindin.

En la primera escena de la obra, la temprana llegada de Valindin al Hospicio de los Quince Veintes y su impaciencia en ultimar los detalles del contrato con los ciegos demuestran nítidamente su carácter. Simboliza la nueva clase burguesa, cuyo propósito fundamental es fortalecer su posición de clase pujante mediante la acumulación de la riqueza. Paradójicamente, el éxito y la movilidad social del empresario tienen sus raíces en la protección del Barón—que le proporciona la carta de recomendación para la Priora—y, anteriormente, el puesto de peluquero real, por el que se le permite llevar espada. Y como dice Bernier, el factótum de Valindin: 'Todo es posible para quien lleva espada. Y el señor Valindin la lleva aunque no es de sangre noble. Tiene protectores en la corte y es hombre peligroso' (172). Así que Valindin es un producto directo de la protección aristocrática a la vez que esto le permite subir la escala social, recordando de esta manera su dependencia de su señor y por ende su propia subordinación. El empresario ocupa, pues, una posición social altamente contradictoria. Reconoce la legitimidad de la jerarquía social establecida al mismo tiempo que afirma, con gran energía y a veces de muy mala gana, el nuevo individualismo burgués. Pero no ha llegado todavía a ser el 'self-made man'. Descrito como 'un cincuentón recio' (75), admite a la Priora: 'A mi edad, aún no puedo decir que sea rico'(76). Valindin se da cuenta de que está envejeciendo, que casi se le acaba el tiempo para conseguir su gran ambición, y que la Feria de San Ovidio quizá sea su última gran oportunidad. La idea de una orquesta de ciegos es, por tanto, una empresa altamente arriesgada que no admite concesión alguna ni cambios de planes. Bajo enormes presiones, Valindin pretende transformar el establecido orden socio-económico y reemplazar la sangre por el dinero como base para su nueva legitimidad social. Ahora bien, desde el principio hasta el final, su suerte dependerá directamente del apoyo y de la influencia de su propio protector—el Barón. Sujeto nacido del nuevo orden económico, Valindin está todavía atado al viejo, y es incapaz de romper esa unión. No obstante, el empresario prepara el terreno para que el hijo que desea tanto herede su fortuna y alcance, por tanto, la independencia económica.

Para Valindin, tener un hijo forma parte integral de su proyecto. Implica volver la espalda a sus propios orígenes humildes y establecer, gracias al apoyo del viejo orden, una nueva legitimidad social, libre y auténtica. También, y no menos importante, garantiza su propiedad y riqueza acumulada, y la continuación del dominio masculino mediante la reproducción de la estructura básica de la sociedad patriarcal: la familia. Pero es ésta una familia que se aprovecha de los símbolos y privilegios del viejo orden para mejor implantar el nuevo espíritu empresarial. Valindin dice a Adriana que el tan esperado hijo llevará espada, 'aunque sea de cuna humilde ... Porque el dinero valdrá tanto como la cuna cuando sea hombre, ya lo verás. Y tendrá dinero' (97). Es evidente que Valindin intenta superar las contradicciones de su propia identidad social con la preparación del terreno para su vástago biológico. Por desgracia, su deseo de paternidad queda frustrado; Adriana se niega a darle ese hijo que tanto anhela. El empresario reacciona canalizando sus energías hacia la creación de lo que viene a ser para él una familia sustitutiva, los ciegos—a los que llama 'hijos'. Aquí, al principio, Valindin finge actuar como figura paternal y bienhechora hacia estos desgraciados ciegos, los mismos que le van a ayudar a hacer fortuna. La explotación de estos 'hijastros' llega a constituir la base sobre la cual Valindin espera crear la nueva familia nuclear de la sociedad patriarcal.

A Valindin le falta legitimidad social. A su familia adoptada le aqueja un defecto aún más básico: la vista. Y la diferencia entre videntes y no videntes da lugar obviamente a relaciones de poder, no sólo a nivel literal o físico sino también mediante el funcionamiento de la retórica de los videntes que define 'la normalidad' en la sociedad. Dicho de otro modo, la identidad de los ciegos no es simplemente una función de las diferencias físicas sino de las diferencias sociales construidas en forma de expresarse de los videntes. Como dice la Priora, por ejemplo, los ciegos son inútiles y torpes y 'han nacido para rezar mãnana y tarde, pues es lo único en su desgracia que pueden hacer siempre bien' (78). La 'normalidad' para los ciegos corresponde a un fatalismo plenamente asumido como lógico y razonable. Es más; su resignada aceptación de su posición marginal queda legitimada por la religión, como la ofrenda generosa de la voluntad del Señor. Como dice Donato, 'Dios lo ha querido así' (112).

Las relaciones arriba mencionadas se sustentan también en otras divisiones y reglas institucionales. El Hospicio, por ejemplo, es un centro disciplinario que impone un régimen de exclusiones (los ciegos comen separados de sus hermanos y hermanas videntes) y prohibiciones (los ciegos sólo pueden casarse con sus compañeras ciegas y no con los videntes). Semejante régimen refuerza la separación entre videntes y no videntes, aprovechándose de dicha separación para justificar la dependencia de éstos de aquéllos. Por tanto, se entiende la incredulidad de la Priora para con el proyecto de Valindin (77) y la consiguiente apatía y resignación de los ciegos: 'Nunca hubo orquesta de ciegos,', dice Elías; 'Ni las habrá', responde Lucas, 'no servimos para nada' (87). Pero, ante la posibilidad de satisfacer mejor sus necesidades materiales (y en el caso de David, de superar su condición de ciego mediante la música), los ciegos aceptan la oferta de trabajo de Valindin, aunque saben que su destino en la vida es ser víctimas de la explotación.

Dejando atrás la protección espiritual del Hospicio (que no es más que una forma de control social), los ciegos entran en el mundo temporal del mercado donde el lenguaje de la caridad cristiana es reemplazado por la retórica ilustrada de la filantropía. Así, la indignidad de pedir limosna es suplantada por la dignidad del trabajo: 'Sólo desea uno dar trabajo a la pobre gente que lo ha menester' (106), explica Valindin; 'Quiero dignificar vuestro trabajo: que ganéis vuestra vida sin pedir limosna' (107). El paternalismo de Valindin—engañosamente generoso al principio—no es más que una versión refundida y modernizada del lenguaje tradicional de la Priora, que busca ejercer el control de modo parecido. El nuevo lenguaje de la filantropía, que diluye y hace más aceptable el nuevo código de relaciones de trabajo, ayudará a legitimar la nueva forma de explotación y la dependencia de los ciegos de la voluntad del empresario. De esta manera, la jerarquía social se reproduce mediante la modernización de las relaciones de dependencia y de poder, que se sustentan, al fin y al cabo, en unas condiciones económicas adversas: 'Tiempo de hambre, tiempo de negocios' (96), se jacta Valindin.

Resumiendo lo dicho hasta ahora, Valindin intenta ejercer el poder de distintos modos, y hay una relación clarísima entre las formas de autoridad legitimadas a través del lenguaje y aquellas otras formas más abiertamente coactivas. Primero, tenemos el lenguaje de la filantropía y del paternalismo, que legitima la autoridad del empresario y por el cual él define lo que conviene a los demás. Segundo, cuando falla la filantropía, Valindin hace un llamamiento al egoísmo, al dinero y al instinto de codicia, presentados en forma de 'realismo económico'. Tercero, si Valindin no puede imponer su autoridad por medio de la persuasión, recurre a la amenaza de la ley, de la sanción jurídica. Por ejemplo, recuerda a los ciegos el contrato y la condena a la cárcel por su incumplimiento; Bernier recuerda a David le existencia de una 'lettre de cachet'. Y cuando todo esto falla y no es posible reproducir las relaciones de poder mediante la legitimación social y legal de su autoridad, el empresario se convierte en tirano, recurre a la violencia física para controlar a sus 'hijastros'. Mediante estas formas de disciplina y control, y por el hecho de ser vidente y de poder dominar diferentes campos de conflicto, Valindin intenta definir la realidad, fijar su significado, establecer un 'régimen de la verdad' de acuerdo con sus intereses. Ahora bien, si es axiomático que el ejercicio del poder engendra la resistencia, es igualmente cierto que el significado de la realidad no se puede reducir a una serie de términos absolutos y estáticos. Es decir, la verdad se expone inevitablemente a la contestación y a la desmitificación. Y será David, hijo adoptivo y pródigo del empresario, quien emprenderá la tarea de desenmascarar el régimen de la verdad dominante y desafiar la patriarquía opresiva de Valindin en nombre de un nuevo humanismo liberal.

Al considerar el personaje de David, convendría que recurriéramos al concepto de *falta*—entendido en términos psicoanalíticos según el complejo de castración. La castración implica no sólo la amputación en el sentido literal sino también la división, la negatividad, la amenaza a la identidad masculina y la pérdida de una totalidad o un ideal. También sugiere tanto un complejo que hay que superar como una etapa que conduce a la maduración. En David, hay indicios de semejante complejo. Como Valindin, David está preocupado por sus orígenes inciertos. No sabe nada acerca de la identidad de su padre y sospecha que es hijo ilegítimo, aunque su madre nunca le ha dicho nada al respecto. Así, como Valindin, David es hijo adoptivo de la nobleza francesa. Al haber perdido la vista en un accidente, se refugia en la música. Sus señores le consuelan con un violín, haciendo de su afición un acto de caridad aristocrática. Su habilidad con el violín tiene un resultado práctico: se convierte en acompañante de su madre en todos sus viajes como cantante por las ferias (una vida errante comparable con la de Adriana). Al mismo tiempo y por razones que nunca se hacen explícitas, pero que se supone que tienen que ver con la pobreza y el posible recurso a la prostitución de la madre, ella le abandona. Huérfano, desde muy pequeño, David se encuentra angustiado por su falta de orígenes auténticos y su falta de legitimidad; hacia su madre tiene un resentimiento amargo y hacia las mujeres en general un profundo recelo y una hostilidad instintiva.

David llena el vacío de su *falta* (falta de orígenes, por una parte y por otra, falta de vista) soñando con la figura ciega de Melania de Salignac. Ella es símbolo de la nueva normalidad conseguida mediante la música. Al principio, David vislumbra en Valindin la posibilidad de emular a Melania y de realizar su propio sueño: el de tocar en una orquesta genuina. 'Ese hombre no es un iluso', reflexiona David, 'sabe lo que quiere. El ha pensado lo que yo pensaba, lo que llevaba años madurando sin atreverme a decirlo' (89). Aquí, al principio, David reacciona de manera algo ingenua al proyecto de Valindin, creyendo que va en serio. Pero al mismo tiempo, será su escepticismo, su falta de confianza en los demás, lo que le proporcionará una base para su considerable perspicacia. Son el escepticismo y la capacidad de imaginar lo imposible los que le diferencian de sus compañeros y hacen posible su rechazo del sistema dominante del Hospicio y su posterior desmitificación del proyecto de Valindin. Hacia el final del segundo acto, se da cuenta de que el 'show' del empresario es la antítesis grotesca del sueño dorado que albergaba al principio, pero es todavía incapaz de desafiar seriamente al poder de Valindin. En David, se ve claramente que el resentimiento y el escepticismo son la fuente de su habilidad para desenmascarar la retórica de los videntes. Pero no es menos cierto que también contribuyen a su miopía y ceguera emocional. Refugiándose en la figura maternal de Melania de Salignac y mostrándose hostil a otras mujeres, su escepticismo le impide ver la generosidad y el deseo genuino de ayudar de Adriana. En la patriarquía, es evidente que su mercancía básica, su unidad de cambio, es la mujer; ella constituye el objeto que circula por el sistema y que consolida el dominio masculino.[6] En *El concierto de San Ovidio* este elemento móvil y unificador es Adriana, quien cumple una serie de papeles diferentes y hasta cierto punto intercambiables (figura materna, mujer fecunda, confidente, prostituta, etc.). Por encima de cualquier relación afectiva, destaca el hecho de que Adriana sea un cuerpo femenino, cuya capacidad sexual y procreadora forman el eje de los distintos proyectos y deseos de sus pretendientes masculinos—Valindin, David y también Donato.

La relación entre Adriana y Valindin es claramente patriarcal. El empresario la mantiene, la domina y a veces la mima y la complace, pero si ella se conforma con esto, lo hace con desgana y resignación. La satisfacción (y también la dependencia) material que le proporciona Valindin no compensa la falta de realización romántica y emocional que ella tanto anhela. Además, como la amante de Valindin, encarcelada en una casa donde la respetabilidad burguesa habría exigido el matrimonio (deseado por el amo), la situación en la que se encuentra Adriana está repleta de ecos del pasado, de una vida anterior que ella quisiera dejar atrás: la de prostituta. Pero, irónicamente, Valindin la explota como tal, se aprovecha de sus habilidades y talentos con los hombres con el fin de superar el recelo de los ciegos y así resolver sus problemas laborales. Al principio, Adriana participa en su proyecto con poco entusiasmo. Su contacto con los ciegos da lugar a un proceso de concienciación por el cual se da cuenta de que la situación de los invidentes no dista mucho de la suya, haciendo que se aliene cada vez más de Valindin. Por esto se resiste aún más a casarse con él y a darle un hijo. En este sentido, Adriana no es una víctima pasiva del empresario; ella también puede resistirse y lo hace negando a Valindin el poder sobre su cuerpo de mujer fecunda. Incapaz de lograr la cooperación de Adriana, Valindin queda impotente. Vemos así que la cadena de la dependencia no es unidireccional; la actuación del empresario genera resistencias que posibilitan el cambio.

La relación entre Adriana y Valindin es fundamentalmente económica, regulada por el temor y la necesidad, aunque Valindin afirma que la ama. En David, sin embargo, Adriana vislumbra al otro, al objeto de deseo, a un hombre de verdad que representa la culminación de sus sueños románticos. Al principio, para Valindin, Adriana cumple el papel de mujer fértil y posible progenitora de su familia, pero acaba, según el empresario, como prostituta (tras el incidente con Donato). Con David, este proceso se invierte. Al principio, David la considera como agente de Valindin y prostituta traidora, pero al final Adriana llega a enamorarse de él y a aliarse con los ciegos. Al final del segundo acto (cuando parece que Valindin ha logrado romper la resistencia de los ciegos) Adriana cumple uno de sus papeles más importantes: el de provocar en David la resistencia a Valindin, cuestionando su virilidad al alegar que no puede con 'una mujer de carne y hueso', porque prefiere soñar con Melania de Salignac (161). También, motivada por la generosidad y el espíritu maternal, Adriana propone ofrecer a Donato una experiencia sexual satisfactoria. Es decir, está dispuesta a recurrir a su oficio anterior para destraumatizar al joven y, a la vez, acercarse a David. Esta decisión, vista por David como peligrosa, desencadena una serie de acontecimientos que llevan directamente a un desenlace trágico. Como consecuencia, el complejo de Edipo, que subyace a la obra y las relaciones triangulares complementarias de Valindin, David y Adriana por una parte y David, Donato y Adriana por otra, se cumple y se repite. Al enterarse Valindin de la 'perfidia' de su amante, le pega una paliza a Donato, vengando así su masculinidad afrontada y reforzando el complejo de castración del adolescente en un acto de violencia física. Entonces, la rivalidad entre el padre adoptivo (David) y el hijo adoptado (Donato) vuelve a repetirse en el enfrentamiento final entre Valindin (padre simbólico de David) y David (hijo pródigo y rebelde), pero esta vez la ventaja la lleva el supuesto invidente. De hecho, la lucha final se lleva a cabo sobre el terreno del ciego, donde las relaciones de poder, dominadas hasta ahora por el vidente Valindin, quedan invertidas.

El asesinato de Valindin puede interpretarse de diversos modos. En primer lugar, representa un acto premeditado, motivado por el amor de David hacia Adriana y por el deseo de venganza contra el explotador, que ha frustrado los intentos de David por transformar a los ciegos en una orquesta auténtica. En segundo lugar, y a nivel social, constituye un acto de justicia popular en nombre de la colectividad y una señal de resistencia al poder patriarcal. En tercer lugar, es otro indicio del complejo de Edipo ya que el hijo se rebela contra el padre por la posesión de la madre—y de hecho, David consigue que Adriana se alíe con él. En este sentido, el asesinato de Valindin funciona como una purgación, además de ser una manera de abrir camino hacia Adriana. También es una prueba de que las relaciones de poder nunca son unidireccionales. Al mismo tiempo, el patricidio (y de esto hay dos casos: la muerte de Valindin y el acto de traicionar a David cometido impensadamente por Donato) da lugar a otra etapa en el complejo de Edipo: la de la maduración. Tanto David como Donato se ven sumergidos en un complejo de culpabilidad y remordimiento hacia sus respectivas figuras paternales, cuyo poder se han atrevido a desafiar. 'Yo quería ser músico y no era más que un asesino' (187), reconoce David. David ya entiende que la violencia física implica la total degradación de su sueño pero, al mismo tiempo, se da cuenta de que el proyecto de Valindin y la violencia que lo sustentaba estaban motivados por el amor del empresario hacia Adriana. 'Te quería, Adriana. Y [te golpeó, y] nos golpeó a todos, porque te quería' (187). Paradójicamente, el sentimiento de culpabilidad de David—hijo casi disculpa y redime al explotador—padre y al final se convierte en respeto filial y entendimiento. Es decir, David ahora sugiere que Valindin no es más que una víctima del capitalismo naciente del que sólo era un instrumento. Gracias a la culpabilidad, David experimenta un proceso catártico; supera su anterior ceguera y consigue aprehender la luz del entendimiento. La maduración del 'soñador' se efectúa por medio del asesinato y luego se expresa en un reconocimiento de la naturaleza conflictiva de su rival. De modo parecido, el sentimiento de culpabilidad de Donato respecto a la detención y ahorcamiento de David repite la experiencia de éste con Valindin y constituye una fuente de entendimiento hacia su propio rival. Con el 'padrastro' muerto y después de ser rechazado por Adriana, Donato consigue superar su narcisismo infantil y se da cuenta del amor que David le brindaba. Logra la expiación de su culpabilidad por medio de la música, símbolo de la codicia fálica de Donato (su pretensión de arrebatarle a David la figura romántica y sexual de Adriana) además de ser el móvil de la obra en sí. Para David y Donato, la violencia, la resistencia, y el desafío a la figura paternal forman parte del proceso de maduración de ambos. Y a lo largo del camino hacia la maduración tanto el uno como el otro empiezan a darse cuenta de las complejidades del orden social; reconocen que el mundo está determinado por la ausencia, la falta, la negatividad y, en el caso de Donato, por la continuada castración, indicada por su soledad absoluta. En un plano más amplio, la muerte de las dos figuras paternales demuestra no la heroicidad de la resistencia violenta contra la opresión sino la ineficacia de la violencia en el cambio social. La resistencia que mejor funciona, que consigue algo y que crea las condiciones para el cambio, se presenta como no-violenta y hasta cierto punto como 'feminizada', ejemplificada en parte en Adriana, pero más directamente en Haüy.

La resistencia de Adriana al orden patriarcal, como hemos visto, procede de los sentimientos o de la sensibilidad, igual que la lucha de

David contra Valindin. David comparte aquellos valores y cualidades por los que Adriana se distingue como 'sentimental', y gracias a los cuales Valindin queda redimido. (Como hemos visto, David sostiene que lo que motiva el comportamiento violento de Valindin es su amor por Adriana—idea que ella rechaza—y lejos de ser intrínsecamente malo, el empresario es una víctima de un sistema que transforma el amor en violencia). Lo que triunfa en *El concierto de San Ovidio*, por tanto, es la sensibilidad, la bondad del corazón, contra la rigidez, estupidez y dureza del orden patriarcal. Esto refleja el hecho históricamente atestiguado de que con el avance político de la burguesía se extiende la influencia de la mujer en la vida pública masculina. Es decir, aquellos rasgos supuestamente 'femeninos' tales como la suavidad, la piedad, la ternura, la comprensión, llegan a formar parte del sistema de valores de la nueva clase burguesa cuyos objetivos económicos, después de 1789, se ven reforzados bajo el nuevo orden político. Así que esta nueva clase socialmente reformista, inspirada por su victoria histórica, ahora pone su confianza en la benevolencia humanitaria, la bondad humana y las ideas de Rousseau—toda una ideología que Valindin había rechazado anteriormente. Es aquí donde podemos situar a Valentín Haüy, que representa una nueva versión del paternalismo ilustrado y simboliza lo que podríamos llamar 'la feminización de los valores'. Es decir, Haüy emprende la remodelación de las relaciones de poder. Aunque Adriana adopta la misma perspectiva, no cambia su suerte ni sale emancipada; en su caso, la sensibilidad queda identificada con la mujer pasiva e impotente. El reto al orden patriarcal tradicional procede, pues, del nuevo hombre ilustrado, poderoso porque es hombre.

Filántropo de verdad, fundador de una escuela para los ciegos, amante de las lenguas y de la música, realización del sueño de David y alternativa auténtica al paternalismo explotador de Valindin, Valentín Haüy es el emblema del nuevo orden social burgués, el nuevo hombre culto y sensible, el nuevo sujeto masculino. Su reaparición al final de la obra es importante. Si la obra se hubiera acabado con la muerte de David y la reimposición de las relaciones de poder del antiguo orden, quedaría como una obra totalmente cerrada y pesimista. Es decir, una tragedia a secas. Por esto, Haüy tiene que volver a la escena para reactivar la 'parábola' y reintroducir el elemento de la 'esperanza'; también su reaparición demuestra que, aunque difícil y provisional, existe una salida y que el cambio es posible para los ciegos. El trabajo es duro y lento pero algo se puede conseguir y de hecho se está consiguiendo. Bajo la influencia de los nuevos valores femeninos, Haüy emprende así la remodelación del dominio masculino, a base de la comprensión, la ternura, el rechazo de la agresividad y el trabajo concienzudo y práctico. También representa la consecución práctica de la ambición de David, fundamentada en el poder imparable de la voluntad individual: 'Hay que querer ... Todo es querer' (91), afirma David; 'Yo era un desconocido sin relieve ... Nadie. Pero el hombre más oscuro puede mover montañas si lo quiere' (194), confirma Haüy. Este entusiasmo se basa en la creencia de que es posible cambiar y perfeccionar al hombre y a la sociedad. Pero al mismo tiempo, semejante voluntarismo amenaza con convertir la parábola de la obra en algo peligrosamente optimista. Aquí, hay que recordar que las posibilidades de acción individual y de cambio social son desigualmente distribuidas en la sociedad; dependen de la posición social, y de la clase del individuo y de su acceso relativo al poder. Por tanto, para poder ayudar a los pobres y tratarlos con generosidad y misericordia el bienhechor necesita disponer de unas rentas considerables y de una posición social estable. Haüy encarna estas cualidades y expresa esta importante mezcla de voluntad masculina y virtud femenina.

Pero si Haüy representa una nueva y más aceptable versión del paternalismo de Valindin, sigue siendo todavía un 'patriarca'. Los motivos pueden haberse cambiado pero ¿hasta qué punto han cambiado la estructura patriarcal y las relaciones sociales de dependencia? Por muy buena intención que tenga su filantropía, Haüy no ataca realmente los problemas de la injusticia y de la desigualdad; más bien acaba por allanar las contradicciones y el conflicto social. Su papel podría justificarse muy bien recurriendo a la autoridad de los hechos históricos; está claro que Haüy hizo lo que pudo según las limitaciones de su época y que sería, por tanto, erróneo pedir más. Pero recordemos que *El concierto de San Ovidio* es una obra de teatro, una forma simbólica cuya resolución dramática apunta hacia ciertas posturas ideológicas, posturas que pueden poner en duda o simplemente reforzar las relaciones sociales dramatizadas. Habría que preguntarse si el nuevo paternalismo ilustrado de Haüy es fundamentalmente distinto al de Valindin. A mi parecer, aunque nada tiene que ver con su actuación individual, el nuevo paternalismo de Haüy, fundado en la superación de las desigualdades y diferencias sociales, deja intacta la división básica entre poderosos y desheredados. Esto se ve claramente en la principal figura femenina de la obra, Adriana, que pierde todo. Pierde a David, rechaza a Donato y le son negados los bienes de Valindin. Puede volver a las ferias y en teoría ganar su independencia, pero para sobrevivir es muy probable que tenga que volver a ejercer su antiguo oficio. Es decir, si en Haüy se ve una cierta mezcla de valores—la adopción de la moderación femenina combinada con la afirmación masculina—en Adriana vemos la continuación de su subordinación y una vuelta al status quo. En términos más generales, en sociedades basadas en la propiedad privada y las divisiones de clase, la reivindicación de un paternalismo generoso y la creencia en la voluntad individual apenas responden adecuadamente a los conflictos y contradicciones sociales. Si en la figura de Haüy Buero propone la reconciliación y un tipo de progreso (planteamiento comprensible en los tempranos años 60), ¿hasta qué punto implica también un deseo de reconciliación con las diferencias reales que nos separan? Haüy es reformista, gradualista, cree en el cambio social lento y progresivo; rechaza las soluciones violentas y revolucionarias porque ha visto con sus propios ojos los errores y el daño causados por tales cambios radicales. Esta es una postura razonable y honrada. Pero, ¿no es también una ligera mistificación de unas relaciones de poder que, al fin y al cabo, quedan intocadas? Al final de la obra de Buero, Haüy es el instrumento de la resolución. El simboliza la reconciliación y confirma la marcha del progreso. De esta forma, el público tiene la prueba de que algo se puede hacer, pero también, si Haüy se está ocupando del problema, ¿no queda eximido el público de sentirse responsable? En otras palabras, la aparición de Haüy ¿motiva o desmotiva al público a reflexionar sobre su responsabilidad? Si los problemas de la ceguera, la opresión y la identidad individuales están en buenas manos, las de Haüy, ¿por qué preocuparse?

Me parece que Buero es consciente de estos problemas porque la obra no se cierra con una resolución fácil y superficial que simplemente refuerza la perspectiva condicionalmente optimista de Haüy. Si Haüy representa una resolución históricamente atestiguada y su vocación nace de su asistencia al concierto, todavía está muy preocupado por la muerte de David. Este es el elemento dramático y problemático que mantiene relativamente abierta la obra y que vuelve a plantear al público la cuestión de la responsabilidad, la cual no se puede ignorar. Es decir, al mencionar la muerte de David, Haüy vuelve a abrir la dimensión social de la obra, que su propia actuación como filántropo y su propia presencia como resolución dramática amenazaban con cerrar. ¿Quién acepta la responsabilidad de la muerte de David? se pregunta Haüy. En parte, esto se soluciona dentro de la obra misma. Es decir, le toca a Donato cargar con esta responsabilidad, la cual se materializa en el adagio de Corelli que le enseñó David, pieza que simboliza la culpabilidad y la soledad del 'hijo pródigo' y traidor. Entonces, por medio de la música, Donato expresa y expía su responsabilidad por esta muerte inútil. Ahora bien, como respuesta a la muerte de David, la idea de la música puede parecer altamente ambigua e insustancial y por tanto demasiado insatisfactoria para simbolizar la tragedia. Al mismo tiempo, sin embargo, es la música la que subyace en los distintos proyectos de Valindin, David, Adriana, los ciegos y Haüy, y que de alguna forma constituye el medio por el cual todos estos personajes han intentado realizarse, la mayoría sin éxito, en una sociedad opresora y dividida. Nos ofrece así un símbolo poderoso de las ambiciones incumplidas y de la muerte, y sirve para replantear al público preguntas acerca de la responsabilidad individual, de la culpabilidad y de las relaciones sociales opresoras que, como demuestra el ejemplo de Haüy, pueden mejorarse si no transformarse.

NOTAS

1 Ver Sheelagh Ellwood, 'The Working Class under the Franco regime' en *Spain in Crisis. The Evolution and Decline of the Franco Regime*, P. Preston, ed., (Brighton: 1976), 157–82.

2 Antonio Buero Vallejo, *El concierto de San Ovidio. El tragaluz*, ed. Ricardo Doménech (Madrid: 1972), 53 y 42. Todas las referencias aquí mencionadas son tomadas de esta edición.

3 Joaquín Verdú del Gregorio, *La luz y la oscuridad en el teatro de Buero Vallejo* (Barcelona: 1977), 103–23; ver el capítulo relevante en Luis Iglesias Feijoo, *La trayectoria dramática de Antonio Buero Vallejo* (Santiago de Compostela: 1982) y también en el ya clásico libro de Doménech, *El teatro de Buero Vallejo: una meditación española* (Madrid: 1973).

4 Ver Michel Foucault, *Power/Knowledge*, ed. Colin Gordon (Brighton: 1982) y 'Preface to Transgression', publicado originariamente en *Critique* (1963), 195–96, 75–89, y reimpreso en *Language, Counter-Memory, Practice*, ed. F. Bouchard y S. Simon (Oxford: 1977), 29–52.

5 Ver Rosalind Coward, *Patriarchal Precedents: Sexuality and Social Relations* (London: 1983).

6 Coward, *op. cit.*, 268.

Buero Vallejo y el tema de la violencia

JOHN LYON

Buero Vallejo se ha resistido siempre a tomar posturas explícitamente políticas en su teatro. En el tratamiento de los conflictos que subyacen en su obra, sean 'activos' contra 'contemplativos', verdugos contra víctimas, o tradicionalistas contra liberales en su teatro histórico, siempre se ha pronunciado a favor de la reconciliación y en contra de la polarización. La única postura humana que quizá le merezca una condena inequívoca es el egoísmo. No sólo se ha negado a poner su teatro al servicio de actitudes comprometidas, sino que, en general, ha preferido apartarse del terreno social y político para concentrarse en los temas trágicos y morales. Esta predilección por los temas más ampliamente humanos se ha interpretado a veces como miedo al compromiso político e incluso como un deseo de pactar con el régimen franquista. Lo que se ha venido llamando su actitud 'posibilista' le ha ganado pocas amistades entre gente de la izquierda en España.

No cabe duda de que Buero ha tenido ideas políticas bien definidas ni de que ha vivido la guerra de manera muy personal. Militó en el bando republicano, era del Partido Comunista de España, fue condenado a muerte 'por adhesión a la rebelión', sentencia que luego se conmutó, y estuvo seis años en la cárcel. Por otro lado, en la oleada de detenciones que se produjo al principio de la guerra, su padre murió a manos de los mismos republicanos.[1] Estas vivencias paradójicas quizá hayan contribuido a formar su actitud equilibrada ante todo conflicto humano y, concretamente, ante un tema que el mismo autor ha calificado de 'problema fundamental' en su teatro: el de la violencia.[2] Así describe su primera reacción a la muerte de su padre:

> ... ante estos terribles aspectos de la catástrofe, cabe plantearse dos posturas: o rompo la baraja y no estoy con nadie o, a pesar de todo, estoy en algún frente, aunque no puedo negarme a mí mismo que este frente presenta también aspectos muy siniestros

> y negativos. Yo entendí, desde mi primera juventud, que lo que no se podía hacer era romper la baraja.[3]

En otra entrevista declara que 'cuando se han vivido de verdad esas cosas [la guerra civil], uno tiene inevitablemente que plantearse, probablemente como un tema nunca resuelto ..., el tema de los límites de la violencia'.[4] Estas vivencias, pues, lejos de radicalizar sus convicciones ideológicas, le llevan a un cierto escepticismo ante todas las ideologías, al menos como justificación de actos de violencia y crueldad. El problema de la violencia surge de forma explícita en *La Fundación*, obra a que se refiere la última cita, pero es un tema que le viene preocupando a Buero, bajo distintas modalidades (psicológica, histórica, moral) a lo largo de todo su teatro anterior. En este trabajo mi propósito es hacer una síntesis del desarrollo de este tema hasta el ocaso de la época franquista y sugerir la posibilidad de que un estudio de la violencia pueda iluminar, en cierta medida, los aspectos positivos de su postura posibilista.

La primeras manifestaciones del tema hacen alusión a la violencia autoritaria, la represión inherente a las actitudes tradicionalistas, la violencia cometida en defensa de un orden establecido. *Las palabras en la arena* (1949), por ejemplo, presenta una contraposición entre la ética judaica de la venganza y del castigo por un lado y la moral cristiana del perdón por otro. Los personajes que se reúnen para juzgar a la mujer adúltera representan una alianza militar-religiosa que impone a rajatabla la ética del ojo por ojo y diente por diente. A través de ellos y de los personajes secundarios, se adivina una sociedad fragmentada por prejuicios de casta y dominada por el miedo. Al anónimo Rabí (la figura de Cristo) que, sin aparecer en escena, interviene para salvar a la mujer, se le considera como un peligro para la sociedad con su doctrina del perdón ('perdonando no puede haber familia, ni mujer segura, ni hijos obedientes, ni estado, ¡ni nada!'). Asaf encarna la ética militarista del orden, la disciplina y la obediencia que confunde la intransigencia con la fuerza y el perdón con la debilidad. La moral intransigente, el espíritu inquisitorial, el miedo y la fragmentación social hacen trascender esta obra de su marco judaico-romano y la relacionan tanto con la España de las obras históricas (por ejemplo, *Las Meninas*) como con la sociedad española de los años cuarenta y cincuenta. Hace pensar en una España de la leyenda negra, de un tradicionalismo aplastante, que arrastra su moral de hierro desde los tiempos imperiales hasta la época de Franco.

El mismo espíritu inflexible y vengador de Asaf, entreverado de cautela y astucia, se ve desarrollado en el personaje de Ulises de *La tejedora de sueños* (1952), obra en la que Buero busca la intrahistoria bajo el mito de *La Odisea* de Homero. El mito presenta a Ulises como héroe triunfalista que, tras una larga ausencia, vuelve al lado de su mujer, Penélope, para administrar un castigo ejemplar a los pretendientes que la asedian. Buero le presenta como un cobarde, desconfiado y rencoroso, que lleva a cabo una venganza fríamente calculada. Aunque también le interesan a Buero los motivos personales y la psicología de los personajes, lo que es importante señalar en este contexto es el tradicionalismo de Ulises. Refiriéndose a un artículo sobre *La tejedora de sueños*, el autor escribe:

> ... calificó de tradicionalista y calderoniana a la obra en vista de esta actitud de Ulises. Aunque sea también una especie de razón de estado y no sólo de honor calderoniano la que impulsa a Ulises en mi obra, la definición es aguda, porque en fin de cuentas, ambas cosas responden a una misma actitud rectora y tradicional.[5]

La mezcla de 'razón de estado' y 'honor calderoniano' que configura el carácter de Ulises constituye la perspectiva de una élite rectora que defiende sus intereses con el uso de la violencia. Es una actitud 'rectora y tradicional' que prefiere la guerra al amor, el mando a la compasión, y que emplea la fuerza para imponer su visión de la historia a la posteridad. En *La tejedora de sueños*, Ulises recurre a una matanza despreciable y un castigo despiadado para que prevalezca la 'versión oficial' del mito, que es lo que canta el coro al final. Es difícil no ver en esto una alusión (no por posibilista menos eficaz) a la represión franquista, la cual, como es sabido, justificaba su brutalidad en nombre de los valores tradicionales. El mito de la fiel esposa que se defiende heroicamente del acoso de los pretendientes, mientras sueña con el regreso de su legítimo marido, encaja perfectamente dentro de la ortodoxia católica acerca de la mujer y el matrimonio. En la realidad política, como en la obra, son los vencedores los que escriben la historia.

Pero Buero no considera la violencia como prerrogativa exclusiva de los que ejercen el poder. Puede ocultarse—según vemos en sus obras más primitivas—incluso en los que son sus víctimas. La misma Penélope se comporta de manera bastante ambigua, presa entre el mundo autoritario de Ulises y el espíritu compasivo y contemplativo de Anfino. Sigue apegada a sus hábitos de mando, muestra desdén hacia sus inferiores y maneja a los pretendientes con una astucia digna de Ulises. Como Ulises, tiene amor propio e instintos de venganza. El hecho de rodearse de pretendientes y alargar el proceso de elección ella misma lo reconoce como un acto de venganza contra Helena de Troya.[6] Por debajo del proceso que va transformando su amor propio en amor universal permanecen los instintos violentos del autócrata. Momentos antes de la transformación definitiva producida por la muerte de Anfino, es capaz de gritar '¡Mata! ¡Mátalos!', excitada ante el espectáculo de la matanza de los demás pretendientes.

La disyuntiva entre el castigo y el perdón que subyace en *Las palabras en la arena* y *La tejedora de sueños* se repite en *Hoy es fiesta* (1956), obra que constituye un enlace entre el problema individual de Silverio y Pilar, y la acción colectiva de los vecinos. El ambiente contemporáneo español y las discretas alusiones a la guerra civil le dan al tema una resonancia nacional y política. El sentimiento de culpabilidad que obsesiona a Silverio tiene su origen en un episodio de la guerra: la violación de su mujer, por un soldado anónimo, de la que nació una hija. El deseo de venganza contra el soldado se expresa en un odio reprimido contra la niña y en el descuido intencional que causa su muerte. La acción colectiva de los vecinos contra doña Balbina por su estafa también constituye una venganza, con un trasfondo de resentimiento clasista. La intervención de Silverio, que al final consigue que los vecinos renuncien a la violencia y perdonen a doña Balbina, es un intento de expiar su propia culpa por haberse rendido a sus instintos de venganza. Aquí conviene destacar dos puntos. Primero, a través de Silverio, Buero hace constar que la capacidad para la violencia reside en todos los corazones como instinto latente y no sólo como herencia de casta o de poder. Segundo, el hecho de tomar como punto de partida la violencia de la guerra civil hace que veamos la situación y los personajes con una perspectiva histórica. Buero invita a los espectadores a contemplar la enajenación de los personajes—resentimiento de clase, separación entre unos y otros, evasión hacia el pasado o en fantasías irracionales—como consecuencia de esa lucha fratricida.[7] Esta perspectiva histórica consigue elevar la obra por encima del nivel anecdótico y local de la trama a una parábola de reconciliación nacional.

En *Hoy es fiesta* presenciamos el comienzo de una transición. En parte se nos plantea el problema de la violencia como alternativa moral entre venganza y compasión, igual que en su teatro anterior, pero además se insinúa que estamos ante un proceso histórico. La serie de obras históricas, iniciada en 1958 con *Un soñador para un pueblo*, confirma este cambio de énfasis hacia lo que podría llamarse la trágica dinámica de la violencia y contra-violencia históricas. Goya alude a ella en *El sueño de la razón* (1970) cuando dice: 'Hace muchos siglos alguien tomó a la fuerza lo que no era suyo. A martillazos. Y a aquellos martillazos respondieron otros, y a éstos, otros ... Y así seguimos. Martillo en mano'.[8] Esta sempiterna lucha entre las dos Españas, a la que se refiere aquí, crea su propio ímpetu y sigue formando el fondo histórico de *La detonación* (1977), en la que el encadenamiento de atrocidades entre Carlistas y Cristinos alcanza proporciones alucinantes.

Ya en 1958, esta dialéctica de la violencia queda esbozada, aunque con matices más optimistas, en *Un soñador para un pueblo*. En esta obra Buero desarrolla el tema de la posible unidad nacional mediante la renuncia de la violencia, en un contexto histórico (la España de la Ilustración), enfocando el problema, ya sin matices costumbristas, sobre el enfrentamiento entre el poder y el pueblo. Al pueblo no se le presenta exclusivamente como víctima, ni al poder como verdugo. El pueblo sano, encarnado en el personaje de Fernandita, está fatalmente comprometido con otro pueblo (Bernardo) ignorante, fanático, brutal, que se deja manipular por elementos ambiciosos y un tradicionalismo egoísta. El poder, aunque ilustrado, no está exento de prejuicios absolutistas. Esquilache acaba renunciando a lo que siempre se consideraba como derecho tradicional del patricio: el de imponer su autoridad, incluso con la fuerza, a un pueblo reacio. Sin embargo, para llegar a esta decisión tiene que vencer los instintos autoritarios que anteriormente le habían hecho redactar unas 'medidas decisivas' que, en caso de necesidad, barrerían a las turbas 'a cañonazos'.[9] Al final, enfrentado con la elección de imponer sus reformas, vengarse de sus enemigos, desencadenar una guerra o retirarse del poder, elige esto último. En el fondo, nos viene a decir el autor, la violencia histórica sólo puede combatirse triunfando sobre el egoísmo propio.

Ya entrado en el campo histórico, Buero no llega a la conclusión de que toda violencia, sean cuales fueren sus motivos y consecuencias, sea intrínsecamente mala. Dada la necesidad del cambio histórico y, por lo tanto, lo insoslayable de la violencia histórica, reconoce que la violencia, en determinadas circunstancias, puede tener una justificación moral en el proceso del cambio social. Dice en una conferencia de agosto de 1977:

> La experiencia nos ha demostrado que en ciertas ocasiones históricas no hubo otro modo de dar un paso adelante, de lograr una mejora de las estructuras sociales, que el de la violencia, y ello por el hecho muy conocido y obvio de que las clases y poderes dominantes en una sociedad determinada se resisten a ser licenciadas cuando la historia, de hecho, las ha licenciado ya.

Más adelante nos advierte que aun estas convulsiones necesarias de la historia a veces van acompañadas de atrocidades y se convierten en semilleros de crímenes. Cita como ejemplo la Revolución francesa:

> ... fue enormemente violenta, y ahora sí quiero decir cruel. Tan cruel que incluso *el terror*—pues así lo llamaron ellos mismos—fue considerado como una medida ineludible para salvar la revolución. Los posteriores resultados de ésta fueron buenos y también malos: se engendraron nuevas tiranías—la napoleónica entre ellas—que corroboraban un tanto la idea de que la violencia siempre origina violencia. Pero, no obstante, aquella tremenda convulsión fue mucho más positiva que negativa si la consideramos en su conjunto.[10]

Esta alusión a la Revolución francesa trae a la memoria la que hace Valentín Haüy en el epílogo de *El concierto de San Ovidio* (1962). El 'tiempo de hambre y ferias' reflejado en esta obra se presenta como preludio de la Revolución, y el argumento del dueño de una barraca de feria que explota a un grupo de músicos ciegos recoge una gama de actitudes que ya anunciaban la tormenta que se avecinaba. La ambivalencia de la actitud de Buero ante la Revolución queda reflejada en su postura frente al acto de violencia en el que culmina la obra: el asesinato de Valindin. Pese a la evidente provocación y justificación que pueda tener, este acto de David no carece de matices negativos.

No hace falta insistir en la justicia poética de la muerte de Valindin. Su explotación de los pobres y desvalidos era, para ellos, una violencia constante, una muerte lenta. Como comenta Adriana en una ocasión, 'Él nos mataba poco a poco'. Era responsable de la muerte del hijo de Bernier allá en su pueblo. Pero, ¿hasta qué punto fue necesario el asesinato de Valindin? Iglesias Feijoo mantiene que David no tiene otra salida, ya que Valindin le piensa encerrar de por vida con una 'carta secreta', y afirma que la oferta de éste de rescindir el contrato es una mentira.[11] Sin embargo, esta oferta se hace cuando Valindin es totalmente dueño de la situación y no tiene la menor necesidad ni de mentir ni de hacer concesiones. Además, no es seguro que su mención de 'una carta de garantía' sea una referencia a la 'carta secreta'. El caso es que Buero no quiere presentarle al espectador una situación ya resuelta, sino algo contradictorio, conflictivo, que refleje los auténticos problemas éticos que rodean esta cuestión de la 'violencia justificada'. Buero nos retrata a un protagonista algo ambiguo. Al lado del soñador e idealista, nos representa a un individuo orgulloso, desconfiado, encerrado en un resentimiento hermético, capaz de la incomprensión y de la violencia. En dos ocasiones golpea a sus compañeros, Donato y Elías, con el garrote. En otra ocasión, parece que está dispuesto a abandonar a sus amigos para entrar en la Opera Cómica del señor Lefranc, así poniendo en entredicho la índole colectiva de su sueño de una orquesta de ciegos. El asesinato de Valindin es un acto perfectamente consciente y fríamente calculado que tiene un fuerte sabor a venganza.[12] Más debe al orgullo herido, por la humillación que David acaba de sufrir a manos de Valindin, que a un ideal colectivo. Cuando David se enfrenta con Valindin en la oscuridad, ha renunciado a sus sueños y ha adoptado la visión del mundo de su adversario, un mundo de verdugos y víctimas en el que uno tiene que comer o dejarse comer:

> Soñaba con la música, y que amaba a una mujer a quien ni siquiera conozco ... Y también soñé que nadie me causaría ningún mal, ni yo a nadie ... ¡Qué iluso! ¿Verdad? Atreverse a soñar tales cosas en un mundo donde nos pueden matar de hambre, o convertirnos en peleles de circo, o golpearnos ... O encerrarnos para toda la vida con una carta secreta.[13]

Por muy justificado que esté, la víctima se ha convertido en verdugo. El mismo David lo reconoce cuando le dice a Adriana: '¡Yo quería ser músico! ¡Y no era más que un asesino!' (118)

En *El concierto de San Ovidio*, las fuerzas de represión son una mezcla de la aristocracia del *ancien régime* y una pequeña burguesía advenediza que remeda a los de arriba y explota a los de abajo. Al negociante Valindin no se le pinta como un monstruo sin entrañas, sino como un hombre de su época que justifica su conducta con tópicos comerciales. Su aparición señala una importante metamorfosis en la figura del opresor en el teatro de Buero y coincide con el capitalismo en ciernes de la España del desarrollo. Es una figura que había de tener sucesión—Vicente en *El tragaluz* y, más recientemente, Javier en *Música cercana*.[14] Estos personajes representan el nuevo poder económico que va desde los comienzos del capitalismo hasta la sociedad de consumo y el monetarismo.

Sin embargo, antes de seguir esta línea, Buero decide abordar el tema de la violencia en su forma más descarnada: la tortura física. En *La doble historia del doctor Valmy* (escrita en 1964) estamos otra vez frente a la violencia institucionalizada, pero con un enfoque distinto al de las obras anteriores. No se presenta una disyuntiva moral entre la venganza y el perdón, ni se nos plantea el problema de la necesidad de determinados actos de violencia dentro del proceso social. Desde el punto de vista moral, la tortura queda irremisiblemente condenada. Lo que le interesa al autor es la relación entre la tortura y la sociedad en general. Buero trata de aclarar la oculta complicidad que existe entre el mundo secreto de los torturadores y la 'normalidad' de la sociedad burguesa.

Los que practican la tortura lo hacen en nombre de un orden moral en el que necesitan creer para justificar sus métodos. Y ese orden es producto de toda una sociedad, incluso de los que sólo disfrutamos de sus comodidades. A través del Señor y la Señora que se dirigen directamente al público, Buero implica la responsabilidad de los que por miedo, por indiferencia o simplemente por comodidad, deciden ignorar el mundo en que viven. Al quitarle importancia al relato del doctor, son responsables de hacer perdurar un sistema que degrada los valores que ellos mismos defienden. Al final se revela que los espectadores representamos los enfermos del sanatorio con quienes hablan, quedando así implicado el público. Fuera de los escenarios, Buero Vallejo ha confirmado esa responsabilidad colectiva por la violencia estatal. Hablando de la pena de muerte ha declarado que: 'Todos, yo mismo, somos todavía posibles torturadores y verdugos, si pertenecemos a una sociedad que lo es',[15] y, acerca de la violencia histórica, 'bien de modo directo, o bien de modo indirecto y por forzosa solidaridad, todos estamos en el crimen'.[16]

Esta complicidad en el crimen Buero la atribuye, en gran medida, al miedo. Es el miedo lo que le retiene a Daniel en su 'trabajo' de torturador, aun después de ver claro en su situación. Todos, incluso el comisario Paulus, están atrapados dentro del engranaje del poder en el cual cada individuo tiene que cumplir con lo que le imponen desde arriba. Paulus, al igual que Valindin, declara que estamos en la selva, que hay que devorar para no ser devorado y que es precisamente el miedo a ser devorado lo que nos hace devorar. Es el miedo de verse convertido en víctima lo que hace que un policía se comporte como verdugo, o, en la terminología de Paulus, lo que le hace cumplir con el debido celo. Asimismo, es la complicidad del miedo por parte de la mayoría lo que perpetúa la violencia por parte de la minoría.

Si todos estamos en el crimen, ¿en qué consiste la salvación para el individuo? He aquí la problemática que le preocupa a Buero en *La doble historia del doctor Valmy* y en algunas obras posteriores. Una de las soluciones que se exploran es la posible superación de la disyuntiva verdugo-víctima en la manera de concebir el mundo. La culpabilidad de Daniel le hace identificarse con su víctima de varios modos subconscientes (sobre todo su impotencia sexual) y, al final, elige morir como víctima cuando avanza hacia la pistola con la que le encañona su mujer. Mary también acaba siendo víctima en los sótanos de la Sección Política, después de pasar la vida como una sonámbula inconsciente. Pero no son éstas decisiones del todo conscientes. *El tragaluz* (1967) y *La Fundación* (1974) presentan personajes que, ya con más conciencia de su responsabilidad colectiva, eligen *positivamente* vivir como víctimas para no caer en la tentación de transformarse en verdugos o explotadores.

Apartándose del terreno político, *El tragaluz* desarrolla el tema del fondo de agresión que subyace en el espíritu oportunista, reflejo del clima económico de finales de los sesenta. En esta obra la oposición verdugo-víctima viene a confundirse con lo que Ricardo Doménech ha bautizado como el conflicto entre 'activos' y 'contemplativos',[17] tema iniciado en su obra primitiva *Aventura en lo gris* y continuado en *Un soñador para un pueblo*. En estas obras el conflicto entre soñadores y políticos arribistas plantea una alternativa moral muy definida entre altruísmo y egoísmo. Sin la levadura del ideal, la eficacia y el racionalismo degeneran en egoísmo, crimen y violencia. En *El tragaluz* Buero acorta las distancias morales entre los protagonistas. Nos da un 'activo' que tiene conciencia y un 'contemplativo' que tiene su poquito de egoísmo. Entre Vicente y Mario se desarrolla una situación que recuerda el clásico debate noventayochista entre la acción y la reflexión.[18] La falta de voluntad y pasividad de éste se contrasta con la falta de humanidad y egoísmo de aquél, pero la distinción entre verdugo y víctima empieza a borrarse, ya que ambos son verdugo y víctima a la vez y cada uno carga con su parte de culpa. La táctica de la pasividad que emplea Mario para superar la disyuntiva entre 'devorar' o 'ser devorado' resulta un fracaso. A pesar de su intento de 'no devorar', de mantenerse al margen, tiene que reconocer su participación efectiva en la muerte de su hermano (107).

A diferencia de los soñadores de obras anteriores, Mario no sueña con utopías. Esto no quiere decir, sin embargo, que el autor haya perdido su fe en las utopías, ya que la historia se relata desde el punto de vista de una futura conciencia histórica que está en vías de superar el egoísmo y los conflictos humanos. Los Investigadores ya han dejado muy atrás un tiempo en el que 'el mundo estaba lleno de injusticia, guerras y miedo' (105). Nos revelan que esta evolución colectiva se ha alcanzado gracias al hecho de haber reconocido la importancia infinita del caso singular. En la acción principal, Mario y El Padre, con su obsesiva pregunta de '¿Quién es ése?', vislumbran de modo muy imperfecto esta nueva sensibilidad. La nueva moral que nos enseñan los Investigadores desconfía de las abstracciones que tienden a deshumanizar y separar la humanidad. Ateniéndose a la compasión por cada individuo concreto, apunta hacia una solidaridad colectiva que funde el pasado con el presente, los culpables con los inocentes, los verdugos con las víctimas:

> Nos sabemos ya solidarios, no sólo de quienes viven, sino del pasado entero. Inocentes con quienes lo fueron; culpables con quienes lo fueron. (88)

Mientras tanto, en el mundo actual la represión y las injusticias siguen en pie. Ya hemos visto cómo Buero, al principio de su carrera teatral, se concentra en la violencia autoritaria. En *La Fundación* (1974), su última obra de la época franquista, aborda la problemática de la violencia a veces imprescindible en la transformación de un orden establecido, lo que viene a ser, en esta 'fábula', una síntesis de un régimen político y un orden moral y económico que se nos impone casi como una alucinación colectiva. En una entrevista con José Monleón después del estreno, explica que su postura no debe confundirse con el credo de la no-violencia:

> Entonces el debate no es tanto acerca de la violencia o la no-violencia, como un debate acerca de si la táctica imprescindible para una transformación, incluso revolucionaria, del mundo, es una táctica que puede abundar en la violencia gratuita, en cuyo caso es crueldad, o vigilar, con cuidadoso método, los límites de la violencia.[19]

Para Buero, la respuesta adecuada a la opresión injusta no está en la resistencia pasiva, sino en la acción controlada y en la distinción entre la violencia necesaria y la crueldad gratuita. La filosofía de Asel en *La Fundación* constituye, pues, un rechazo de la actitud pasiva de Mario en *El tragaluz*. 'Duda cuanto quieras', aconseja a Tomás, 'pero no dejes de actuar'. En otro lugar, Buero ha criticado a los de sus compatriotas que, al estallar la guerra, prefirieron refugiarse en el extranjero a 'mancharse las manos' en su propio país.[20]

La idea de que todos somos víctimas o verdugos según las circunstancias permanece en el fondo de su pensamiento. En *La Fundación* añade que todos somos héroes o delatores, 'leones' o 'ratones', según lo que nos hagan. Asel y, más tarde, Tomás se muestran totalmente conscientes del peligro de pasar imperceptiblemente del papel de víctima al de verdugo, y confiesa aquél que le da alegría terminar su vida como víctima. Para él, el problema de la violencia es una lucha contra uno mismo, la peor lucha, ya que supone reconocerse capaz de todo lo que hace el 'enemigo'. El ciclo interminable de violencia, la revolución que engendra la tiranía que vuelve a engendrar la revolución, sólo se puede romper dentro de la conciencia individual, en lucha con la fiera que habita en todos.

Buero afirma que esta consideración nos obliga a conjugar la necesidad de actuar con la de la comprensión y la solidaridad. Hasta en la situación extrema que nos describe en *La Fundación*—cinco hombres condenados a muerte por lo que suponemos actos de resistencia política—Buero se declara a favor de la reconciliación humanitaria y en contra de la polarización ideológica. Luis Iglesias Feijoo cita una de sus declaraciones en la que el autor, hablando de su propia experiencia en la cárcel, condena la esterilidad de la intransigencia política:

> ¡Cuán importante era, en presidio, que algún guardián se mostrase más humano que los otros y suavizara aprietos de otro modo terribles! Los partidarios de la dureza que aclara y radicaliza, supuestamente, a compañeros y a enemigos, no saben que abogan por un catastrofismo estéril.[21]

El caso es mejorar el mundo reduciendo la cantidad de opresión y sufrimiento, y no imponer una ideología. Es un error, según Buero, equiparar la revolución con el extremismo. La última lección que el dramaturgo nos propone desde *La Fundación* 'no es la de que no haya que hacer revoluciones, sino la de que las revoluciones que se hayan de hacer tienen que asumir una muy fría consideración de los excesos en que pueden incurrir, pues esos excesos sí pueden destruir la obra revolucionaria a la larga, aunque nos parezca que, a la corta, la consolidan'.[22] Evidentemente, Buero ve más posibilidades de romper la cadena de violencia entre los que luchan por realizar un cambio en la sociedad que entre los que defienden un poder establecido.

En *La Fundación* asistimos a un debate acerca de los medios revolucionarios entre la postura apasionada y combativa de Lino y la actitud 'posibilista' de Asel. A primera vista, parece que Buero se pone de parte del segundo y en contra del primero, y su actitud negativa ante el asesinato de Max cometido por Lino no deja lugar a dudas. No obstante, al final se reconoce la necesidad de la pasión de Lino para promover la acción, igual que el pensamiento de Asel (heredado por Tomás) por asegurar la eficacia de esa acción. El autor no nos invita a elegir entre las dos posturas, sino a combinarlas:

> Los dos muchachos juntos, uniendo sus respectivas potencialidades y armonizándolas, podrán dar un paso adelante, quizá definitivo. Separados, no lo conseguirán.[23]

En la lucha contra la represión, el posibilismo de Asel (y también de Buero) admite una violencia necesaria y socialmente eficaz. También propone que las víctimas del poder midan sus fuerzas y calculen con precisión sus actos. En sus consejos habla constantemente de precaución, pragmatismo y astucia. Para anular la opresión y la mentira, reconoce que, a veces, hay que 'mancharse y mentir'.[24] Un ejemplo de esa astucia y mentira necesaria es la que emplea Tomás al explicar la muerte de Max a los guardianes. Este posibilismo no tiene nada que ver con el pacto o la componenda; no está inspirado en el miedo ni en el deseo de quedar bien con las autoridades. Es una advertencia de que, para vencer, no basta con ser apasionado, hay que ser hábil. Si enfocamos la postura posibilista del autor a través de sus obras dramáticas con relación al tema de la violencia, se hace evidente que se trata de una visión positiva de reconciliación y solidaridad, fundada en la esperanza a largo plazo y defendida con honradez contra el radicalismo que perpetúa los conflictos humanos. Al mismo tiempo, como se evidencia en *La Fundación*, se trata de un sueño con los ojos abiertos, un sueño que hay que realizar pensando con la cabeza, ya que, como dice Tomás al final de la obra, 'tenemos el deber de vencer'.

NOTAS

1 Véase la entrevista con José Luis Vicente Mosquete en *Cuadernos El Público*, 13 (abril, 1986), 7–21, sobre todo 8–11.

2 'Una charla de Buero Vallejo', *Estreno*, 5 (1979), 26–29 (26).

3 *Cuadernos El Público, op. cit.*, 10.

4 'Buero: de la repugnante y necesaria violencia a la repugnante e inútil crueldad' (entrevista con José Monleón), *Primer Acto*, 167 (abril, 1974), 4–13 (8).

5 'Comentario' a *La tejedora de sueños* (Madrid: 1952), 99.

6 *La tejedora de sueños, op. cit.*, 45.

7 Se da esta misma temática en muchas novelas de los años cincuenta, por ejemplo, *La colmena*, *El Jarama*, y *Los bravos.*

8 *El sueño de la razón* (Madrid: 1979), 162.

9 *Un soñador para un pueblo* (Madrid: 1981), 181–82.

10 *Estreno, op. cit.*, 27.

11 Luis Iglesias Feijoo, *La trayectoria dramática de Antonio Buero Vallejo* (Santiago de Compostela: 1982), 312.

12 El tema de la venganza se refuerza con la traición que hace Donato a David, al delatar a su amigo por celos.

13 *El concierto de San Ovidio* (Madrid: 1980), 113. Se citará por esta edición, apareciendo las referencias en el texto como número de página.

14 Véase la Introducción de David Johnston a *Música cercana* (Madrid: 1990), 9–47 (21–23).

15 Citado por Iglesias Feijoo, *op. cit.*, 337–38. La fuente original es 'No a la pena de muerte', *PAX*, Barcelona, Suplemento 1 (marzo, 1975), 38.

16 *Estreno, op. cit.*, 27–28.

17 Ricardo Doménech, *El teatro de Buero Vallejo* (Madrid: 1973).

18 Véase el diálogo entre Mario y Vicente en *El tragaluz* (Madrid: 1979), 55–65. Se citará por esta edición y todas las referencias serán incluidas en el texto.

19 *Primer Acto* (1974), 5–6.

20 *Estreno, op. cit.*, 28.

21 Iglesias Feijoo, *op. cit.*, 462. La fuente original es A. Buero Vallejo, 'Lectura de Ramón con Miguel al fondo', prólogo a Ramón de Garciasol, *Segunda selección de mis poemas* (Madrid: 1980), 25.

22 *Estreno, op. cit.*, 27.

23 *Primer Acto*, (1974), 7.

24 *La Fundación* (Madrid: 1980), 220.

Realismo, irrealismo y visión trágica en *Las cartas boca abajo*

JOHN MACKLIN

Las cartas boca abajo[1] es una de las obras menos estudiadas de Antonio Buero Vallejo. Fue estrenada el 5 de noviembre de 1957 en el Teatro Reina Victoria de Madrid y se mantuvo en cartel hasta el 15 de diciembre del mismo año. Según la reseña de Alfredo Marquerie, publicada en *ABC* el día después del estreno, la obra fue recibida 'con enormes aplausos' de parte del público,[2] aunque fue atacada por la mayor parte de la crítica contemporánea por su hondo pesimismo. Sin embargo, *Las cartas boca abajo* obtuvo para Buero el Premio Nacional de Teatro, y la obra fue estrenada en Barcelona el 28 de enero de 1958. La mayoría de los críticos llamados académicos coinciden en considerar *Las cartas boca abajo* como el final y el resumen de la primera etapa de la obra del dramaturgo. Luis Iglesias Feijoo, por ejemplo, señala que 'tanto del punto de vista estructural como en mayor medida el temático, *Las cartas boca abajo* es un resumen casi perfecto de la trayectoria del autor a lo largo de su década inicial. Así, los problemas psicológicos ya abordados en *La tejedora* o *Madrugada*, los enfrentamientos generacionales de *Historia de una escalera*, las disensiones conyugales o más ampliamente familiares de *El terror inmóvil*, *La señal* o *Irene*, el peso de la culpa por un error oculto en el pasado, planteado en *Hoy es fiesta*, todos estos aspectos reaparecen en *Las cartas*'.[3] La idea básica que plantea Buero, la falta de comprensión y confianza entre las personas, está presente ya en el título mismo de la obra, y se explica claramente en dos momentos clave de la acción dramática. El marido, Juan, dice a su mujer a principios del segundo cuadro de la Primera Parte: 'Los dos mantenemos las cartas boca abajo, en vez de enseñarlas' (128). Más tarde, la noche antes del último ejercicio de las oposiciones, dice: 'Quizá esta noche logremos lo que no hemos logrado durante años: poner las cartas boca arriba, confiar el uno en el otro' (167). A partir de esta idea sencilla, Buero construye un drama intenso cuya estructura cerrada refleja el mundo aparentemente sin salida que habitan los protagonistas. Lo trágico de su situación radica en el hecho de que ese mundo es en parte creación de los protagonistas mismos, quienes encarnan varias facetas de la naciente visión trágica del dramaturgo.

Las cartas boca abajo destaca entre las primeras obras del autor por el número reducido de personajes, tan sólo cinco, y por la restricción de los personajes a un solo espacio escénico, el interior de un viejo piso donde transcurre toda la acción, limitada, además, a un tiempo de muy corta duración. La totalidad de la acción, que consiste casi exclusivamente en el diálogo, empieza en el momento del desenlace final de una tragedia cuyas raíces se remontan a un pasado que pesa de una manera abrumadora sobre la vida de los protagonistas, y que se revela y manifiesta a través de los monólogos y diálogos entre ellos. Dada esta insistencia sobre la vida psicológica de los personajes dentro del ámbito familiar y en el contexto de los problemas de una burguesía empobrecida, no es de extrañar que muchos críticos inserten la obra dentro de las convenciones del drama realista y declaren que es la más ibseniana de todas las obras escritas por Buero Vallejo.[4] Sin negar los lazos que unen *Las cartas boca abajo* con la tradición del realismo teatral, quisiera insistir también sobre sus raíces en el realismo español, en la visión galdosiana de las deficiencias e ilusiones de la clase media española. En sus *Novelas españolas contemporáneas*, Galdós analiza el irrealismo de la sociedad española de la Restauración, dando relieve a los efectos perniciosos de la imaginación, como en la parodia de las ficciones románticas en *Tormento*, o bien en su exploración cervantina de las ambigüedades del poder de la imaginación en *La desheredada* y *Misericordia*, demostrando que, aunque la facultad imaginativa revista un irrealismo fundamental, es un instrumento que puede utilizar el individuo para vencer las limitaciones de la realidad. Sin embargo, este esfuerzo conduce inevitablemente al fracaso, y esta visión trágica, cuya encarnación más completa es Maxi Rubín de *Fortunata y Jacinta*, se encuentra repetida en las obras de Buero Vallejo. Por su parte, el dramaturgo hace una crítica acerba de la hipocresía y mala fe de la sociedad española, dominada por un estado burocrático reacio al pleno desarrollo del individuo y generadora de un desencanto general e incluso de una locura colectiva e individual. Una sociedad donde reina el irrealismo crea un cinismo con respecto al comportamiento cívico y arrebata toda autoridad a las instituciones del Estado. Buero sugiere que la sociedad española padece de un hondo vacío espiritual en donde las palabras no corresponden a la realidad, y cuyo símbolo más elocuente es la máscara que llevan todos los personajes. Los que saben sobrevivir se sirven de la astucia o de unas relaciones humanas falsas construidas específicamente para ocultar la realidad. La complicidad del individuo, sin embargo, es necesaria para que estas circunstancias perduren. La interacción de la opresión venida del exterior y de los defectos personales de cobardía y autoengaño engendran la visión trágica de Buero Vallejo en *Las cartas boca abajo*. Esta perspectiva sugiere una interpretación del subtítulo de 'Tragedia española' que da Buero a su obra y que resume su doble fondo de visión trágica y crítica social. Dicha visión, sin embargo, no es totalmente negativa ni denunciadora. Aunque falte la sutil ironía galdosiana, más propia de la novela que del teatro, la visión de Buero es, hasta cierto punto, ambivalente, en tanto que la crítica y la condena van acompañadas de la compasión, la comprensión de las debilidades humanas y la fe en el efecto educador del teatro. Unos años después de escribir *Las cartas boca abajo*, Buero definió su postura de este modo:

> Yo no creo que la falta de soluciones en la tragedia implique precisamente que éstas no existen, y creo por el contrario que en una obra de tendencia trágica es precisamente su amargura entera y sin aparente salida lo que puede y debe provocar, más allá de lo que la letra exprese o se abstenga de decir, la purificación catártica del espectador.[5]

La crítica social se evidencia desde el primer momento en el aspecto físico del escenario, que denota una burguesía que, aunque no muera de hambre, pasa unos apuros económicos considerables. Al mismo tiempo, el desmoronamiento de la casa sugiere metonímicamente el precario estado espiritual y moral de la familia, consiguiendo así una integración de los planos realistas y simbólicos de la pieza. Este procedimiento se mantiene a lo largo de la obra en la medida en que diversos objetos del mundo material—los muebles, el teléfono, la cortina del chaflán, los libros, los pájaros—sirven de correlato objetivo de los estados anímicos de los personajes. Estos personajes, a su vez, se identifican con diferentes elementos del escenario. A un nivel muy básico, Mauro se asocia con la poltrona y el sofá que para él representan el hogar que no tiene, un refugio donde descansar, la seguridad familiar. Las miradas de Adela van dirigidas al balcón o al chaflán, identificados los dos con su pasado. El chaflán es un símbolo unidimensional que resume toda su culpa y todos sus remordimientos y temores. El balcón también representa el pasado, malo por un lado, pero símbolo ambiguo y potencialmente bueno también, que representa el futuro y la posibilidad de una vida mejor. El balcón está siempre asociado con los pájaros, símbolo de la libertad, la felicidad y la plenitud, expresada por la palabra 'volar', que se repite a lo largo de la obra. Carlos Ferrer consiguió volar, subiendo en la escala social; Juanito quiere volar yendo al extranjero; Adela acaba por reconocer que le será imposible volar. Por eso, al final de la obra, a los pájaros se les da otra significación: su canto es en realidad un grito de pánico ante el paso del tiempo y el triste destino de los mortales.

Las cartas boca abajo es un drama de familia, pero de una familia en la que falta la cohesión del núcleo fundamental de una sociedad integrada. La familia, por extensión, puede verse como emblema de una sociedad en crisis, desprovista de valores comunes y construida sobre una base irreal de apariencias y mentiras. El dramaturgo mismo ha afirmado que 'esa obra plantea para mí algo ... muy típico de la "actual" familia española: la falta de lealtad y de sinceridad en las relaciones humanas: el fallo de una sociedad—la familia es una de las expresiones "normales" de una sociedad—fundada en mentiras y mezquindades, que despierta el desvío, el "no" de los hijos'.[6] Las miradas furtivas que se lanzan los personajes por doquier son la manifestación exterior del recelo que les acosa a todos, sobre todo a Adela, así como del aspecto amenazador que revisten para ellos las relaciones humanas. La familia de *Las cartas boca abajo* es el remedo de una sociedad vigilada y suspicaz. Dos aspectos claves del retrato de la sociedad española que pinta Buero Vallejo fortalecen esta interpretación social de la obra. Como contrapunto de las relaciones que existen dentro de la familia, la figura de Mauro se insinúa dentro de un nexo de relaciones existentes en la sociedad, relaciones dudosas e incluso falsas, que sirven para garantizar la supervivencia de unos individuos, aun a un nivel muy básico, entre la escasez y la desigualdad general. Se trata no sólo de una supervivencia física, sino también de una supervivencia a nivel de la identidad personal del individuo. El tema social y el tema psicológico marchan paralelos. Además, el tema de las relaciones está ligado al tema de las oposiciones, lo que crea un juego irónico dentro de la estructura de la obra, aspecto que veremos a continuación. Consideradas desde la perspectiva de lo social, las oposiciones se revelan también como otro aspecto de la contradicción con la realidad de la sociedad española. Ricardo Doménech analiza con mucha perspicacia esta faceta de la obra. Las oposiciones se presentan como una prueba de la vitalidad intelectual del país, implican una fuerte competencia por los cargos públicos, mientras que, en realidad, son una manifestación de su pobreza. Las oposiciones son un mito. Los móviles de los opositores, en la mayoría de los casos, eran y son 'obtener un "puesto seguro" en esta difícil sociedad española, cuya vida intelectual ha transcurrido tan a menudo en un clima inhóspito y, desde luego, inseguro'.[7] La desproporción entre el número de puestos y la cantidad de aspirantes, la naturaleza anticientífica de los ejercicios, juntamente con el favoritismo en las decisiones de los tribunales, conducen directamente a miles de tragedias semejantes a la que sufre Juan en *Las cartas boca abajo*.

Desde una perspectiva social se puede decir, entonces, que la burocracia es uno de los elementos que se oponen a la felicidad del hombre. El ambiente de inseguridad creado por los sucesivos ejercicios a los que Juan se somete y la espera de los resultados hasta la inevitable eliminación es, sin embargo, la forma tangible de una inseguridad más bien existencialista. El deseo de Juan de triunfar en las oposiciones tiene sus raíces en la necesidad de luchar para sobrevivir, pero su motivación más profunda se encuentra en los secretos impulsos de su personalidad, su búsqueda de una identidad que le haga valer a ojos de su mujer y de su hijo. El drama realista encierra también una tragedia existencialista y tiene ciertas semejanzas temáticas con *Huis clos* de Jean-Paul Sartre. Los personajes están encerrados dentro de la cárcel de sus propias emociones, representada por el interior claustrofóbico del piso. Están desprovistos de capacidad para alcanzar mundos ajenos, igualmente representados por el timbre y el teléfono, cuyos sonidos marcan la intromisión del mundo exterior en el mundo interior. Se puede observar, de paso, que los pocos intentos de comunicar con el mundo exterior fracasan. La palabra más insistentemente utilizada por varios de los personajes es 'volar'. Ello expresa su deseada huida al exterior y, como ya vimos, es el sentido del símbolo de los pájaros. Juanito dice de su casa que 'Aquí me ahogo'(115) y anhela escaparse a otro país, ayudado por una beca que le permitiría viajar hospedándose en los albergues juveniles. El motivo interior/exterior se mantiene a lo largo de la obra dentro de un esquema de oposiciones binarias que cristalizan las alternativas presentadas ante los diferentes personajes. Dentro de los confines de la casa los personajes participan en una lucha feroz entre el yo y el otro, porque la identidad de cada cual está involucrada en la realidad del otro. La inseguridad que invade toda la obra es, por lo tanto, social y existencial. Es decir, en *Las cartas boca abajo*, como en cualquier obra de Buero, los problemas que acosan a la colectividad están firmemente arraigados en el retrato del individuo y su dilema trágico. Buero Vallejo siempre insiste en que 'lo social nos interesa por cómo repercute en seres concretos de carne y hueso'.[8] En esta obra se puede afirmar que la tragedia, tanto en su dimensión individual como en su dimensión colectiva, es la tragedia de la inautenticidad. El tema de la ilusión une a los principales personajes otorgando a la obra una unidad estructural.

Las cartas boca abajo está estructurada sobre una serie de analogías entre los diversos personajes. El tema de la ilusión está representado sobre todo en la figura de Mauro. Vive en un mundo totalmente irreal, habiendo creado una red de relaciones ficticias en la política y el comercio. Cuando aparece en escena aparenta una actividad interminable, dando la impresión de que le buscan por todas partes. Intenta hacer unas llamadas telefónicas, pero nunca consigue hablar con nadie. Estas llamadas le humillan, porque se muestra servil en cada ocasión. Mauro es un personaje cómico que no engaña a nadie. Su hermana lo tolera, su cuñado se irrita sólo con verle, y su sobrino lo desprecia, pero Mauro mantiene su papel porque no le queda más remedio. Vivir de las ilusiones es lo único que tiene para soportar la realidad de su situación. Son un tipo de compensación psicológica, así como el producto de la pobreza de su realidad social. Su comportamiento tiene un antecedente en los personajes de *Misericordia*, quienes se construyen mundos ilusorios como refugio de una realidad insoportable. Su locura es una defensa contra las injusticias de una sociedad a la cual les es imposible adaptarse. Al mismo tiempo, la conducta de Mauro ofrece un comentario sobre la estructura social española: las falsas cortesías, las apariencias sociales, las jerarquías políticas. Se nota, por ejemplo, la peculiar resonancia que tienen las palabras 'Ministerio' y 'Tribunal' con sus asociaciones de autoridad, poder y prestigio. Es una sociedad donde la identidad depende exclusivamente del puesto y del rango social, y el individuo que se esfuerza por crearse una identidad basada en sus propios valores está inevitablemente marginado. Cuando vemos la humillación de Mauro, que sacrifica diariamente su autenticidad, comprendemos las referencias al 'orgullo' y a la 'limpieza' de Juan, que no quiere vivir de recomendaciones. Pero lo más importante es que lo que queda patente en el caso de Mauro, el hecho de que viva una vida totalmente irreal, sirve como analogía de las vidas de los otros protagonistas, en una obra que plantea la cuestión de la posibilidad de vivir en tal sociedad sin aceptar su fundamental irrealidad. A todos los niveles existe un contraste entre el ser y el parecer, una lucha constante entre la realidad y su falsificación, que está presente desde la primera escena. Mauro insiste en la importancia de imponer el mundo interior sobre el mundo exterior: 'Cuando una cosa nos parece excelente, es que es excelente' (106).

Nada más empezar la obra se nota un desasosiego, una inseguridad. Los personajes echan constantemente miradas furtivas por el escenario. En el primer diálogo entre Adela y Juan se observa el evidente esfuerzo del marido por comunicarse con su esposa y la falta de entusiasmo por parte de ella: frases cortas, ausencia de cariño, aparente apoyo, pero desprovisto de convicción. Es un matrimonio sin vitalidad, y al parecer sin amor. De aquí la especial ironía de la frase 'nada esencial nos falta' (101), que es, en muchos aspectos, la frase más irónica de toda la pieza. Lo que les falta precisamente es lo más esencial, pero se empeñan en negarlo, y en esto reside su tragedia. La verdad es para ellos tan penosa que lo más lógico es expulsarla, reprimirla lo más posible. Pero la represión en este caso es algo terrible y sus consecuencias son trágicas. Una de las palabras más insistentes en *Las cartas boca abajo* es 'nervios'. Adela vive de sus nervios, se refiere constantemente a la nerviosidad de Juan, compara la tranquilidad de Anita a la ansiedad que ella siente, sus movimientos inquietos y miradas furtivas delatan su constante desasosiego. La obra empieza precisamente en el momento en que esta falsa tranquilidad, esta precaria estabilidad, está a punto de romperse. Se insinúan paulatinamente referencias al pasado: su juventud fue 'una hermosa época' (106), Juan pertenece a otros tiempos, Adela fue novia de Carlos Ferrer. 'Esto empezó ya hace mucho tiempo' (114) podría ser el epígrafe de toda la obra. Como en tantas obras de Buero Vallejo, surge el tema de la nostalgia del pasado, que la llegada de Juanito relaciona con el conflicto de las generaciones. El deseo del hijo de irse al extranjero es otro aspecto del conflicto interior/exterior, sólo que esta vez se manifiesta a nivel nacional, con el reconocimiento de lo atrasado que anda el país y de las limitaciones que impone dicho atraso al desarrollo individual. Juanito se siente enajenado de su familia y de su nación. Los padres representan otra generación, la de los fracasados. Sin embargo, como observa Mauro más tarde, el idealismo es propio de los jóvenes, pero 'es difícil no terminar por ensuciarse' (161). El padre reconoce el egoísmo de su hijo, pero la palabra 'egoísta' puede aplicarse en otro sentido a todos los personajes: sólo ven su propio mundo. Incluso el padre piensa sólo en sí mismo, en su ambición y las necesidades del momento. Puede disfrazar sus deseos de mejorar la situación de su familia, pero son, en el fondo, deseos personales. Las últimas palabras de Adela en esta escena explican su estado actual, la decepción que llevan los años: 'Los años pasan y noto que todo me va aplastando ... sin que yo pueda hacer nada, ¡nada! para evitarlo. Quizá sea una ley general y haya que aprender a resignarse. ¡Pero yo no sé resignarme!'. Se ha efectuado un cambio total en su personalidad: 'Yo era una muchacha llena de ímpetu, de alegría ... Me he convertido en una mujer triste, cansada y temerosa' (123). La implicación es que el hijo lleva en potencia la misma desilusión de los padres. El símbolo de los pájaros, tan importante para Adela, domina los momentos finales de la escena y representa la esperanza incumplida. La totalidad del aislamiento de Adela se subraya con la conversión de su diálogo en monólogo, ya que su interlocutor, Mauro, ha vuelto a dormirse. Adela permanece encerrada en su ensueño, pero la presencia de Anita establece un nexo entre la infelicidad actual, la esperanza pasada, y el futuro vacío. Lo que se presentaba como un drama de una familia burguesa normal, se convierte en el drama de una sociedad entera. La primera escena se ha desarrollado a base de los deseos y conflictos de los diferentes personajes que se han asociado con diferentes esferas sociales. Juan representa el mundo de la educación, de la universidad y de las oposiciones, de las aspiraciones de la baja clase media. Mauro representa el mundo de las relaciones, el tráfico de influencias, tratos sospechosos, la dependencia; Carlos Ferrer representa el prestigio y la independencia del intelectual establecido; Adela representa la domesticidad y la infelicidad de la mujer madura y casada; Juanito representa las ilusiones de la nueva generación y la impaciencia por el cambio; Anita representa la marginación de la locura. Las tragedias personales se acumulan y abarcan todos los estratos de la sociedad española, pero, fundamentalmente, la visión trágica de Buero emana de los conflictos personales entre los personajes y dentro de ellos mismos, cuya anormalidad contiene la clave de las relaciones irreales, oscuras y pervertidas que caracterizan la sociedad entera.

El tema del irrealismo y del realismo adquiere más relieve a medida que se va desarrollando la acción de la segunda escena. Los diálogos tensos e intensos entre los diferentes miembros de la familia revelan, poco a poco, los secretos oscuros que amargan y envenenan la vida de cada uno de ellos. Las confidencias compartidas entre madre e hijo demuestran su interés especial por Carlos Ferrer, y, en realidad, los tres constituyen un triángulo afectivo y emocional aparte y por encima de la unidad familiar. Todo en esta obra está basado en relaciones falsas o escondidas. A una realidad aparente subyace otra realidad vital. La revelación final viene del monólogo de Adela en presencia de su hermana muda. Lo que une a las dos hermanas es su pasado común con Carlos Ferrer. Este monólogo está construido sobre la oposición acercamiento-distanciamiento expresada en las palabras de Adela, quien quiere que las dos hermanas juntas hagan frente a la verdad: 'llorar juntas', 'vivir juntas', 'nos acercan'; perdimos', 'distanciando'. La presencia muda y constante de Anita es para Adela, como han notado varios críticos, el peso de su conciencia, una presencia que no la deja en paz, omnipresente, que la espía y la atormenta. Anita desempeña el papel de verdugo, y Adela recurre a la metáfora del teatro como explicación de su comportamiento. Anita se pone una serie de máscaras, como indica el vocabulario: 'mamá falsificada', 'disfraz', 'mártir', 'comedia'. Adela no sabe si su hermana ha caído en su mutismo por el daño que ella le hizo robándole el novio, o si lo finge para atormentarla. Dentro del esquema realidad-irrealidad, podemos decir que la neurosis de Anita funciona como defensa contra la realidad, como una negación de sus problemas, pero la convierte en algo positivo, utilizándola como arma para castigar a Adela. Anita es para Adela su vínculo con un pasado que es su angustia. Es el recuerdo de su castigo. Casándose con Juan, para vengarse de Carlos, perdió cualquier esperanza, porque el fracaso de Juan llegó a ser su fracaso también. Este monólogo de Adela revela que su sufrimiento es la consecuencia directa de sus propios actos. Conquistó a Carlos sólo para quitárselo a su hermana, un acto de egoísmo y de recelo nacido de la envidia que la invadía, y se casó con Juan para ajustar las cuentas a un Carlos que la iba abandonando. La tesis de Buero es simplemente que los actos cometidos con motivos egoístas serán castigados dentro del orden moral. Buero nunca deja de insistir en la dimensión moral del teatro. Seis años antes del estreno de *Las cartas boca abajo* había sostenido ya esa tesis: 'La tragedia teatral—la obra de contenido trágico, llámese tragedia o drama por circunstanciales conveniencias—no es tan sólo el género que puede fundar en la escena nuestro más sólido optimismo. Es también el más moral. Con moralidad reveladora naturalmente y no ocultadora'.[9] En el caso de Adela, su deseo de mostrar las cosas en toda su claridad indica un mayor realismo después de tantos años de ilusión y engaño. El tema de la claridad, constante en Buero, se repite aquí, pero hay un contraste fuerte entre Adela y Juan. Los intentos de Adela por sacar a la superficie la verdad que la separa de su hermana también fracasan, provocando las palabras con las que termina la escena: 'Yo ya no veo más ... Yo estoy ciega' (149). Al final de la obra reconoce esa misma incapacidad: 'Nunca logré ver claro', mientras que su marido quiere 'aclarar' todo e insiste en la importancia de 'verlo lo más claro posible' (184–85). En otras palabras, desea que el realismo se sobreponga al irrealismo, que la realidad se imponga sobre la ficción. Notamos aquí un paralelismo interesante en la obra: la negación de Anita con respecto a Adela corresponde a la negación de Adela con respecto a Juan. Ninguna de las dos mujeres está dispuesta a poner las cartas boca arriba, a pesar de las insistencias de los suplicantes. En este esquema, el doble papel de Adela como verdugo y víctima destaca claramente.

La Segunda Parte de la obra explora las implicaciones y consecuencias de esta revelación. La primera ficción es la mentira de Mauro, al fingir que ha hablado con Carlos Ferrer apoyando la candidatura de Juan. Aunque Mauro pueda parecer un personaje repelente, es un producto de la sociedad en que vive, por lo cual se relaciona a sí mismo con el pícaro literario: 'Soy un pícaro, un buscavidas. Pero sólo para ir tirando' (162). En su diálogo con Juanito, se gana la simpatía del chico protestando que vive de su retórica y de su astucia, pero que sus intenciones son nobles. A un nivel casi esperpéntico, refleja los valores de una sociedad vacía y corrompida: 'Un día, lo sé, me llevarán a la cárcel por la estafa de un puñado de duros... Y tú seguirás saludando a gentes que han robado millones. *(Un silencio)*. A veces pienso que yo no he robado tanto... porque, en el fondo, no quería robar tanto' (162–63). Cuando descubren todos que no ha intervenido con Carlos Ferrer, confiesa la verdad. Era otro aspecto de su improvisación diaria. 'Lo necesario para ir resolviendo el problema de cada día' (191). Pero en el fondo no comete ninguna maldad y reconoce lo que él es para los demás: 'Me miro por dentro y no encuentro ni repugnancia siquiera, porque estoy vacío. He sido para ti lo que para todos: un espejo que te devolvía tu reflejo' (191). Es importante reconocer que lo más profundo de la crítica de Buero no va dirigido a Mauro, símbolo de una sociedad hueca cuyo materialismo nace de la pobreza física y de la falta de verdaderos valores espirituales. En las últimas escenas de la obra Mauro es la voz de la perspicacia y de la sabiduría. El es el personaje que ve claramente, no desde su perspectiva individual, sino desde una perspectiva más amplia. Conoce la realidad de los seres humanos, así como la inevitabilidad de la condición humana, y ve el dilema de sus familiares dentro del contexto del sufrimiento individual: 'Todos nos equivocamos... Es fatal' (185). Aquí encontramos al Mauro más serio, mientras que durante toda la obra su palabrería superficial, establecida como irreal, contrasta fuertemente con el silencio profundo de Anita, que conoce la triste realidad de la familia y el secreto de la angustia de Adela. Por eso, Juan puede decir que Anita 'es un tribunal para todos. Y para ti, más que para nadie'. En esta ocasión, la palabra 'tribunal' reviste su verdadero sentido, a diferencia del Tribunal oficial a que se somete Juan. Todos los personajes de la obra se presentan como ante un tribunal para ser juzgados. Dicho juicio puede significar la condena, pero la visión bueriana apela a la comprensión ante las debilidades humanas. El ser humano más débil de la obra es Juan.

Juan es un simple encargado de curso que aspira a ser catedrático. Por un lado, su aspiración es puramente social: ascender socialmente y dar a su familia un nivel de vida mejor. Al principio se nos presenta como un hombre algo excesivo, muy involucrado en sus oposiciones mientras que todo, incluso la mujer y el hijo, está subordinado a sus deseos y necesidades. Adela parece una mujer que le ayuda, que le prepara el café y las comidas, y que se asegura de que haya tranquilidad en la casa para que su marido estudie. Sin embargo, el espectador no tarda en reconocer que, como todo en esta obra, las apariencias engañan. La cara de resignación de la mujer es expresión de un hondo resentimiento, y el deseo de triunfar que tiene el marido no es otra cosa que la manifestación de la falta de satisfacción que siente en su matrimonio, tanto como de su propia inseguridad como persona. La inseguridad es a la vez emocional e intelectual, y ambas facetas se unen en su relación, o falta de relación, con Carlos Ferrer. Se siente disminuido por la estatura intelectual de su antiguo compañero y por el hecho de que él haya sido un antiguo novio de su mujer. Reconoce su inferioridad a través de la incomunicación entre él y su esposa. Lo que más destaca en el carácter de Juan es su orgullo, que se manifiesta en una austera defensa de sus propios principios. Pero el orgullo, que puede ser una virtud, es también un defecto, una especie de rigidez mental, de amor propio. Este orgullo, que impide que gane la cátedra por influencias o recomendaciones, no le deja tampoco reconocer el indudable mérito de su presunto rival. La única acción reprochable que comete en la obra es tratar de leer los libros de Carlos Ferrer sin que nadie lo sepa. Juan también actúa de una manera que traiciona sus propios principios. Al igual que Mauro, pero sin admitirlo, se adapta a sus circunstancias y, cuando llega el momento crítico, transige. Su deseo de sacar la cátedra es tan fuerte que compra los libros de Ferrer, pero no quiere reconocer que se ha servido de ellos. El también trata de engañar, de crear un mundo falso. Acaba por reconocer su error y por admitir que envidiaba a Ferrer, así que al final se redime en sus propios ojos y en los de su hijo. Reconoce igualmente las ambigüedades de la condición humana, y una de las observaciones más profundas de la obra sale de boca de Juan: 'No hablemos de culpas. Todos somos muy inocentes y muy culpables' (189). Esta visión comprensiva del ser humano y de su destino forma una parte integral del concepto bueriano de la tragedia. El sufrimiento es inseparable de la vida, y es causado tanto por circunstancias fuera del control del hombre como por las flaquezas del hombre mismo. Buero quiere compartir la opinión del más despreciable de los personajes de la obra, Adela, quien en los últimos momentos suplica a su hermana Anita que la consuele con las palabras: 'Todos sufrimos por nuestros deseos, y la culpa nunca es clara' (196). Esta visión trágica que motiva *Las cartas boca abajo* quita la impresión de pesimismo total que parece invadir toda la obra.

Una gran parte del impacto de *Las cartas boca abajo* se debe a su condición de drama social, pero ninguna obra de Buero Vallejo se limita a un tiempo específico, ni se justifica como una llamada o grito a la acción política. Su postura queda clara a la luz de sus observaciones en el ensayo sobre la tragedia:

> Si ante una obra de tema social de nuestros días, el espectador sólo experimenta deseos de actuación inmediata y no se plantea—o siente—con renovada viveza el problema del hombre y de su destino, no es una tragedia lo que está viendo.[10]

Buero no quiere demostrar la tesis marxista por la que un cambio en las estructuras políticas y económicas acarreará un cambio en la naturaleza del hombre, dando al traste con la alienación que se opone a la felicidad. Las condiciones sociales pueden intensificar los problemas del hombre y hacer resaltar más vivamente sus debilidades. *Doña Perfecta* es un antecedente obvio de la situación que describe Buero, porque en dicha novela el ambiente de extremismo político hace más violentos e intensos los prejuicios latentes de cada personaje. Las debilidades humanas se convierten en vicios debido a las presiones de una vida social distorsionada. Sin embargo, los hombres mismos contribuyen a su propia tragedia y no hay posibilidad de quitarles la responsabilidad de sus propios actos. Juan le dice a Adela: 'Los dos nos hemos equivocado. Nuestros propios afanes nos destruyeron' (185). A diferencia del realismo social, en boga en la novela de aquellos años, *Las cartas boca abajo* no insiste exclusivamente en el hombre como víctima de la realidad histórica. Buero quiere también responsabilizar al individuo, y niega la existencia de un destino totalmente fuera del control del hombre: 'La tragedia intenta explorar de qué modo las torpezas humanas se disfrazan de destino'. Es evidente que *Las cartas boca abajo* no tiene forma de tragedia clásica, pero es indudablemente una obra de índole trágica.

Que las consecuencias de las acciones de Adela sean trágicas es innegable, porque reúnen en sí los elementos esenciales del sufrimiento, la culpa y la muerte. Aunque en la obra ninguno de los personajes muere en realidad, hay otro tipo de muerte, la muerte de una parte de su ser más íntimo, que les alcanza a todos. Adela lo afirma en presencia de Anita: 'También nosotras estamos muertas. Muertas ya para lo que no sea el horror de mirarnos frente a frente' (195). La estructura de la obra, basada en las relaciones fragmentadas entre los personajes, fortalece su tema central, combinándose los diferentes elementos para ofrecer al espectador una auténtica visión trágica. El eje de la red de relaciones que se ha forjado en la obra es Carlos Ferrer Díaz, que nunca aparece en escena. Su ausencia le da la estatura de un mito, porque es una presencia, en parte real y en parte inventada, para los otros. Su noviazgo con Adela desencadena la tragedia, sin quererlo él, y provoca su separación de Anita, la locura de ésta, y la ruptura entre las dos hermanas. Provoca también la unión de Adela con Juan, que se convierte en una lucha constante y desconfiada. Carlos Ferrer vuelve a entrar en el mundo de la familia, en el momento crítico de las oposiciones de Juan, gracias a los contactos que tienen con él Juanito y Mauro. Mauro exagera como siempre su relación con Carlos, pero Juanito se acerca a su ídolo y forma un triángulo con él y su madre. Anita se envuelve en su silencio y Juan se siente cada vez más aislado, pero en el momento de su fracaso en las oposiciones las relaciones se reorganizan cuando Juan se reconcilia con su hijo y Anita se identifica con Juan regalándole el jersey que todos suponían destinado a Juanito. Su acto mudo muestra su comprensión y es su juicio final sobre todos los personajes. La redisposición de las diferentes relaciones como consecuencia de la acción dramática, el proceso de ruptura y reconciliación, la imposición de la realidad sobre la ficción, constituyen el efecto ético y estético de la obra. En el pensamiento de Buero ética y estética van muy estrechamente unidas: 'La belleza estética no es una categoría divorciada por fuerza de la ética ... Lo estético lleva implícitos con gran frecuencia valores éticos' (*T*, 68–69). La construcción de la obra, y las analogías entre las experiencias de los personajes, nos permiten identificar los móviles de la tragedia. Las ideas interrelacionadas, el destino, la culpabilidad, la muerte, el sufrimiento y la anagnórisis, funcionan de una manera compleja e inspiran en el público las emociones trágicas de terror y piedad. Sin embargo, no hay que exagerar, porque *Las cartas boca abajo* es una tragedia en menor escala. No hay héroe trágico en el sentido normal del individuo cuya talla humana sobresalga de la media y que experimente una caída espectacular. Tampoco hay acontecimientos de tanta transcendencia que impacten sobre el curso de la historia humana. La catástrofe es más bien personal, pero, dentro de los límites de un drama doméstico, se reconoce el esquema clásico de error/hubris seguido de castigo/némesis. Todos los personajes contribuyen a su propia caída. La tragedia implica una visión de la condición humana donde el sufrimiento está presente siempre. El sufrimiento no es ni deseado ni buscado, pero tampoco está totalmente inmotivado. Buero escribe que 'el destino no es ciego ni arbitrario, y ... no sólo es en gran parte creación del hombre mismo, sino ... a veces éste lo domeña' (*T*, 69). Los personajes tienen que decidir y elegir, y sus decisiones y elecciones hacen que se enfrenten con los demás, e implican también una pérdida o sacrificio. Por eso, los verdaderos héroes trágicos son seres divididos contra sí mismos. En *Las cartas boca abajo*, Adela reconoce su culpa al final, pero en el momento de decidir, es coherente con su decisión: se venga de Anita robándole a Carlos y cree vengarse de Carlos casándose con Juan. Su actuación es resoluta y sólo mucho más tarde sufre remordimientos de conciencia. Aunque su culpa es manifiesta, y su final otorga un tono pesimista a la obra, no se le puede conceder el título de personaje trágico. En el teatro bueriano, la tragedia no reside exclusivamente en el espectáculo del sufrimiento humano. En primer lugar, el dramaturgo ve la catarsis como algo propio del espectador, que a través de la experiencia dramática llega a adquirir 'actitudes humanas de valor permanente'. Al mismo tiempo, hay evidentemente una catarsis por parte del personaje, como en el caso de Juan, que alcanza un nivel superior de conciencia: 'El protagonista sabe, o llega a aprender por la fecunda lección del dolor, la fuerza desencadenante de la reflexión' (*T*, 73). En *Las cartas boca abajo* Buero, como en tantas obras suyas, ve en el futuro del hijo una suavización del mensaje pesimista:

> A mi juicio el meollo de lo trágico es la esperanza, o si se desea plantearlo con una mejor exactitud, la problemática de la

> esperanza. Incluso en *Las cartas boca abajo* hay una figura, la del chico, que lleva en sí una semilla de futuro alentador. La postulación de la esperanza es esencial en la tragedia. Una obra en la que tal problemática no se diera, sería otra cosa, no una tragedia.[12]

Juanito sí ofrece la posibilidad de la esperanza, aunque hay que tener en cuenta las reservas del ya mayor Mauro, que sostiene la inevitable corrupción y cinismo de los jóvenes. Sin embargo, no se nota en él ningún cambio, porque había sido idealista desde el principio. Lo único que cambia es la relacion con sus padres. El peso de la tragedia cae enteramente sobre Juan, cuya estatura y dignidad se acrecientan en las últimas escenas. Fracasado en su matrimonio y en su carrera, se alza sobre todo egoísmo a su alrededor, ganando el afecto de su hijo y de su cuñada y reconociendo su error. Buero defiende el final de su obra que había sido criticado por varios comentaristas: 'De todas formas, yo lo disculparía, acudiendo a un antecedente glorioso: la anagnórisis griega, el reconocimiento de la culpa por parte del héroe. Ya le dije antes que creo estar realizando una modesta labor de restauración trágica'.[13] El error de Juan había sido construir su identidad en relación con Carlos Ferrer. Su error no fue no reconocer la verdad, sino ocultarla, incluso a sí mismo. Vivió siempre a la sombra del otro, su ser se convirtió en otredad: 'Le he envidiado toda mi vida... Le envidio todavía. No he sabido sobreponerme a ese sentimiento destructor' (182). Expone ante todos todo su sentimiento trágico de la vida, porque es un personaje innegablemente unamuniano, que siente la necesidad de destruir al otro a fin de no ser destruido. Fracasa, porque forja su identidad contra la de Carlos Ferrer, y se niega a aceptar sus propias limitaciones.

La visión trágica de Buero Vallejo en *Las cartas boca abajo* es tanto de carácter existencialista como social. Las relaciones entre las personas, y entre el individuo y la sociedad, demuestran un doble aspecto de enajenación y dependencia, que se expresa mediante la máscara y el irrealismo. El piso donde transcurre la acción encarcela a los protagonistas, pero al mismo tiempo les ofrece cierta protección ante el mundo. Negándose a reconocer su propia responsabilidad, los personajes echan la culpa de sus problemas a la sociedad y las circunstancias. Viven, en la medida de lo posible, alejados de los demás. Su aislamiento físico y emocional conduce a la frialdad, al egoísmo, a la fantasía, e incluso a la neurosis y la locura, manifestaciones todas de su miedo a la realidad. Entre los personajes principales, sólo Juan adquiere cierta dignidad, porque corre el riesgo del fracaso exponiéndose a la prueba de las oposiciones. Su fracaso, que tiene algo de inevitable, lleva consigo el reconocimiento de su dilema trágico y un replanteamiento de su postura ética. A través de la catástrofe, todos los personajes tienen que hacer frente a su propia realidad, conforme a la idea de la tragedia que propone Buero: 'El último y mayor efecto moral de la tragedia es un acto de fe. Consiste en llevarnos a creer que la catástrofe está justificada y tiene un sentido' (*T*, 71). Lejos de ser otro ejemplo del realismo social en el teatro, una exposición simple de la impotencia de los hombres ante la injusticia de las fuerzas sociales, *Las cartas boca abajo* insiste en los aspectos positivos y negativos de las relaciones humanas y demuestra que la falta de autenticidad reside no sólo en la sociedad sino en los hombres mismos. Además, para él, el destino y la libertad no constituyen una oposición, sino una relación dialéctica. Buero hace resaltar las tensiones y ambigüedades de su visión trágica de una manera que mitiga el aparente pesimismo de la obra, vislumbrando en la sinceridad de las nuevas relaciones entre Juan y Juanito, y entre Juan y Anita, la posibilidad de una mayor solidaridad entre los seres humanos, basada en una comprensión, muy unamuniana, de un sufrimiento común que los une a todos. Esta visión permite a Buero mantener su conocida afirmación: 'La tragedia no sólo es temor, sino amor. Y no sólo catástrofe, sino victoria' (*T*,69). Sobre esta base se erige el realismo esencial de la visión trágica de Antonio Buero Vallejo.

NOTAS

1 *Las cartas boca abajo* en *Teatro Selecto* (Madrid: 1966), 93–196. Todas las citas de la obra se harán por esta edición y estarán incluidas en el texto del artículo.

2 Alfredo Marqueríe, 'En el Reina Victoria se estrenó *Las cartas boca abajo* de Buero Vallejo', *ABC* (6 de noviembre de 1957), 53.

3 Luis Iglesias Feijoo, *La trayectoria dramática de Antonio Buero Vallejo* (Santiago de Compostela: 1982), 194.

4 Robert E. Lott, 'Scandinavian reminiscences in Buero Vallejo's Theater', *Romance Notes*, VII (1966), 113–16; Robert L. Nicholas, *The Tragic Stages of Antonio Buero Vallejo* (North Carolina: 1972), 53–54; Luis Iglesias Feijoo, *op. cit.*, 194–95.

5 'La juventud española ante la tragedia', *Yorik* (12 de febrero de 1966), 5.

6 Miguel Luis Rodríguez, 'Diálogo con Antonio Buero Vallejo', *Índice*, 119 (1958), 20.

7 Ricardo Doménech, *El teatro de Buero Vallejo* (Madrid: 1973), 103–04.

8 'De mi teatro', *Romanistisches Jahrbuch*, XXX (1979), 222.

9 'Lo trágico', *Informaciones* (12 de abril de 1952).

10 'La tragedia', *El teatro. Enciclopedia del arte escénico*. Edición de Guillermo Díaz-Plaja (Barcelona: 1958), 63–87 (67–68). Todas las referencias se harán por esta edición y estarán incluidas en el texto en la forma (*T*, 67–68).

11 'Sobre teatro', *Cuadernos de Agora*, 79–82 (mayo-agosto, 1963), 14.

12 Armando Carlos Isasi Angulo, 'El teatro de Buero Vallejo. Entrevista con el autor' *Papeles de Son Armadans*, CCI (1972), 297.

13 Isaac Montero, 'Una baraja de tres posturas', *La Estafeta Literaria*, 105 (1957), 10.

La tendencia lúdica en *La fundación*

TERENCE McMULLAN

Una cualidad lúdica se manifiesta a lo largo de *La fundación* de Buero Vallejo.[1] Hablando en términos generales, se podría decir, desde luego, que un posible impulso hacia el juego siempre constituye uno de los elementos fundamentales en la elaboración de cualquier obra de arte, en la medida en que dicho procedimiento suponga una transformación creativa de la experiencia humana. Además, una obra dramática, por el hecho mismo de pertenecer a un género cuya difusión al público normalmente requiere una representación de la misma en un teatro, tiene incluso más motivos para ser considerada como un tipo de juego cultural.[2] Sin embargo, la tendencia lúdica que, en cierto modo, caracteriza a *La fundación* resulta mucho más variada, omnipresente y notable que tales factores implícitos nos inducirían a esperar. Como fenómeno, el espíritu juguetón abarca en esta obra una amplia gama de comportamientos, desde el humorístico en un extremo hasta el manipulativo en el otro. La forma en que Buero trata su tema, la manera en que el argumento se desarrolla, la interacción de los personajes, y el tono adoptado en los diálogos, todo sirve para demostrar que lo lúdico, en toda su riqueza y complejidad, desempeña un papel clave en *La fundación.*

El juego entre la fantasía y la realidad es una preocupación vital en esta obra. El mundo imaginario de Tomás es el resultado de un enfrentamiento en que su subconsciente vence a su consciente, presionado por una tensión insoportable (226). Lo que hace que este reino inventado parezca convincente es el hecho de que recrea un conjunto de circunstancias ya existentes para ajustarlo a una versión realzada de sus cualidades institucionales. Así, mediante un proceso de inversión, una persecución opresiva se convierte en una filantropía benevolente, al tiempo que el castigo de los presos es reemplazado por los privilegios de los 'becarios''. Con optimismo panglossiano, Tomás interpreta de la mejor manera posible los sucesos y el ambiente que le rodea. Además, así como pasa en los sueños, este entorno alucinatorio es el producto del cumplimiento de sus deseos. Tomás lo señala así: 'Siempre habíamos soñado con un mundo como el que al fin tenemos' (163). Por esta misma razón también afirma que 'esto que vemos era el futuro que soñábamos' (181). Cuando deduce, equivocadamente, que Asel es médico, admite: 'Quisiera creer que lo eres' (180) o como el mismo Asel más tarde explica: 'Sospecho que te inventaste un médico porque lo necesitabas' (224). De un modo parecido, la calificación de Tomás como novelista se puede atribuir al hecho de que, según sus propias palabras: 'Quería escribir' (224). En estos casos, por lo tanto, un mecanismo consistente transmuta la realidad en fantasía. Incluso Asel, en un momento de depresión, reconoce el atractivo de un procedimiento cuya versión del mundo no es solamente más grata sino que también ofrece una mayor sensación de riqueza y amparo (212). No obstante, a pesar de sus ventajas, este entorno visionario tiene un defecto fatal: lo que Asel llama: 'la mentira de la Fundación que te imaginaste' (241). Basado dicho centro en un engaño, permanece, de acuerdo con lo que él mismo afirma, 'un mundo de color de rosa' (241). Sin embargo, el modo en que la obra de Buero plantea la rehabilitación del poder de la fantasía tiene una relación con el espíritu lúdico, la cual se aclarará más adelante. Mientras tanto, se proponen dos modelos alternativos: por un lado, el instituto de investigación que está desacreditado por ser un refugio hedonista de la vida, y por otro el túnel hacia la libertad, con sus connotaciones de solidaridad altruista por parte de los compañeros de cárcel (237), una empresa muchísimo más arriesgada que enfrenta las constricciones interminables de la existencia humana avivando la capacidad para actuar (240–41), lo cual es nuestra mejor defensa contra el peligro de vernos condenados a ser los juguetes pasivos del destino, pues, como insiste Asel: 'No nos resignamos a las fatalidades y debemos anularlas' (220). Lo esencial, entonces, no es rechazar las opciones que se presenten sino, más bien, someterlas hipotéticamente al juego libre de la imaginación: '¡Métetelo en la sesera, novelista!', Lino le dice a Tomás hablando del proyecto de fuga: 'Puede pensarse, luego puede hacerse' (237). De un modo parecido, Tulio le había subrayado la necesidad de: '¡Soñar con los ojos abiertos! Y tú los estás abriendo ya. ¡Si soñamos así, saldremos adelante!' (205). En la misma ocasión especula, de forma relevante, sobre la posibilidad de que, conmutadas ya sus sentencias, si se reúnen algún día: 'Diremos: parecía imposible. Pero nos atrevimos a imaginarlo y aquí estamos. ... Y tú, con tus fantasías, me lo has hecho comprender. Tú no estás tan loco' (205).

A veces, pues, la locura y la sabiduría no andan lejos, como Tulio, de buen humor, lo reconoce cuando bromea diciendo: 'Ya estamos en un manicomio y todos felices' (204). Además, Tomás, que en este respecto parece un pariente lejano de don Quijote, nos trae a la memoria el arquetipo del loco sabio, una figura tradicional bien establecida, también personificada en ejemplos tan recientes de la literatura española como Maximiliano Rubín en *Fortunata y Jacinta* de Galdós y María Josefa en *La casa de Bernarda Alba* de Lorca. En esta obra de Buero, la frontera entre la fantasía y la cordura resulta a veces difícil de establecer. Asel confiesa: 'Me pregunto si no somos nosotros los dementes' y acepta que, comparados con Tomás, quizá 'los locos somos nosotros' (212). Una serie de términos utilizados por y para describir a Tomás durante esta obra tiene el propósito de definir su estado mental con una exactitud literal y clínica: 'enfermo', 'loco', 'chiflado', 'esquizofrénico', 'trastorno', 'fantasías', 'imaginaciones', 'delirios' y 'alucinaciones'. Pero nuestra captación de este tipo de vocabulario como comentarios médicos de su condición psicológica está modificada por la presencia de expresiones sinónimas pero coloquiales que sirven de insultos. Así podemos oír a Tulio exclamando que 'estáis todos chiflados' (150), mientras que Asel pregunta: '¿Estás loco Tulio?' (174), y Lino le dice a Max: 'No eres tonto' (245). En este contexto, al público le cuesta menos identificarse con la demencia de Tomás, la cual, en vez de parecerse a una aberración, nos recuerda más bien un tipo exagerado de extravagancia personal. La revaluación de la irracionalidad que esto implica se refleja de forma particular en la ambivalencia de dos expresiones verbales. La primera es 'soñar', que se emplea tanto positiva como negativamente cuando, por ejemplo, Tulio le pide a su compañero de celda, de manera aprobatoria: '¡Déjanos soñar un poco Asel!', a lo cual Asel le responde 'soñemos un poco, por qué no' (204), con un aire de aceptación que contradice el comentario irónico de Max: 'Ahora sueñas tú' (204). La misma combinación de lo bueno y lo malo se puede apreciar en una observación que Asel le hace más tarde a Tomás: 'Has soñado muchas puerilidades, pero el paisaje que veías ... es verdadero' (241). Un aura equívoca emana, igualmente, de la palabra 'ilusión', que se corresponde, por supuesto, con las dos acepciones divergentes que tiene en la lengua española donde, negativamente, evoca algo 'inexistente', y más positivamente indica una 'esperanza acariciada'. La reacción inicial de Tomás en cuanto al proyecto de fuga es una actitud de rechazo que le lleva a tacharlo de ser 'una ilusión' (236), pero la evaluación de Asel resulta menos definida. 'Tal vez todo sea una ilusión.

Quién sabe. Pero no lograremos la verdad que esconde dándole la espalda, sino hundiéndonos en ella' (240). Al final de *La fundación* Tomás adopta un punto de vista equivalente cuando hace conjeturas acerca de sus posibilidades de ser trasladados a las celdas de castigo: 'Es una probabilidad pequeñísima; quizá sólo una ilusión. Si se realiza ...' especula, dejando que su imaginación contemple una perspectiva que él relaciona aquí con las palabras 'fantasía' y 'esperanza' (255). Esta justificación de una irracionalidad moderada culmina, entonces, de la siguiente manera: 'Yo no enloqueceré por esa ilusión, ni por ninguna otra ... ¡Pero, mientras viva, esperaré! ... Sí, el paisaje es verdadero' (255). Al fin y al cabo, pues, se subraya la importancia de la palabra 'ilusión' que enlaza la fantasía con la esperanza. Este vínculo resulta excepcionalmente apropiado al discutir la tendencia lúdica en esta obra de Buero, ya que Huizinga nos recuerda que, etimológicamente hablando, el mismo término 'ilusión', que proviene de *inlusio, illudere,* o *inludere,* significa, literalmente, 'jugando'.[3]

El grado de dominio que Buero ejerce a la hora de dictar las reacciones del público en esta obra resulta, bajo cualquier criterio, impresionante. Las técnicas de disimulación, descubrimiento, suspense y sorpresa se combinan hábilmente aquí para estructurar el desarrollo del argumento. *La fundación* nos involucra en su trama despertando sabiamente nuestra curiosidad y luego negándose deliberadamente a satisfacerla. El flujo de información se raciona para asegurar nuestra máxima atención. El enfoque lúdico de Buero se ilustra desde el principio mediante un truco que le hace al público: lo que se representa en la escena parece real pero es en efecto una alucinación que experimenta Tomás, uno de los protagonistas de la obra. Este efecto de *trompe l'oeil* sobrevive a lo largo de la primera sección (135–65) casi intacto. No obstante, las dudas leves en cuanto a la fiabilidad de lo que nosotros vemos aumentan y se hacen más persistentes: el comportamiento ambivalente de ciertos personajes, además de la acumulación de detalles adicionales y pequeños, pero incongruentes, intranquiliza al espectador, el cual comienza a sentirse más inseguro. Aunque la situación tiene un aspecto cada vez más problemático, su credibilidad fundamental no se cuestiona seriamente, sin embargo, más que en dos ocasiones, y luego de una manera muy breve: en la primera, Max, en un tipo de juego de manos, coge un vaso de whisky sin que nadie se lo vea llenar (148), y en la segunda, poco después, el ofrecimiento de Tulio de poner la mesa se transforma inexplicablemente en una charada extraña de mímica (156). Por muy desconcertantes y lúdicos que resulten estos acontecimientos, su efecto no es decisivo, ya que sólo Tomás y el público parecen advertirlos. A pesar de todo, el desafío al sentido común representado por su imprevisibilidad favorece la creación de un ambiente de malestar indiscutible. Por consiguiente, la exposición de la obra termina con un signo de interrogación, aunque las respuestas no están todavía disponibles.

Después de esta fase inicial relativamente refrenada, el concepto de *La fundación* como una especie de rompecabezas cuya finalidad es intrigar al espectador se hace más patente. Algunos comentarios, hechos a la ligera al principio de la segunda sección (165–87), no tardan en apuntar a la naturaleza lúdica de lo que va a suceder. Así, cuando Asel presiona a Tomás para que le indique el paradero de unos cigarrillos aparentemente perdidos, éste le contesta, inquieto: '¿Es un acertijo?' (170), mientras que, poco después, para recordarle a Tomás que le toca a él ordenar, Max dice, significativamente: 'Adivina adivinanza' (172). Aquí el autor juega con el público, aludiendo[4] indirectamente al carácter críptico de *La fundación* misma, la cual de repente coge un aire de surrealismo. Sin previo aviso, el aspecto visual del escenario, los elementos físicos del decorado, empiezan a cambiar paulatinamente en un proceso prolongado e intermitente, la mayor parte del cual se divide igualmente entre las dos secciones centrales (165–87 y 188–222) donde tiene lugar casi todo el desarrollo del argumento. Esta transformación progresiva, gráficamente asombrosa, que poco a poco desmonta el instituto de investigación de la fantasía de Tomás para revelar lo que es en realidad, una prisión escuálida, excita y mantiene vivo el interés del espectador. A medida que este proceso acumulativo se repite, su evolución inexorable ayuda a estructurar la obra a través de una cadena de golpes de teatro provocativos donde el autor juega con nuestras reacciones. [5] Lo que desorienta aquí es la inversión por parte de Buero de lo que el espectador espera. De la misma forma que la alucinación original de Tomás acusaba todos los atributos tranquilizadores de la realidad objetiva, también su regreso a la cordura (pues esto es lo que refleja la metamorfosis del decorado) ahora se experimenta, paradójicamente, como un tipo bastante doloroso de desintegración. En cierto momento, el sentimiento atormentado de pérdida que Tomás sufre es exacerbado por las tentativas bien intencionadas pero inoportunas de Tulio para levantarle el ánimo: '¡Ea, procuremos distraernos! ... juguemos a algo ... ¿A qué podríamos jugar?' (175). Tal exuberancia lúdica sólo hace que Tomás se sienta más confundido. La 'fotografía' del grupo que Tulio finge sacar con una cámara imaginaria le parece a Tomás una broma hecha a su costa. Lo cual explica la protesta apropiada que le dirige a Asel: 'Ya estoy harto de crucigramas. Tus palabras me confirman que vosotros sabéis algo que yo ignoro. ¡Porque todas esas cosas extrañísimas que aquí pasan me sorprenden a mí, no a vosotros! Y exijo que me las expliquéis' (179). Al igual que el público, que se ve obligado a solucionar el crucigrama que supone la obra de Buero, Tomás ya está intentando encajar las pistas sueltas (179) que en conjunto le permitirán diagnosticar su propio colapso mental. Así, al final de esta segunda parte de *La fundación* (165–87), la pregunta que le hace tímidamente a Lino: '¿Insinúas ... que estoy enfermo?' (185) nos conduce a una menos dubitativa: '¿Estoy enfermo, Asel?' (186). Al llegar a esta coyuntura, aproximadamente a la mitad del texto, sabemos a ciencia cierta que Tomás está mentalmente desequilibrado y que el instituto de investigación no es lo que pareció al principio. Sin embargo, queda mucho todavía por aclarar. Hasta Tomás se ve obligado a preguntar '¿Dónde estamos, Asel?' (187), pero, como de costumbre, el autor nos hace esperar la explicación adecuada. Buero plantea continuamente nuevos problemas a medida que se resuelven los antiguos, en un esfuerzo eficaz por mantener el suspense. Ahora, mientras Asel, animando a Tomás, finge mirar a través de una ventana inexistente y distrae a su compañero abatido dirigiendo su atención a una bandada de golondrinas, parece muy pertinente, dada la tendencia lúdica de la obra, que Tomás diga de los pájaros imaginarios: 'Juegan' (187).

A lo largo de la siguiente sección (188–222) la erosión del mundo fantástico de Tomás, expresada como un deterioro constante del decorado de la escena, sigue hasta que queda virtualmente completa. Entre tanto, él también lucha por adaptarse a la situación, lo cual resulta evidente cuando se compara su reconocimiento indeciso: 'Estaré enfermo' (192) con la declaración terminante: 'Estoy enfermo' (201). Pero si la versión de la realidad de Tomás se revela gradualmente como indigna de confianza, ¿no sería posible que él también fuera sospechoso por otros motivos? En *La fundación*, donde los enigmas se traslapan, y donde un misterio engendra otro, antes de que las circunstancias relacionadas con su enfermedad puedan ser totalmente aclaradas al público de la obra, Tomás se encuentra metido aun en más controversia. Del mismo modo que la sección anterior le obligó a enfrentarse con su propia demencia cuando resultó que el 'enfermo' a quien oía hablar llevaba seis días muerto (184), aquí también, una crisis paralela, provocada por la previa, le induce a tomar un paso más por el camino penoso hacia la recuperación. Las sospechas de Asel se despiertan cuando el hecho de no haber informado a las autoridades de la muerte del 'enfermo' no conduce, como se anticipaba, a la aplicación de medidas especiales por parte de los carceleros, sino que le dan permiso a Tomás para que se reúna con Berta en locutorios. Asel se refiere a ella, escépticamente, como 'esa enigmática muchacha cuya visita nos promete siempre' y 'esa novia misteriosa' (196). Por lo tanto, prevalece una atmósfera de incertidumbre, pues es posible que Tomás sea un soplón. Al contrario que sus compañeros, nosotros hemos visto a Berta, pero, ¿es ella más real que la Fundación misma? Aislado, confuso y a la defensiva, él se queja: '¡Otra vez me excluís de vuestros secretos!' (197), y de nuevo protesta: 'No sé qué sospecháis, ni qué tramáis. ¡Y yo ya no entiendo nada de lo que ocurre!' (199). Aquí la tendencia lúdica vuelve a emerger. Tulio habla de su propia novia y de la investigación que emprendieron juntos sobre la holografía muchos años antes: 'Jugábamos ... Para nosotros era el más fascinante de los juegos'. Cuenta las bromas que se gastaban y en particular recuerda que un día en el laboratorio: 'Fui a besarla y ... *(Ríe)* ¡era un holograma!' (203). La implicación de sus palabras, a saber, que quizá Berta también sea una ilusión óptica, no se le escapa a un Tomás ostensiblemente azorado y que se agarra desesperadamente a su mundo soñado (201 y 210–11). Cuando, al tomar los acontecimientos un cariz completamente imprevisto, a Tulio se lo llevan para ejecutarlo, con la frase mortificante de Tomás: '¡Que veas pronto a tu novia, Tulio!' resonando en sus oídos (209), la situación se precipita hacia su punto álgido. Berta aparece esa noche, como si con su presencia se tratara de confundir las acusaciones de los compañeros de Tomás (213–16). No obstante, cuando éste la llama para que salga del cuarto de baño y conozca a los demás, se evapora. Al igual que las conversaciones del 'enfermo', sus visitas eran síntomas de la locura de Tomás (217). Este episodio traumático de elucidación, que Asel denomina la 'crisis definitiva', anuncia la curación inminente de Tomás, muestra su inocencia y facilita el descubrimiento de más datos. El recuerda que están en la cárcel (218), se percata de que todos han sido condenados a muerte (219), e intuye la existencia de un lazo entre él y Asel. Aquí el público, de la misma forma que Tomás, y con la garantía de que habrá más revelaciones, queda preguntándose qué vínculo es ése (221).

Sin embargo, todo sale pronto a la luz en la última sección de *La fundación* (222–58), donde los secretos quedan metafórica y literalmente al descubierto. Mientras Asel explica los acontecimientos que condujeron al apuro en que se encuentran, en el cambio final, y quizá más desconcertante, del decorado de la escena, la cortina del chaflán 'se eleva y desaparece en la altura' para mostrar 'un retrete sin tapadera' donde 'Tomás está acuclillado sobre la taza, con un papel en la mano del que, sin duda, acaba de servirse' (228). Así, para él, la vergüenza de sentirse exhibido a su pesar tiene un doble significado, ya que se relaciona con su pasado, tal como lo cuenta Asel, y con la postura sórdida en que lo sorprenden. Compartimos su sentimiento de asco y nos identificamos con la humillación que experimenta al pensar que él siempre había hecho sus necesidades, inconsciente de que los demás lo podían ver. Asel no resiste al impulso de decir: 'Acabas de perder tu último refugio. Ya estás curado' (228). No quedan obstáculos para que se realice el desenlace propiamente dicho, donde se acelera el ritmo dramático de la obra. Aquí la acción reemplaza al suspense a medida que una sucesión violenta de sobresaltos turba al espectador. Max, desenmascarado como delator, pide socorro a gritos, pero, asombrosamente, los carceleros que llegan, en lugar de ayudarle, se llevan a Asel para ser interrogado (248). En la confusión resultante, Asel se suicida y Lino tira a Max por la barandilla, matándolo (250). Durante el resto de esta cuarta sección, Buero se las ingenia para mantener nuestra concentración enfocada en la obra, incluso hasta el momento final, a base de una mezcla eficaz de misterio y sorpresa. Terminan por llevarse a Lino y Tomás, probablemente para ser ejecutados, aunque también resulta casi concebible que los trasladen a celdas de castigo desde las cuales podrían excavar el túnel hacia la libertad (257). Por lo tanto su destino se presenta con cierta ambigüedad. Entonces, en una especie de epílogo, para el cual el público no ha sido preparado, se cierra el círculo de la obra cuando a nuevos ocupantes de la Fundación reconstituida los invita a pasar el Encargado. Este recurso lúdico culminante circunscribe estructuralmente la acción de una manera que recuerda los espacios delimitados y autónomos utilizados como terrenos de juego.[7]

La tendencia del autor a jugar con el público en esta obra se repite con la tendencia de sus personajes a jugar unos con otros. Por ejemplo, sus camaradas, incluso Tulio, el más reacio, hacen un esfuerzo, hasta cierto punto, para seguirle el juego a Tomás en la primera sección de *La fundación*. Cuando les ofrece 'bebidas', colaboran en distinto grado (144–48), Max también participa activamente en la 'llamada telefónica' que Berta le hace a Tomás (151–52), y Asel y Max, que acompañan a Tomás mientras comenta el 'libro de arte', escuchan sus observaciones como si se tratara de un libro real (166–72).[8] Esta aportación por parte de sus compañeros tiene el efecto de justificar y reforzar las alucinaciones de Tomás. Entonces, ¿por qué lo hacen? Este comportamiento se corresponde con un plan, ideado por Asel, para llevar al joven desequilibrado dulce y sigilosamente hacia la recuperación. Como se lo explica luego: 'Trastornado, no sirves; en tus cabales, sí' (229). Previamente, a los demás les había avisado que sería peligroso proceder con demasiada rapidez: 'Para él, aunque él no os importe. Pero también para nosotros' (179), puesto que un deterioro súbito de la condición psíquica de Tomás podría permitir que las autoridades le sacaran información que les comprometiera a ellos (174). Hay, pues, un impulso de autoprotección en el deseo de sus colegas de curarlo. No obstante, a Tomás le tienen cariño: Asel le habla 'con dulzura' (187),[9] y Tulio en más de una ocasión le hace gestos afectuosos (205 y 208). Así, no cabe duda de que toleran su alucinación también por motivos de compasión. Es preciso reconocer, además, que la fantasía de Tomás tiene su encanto, dadas las circunstancias insoportables en que los presos luchan por sobrevivir. Llega un momento en que, a Tulio y Asel les gustaría 'soñar' como él, para conseguir un 'desahoguillo' (208), y poco después Asel confiesa que casi envidia el mundo imaginario de Tomás (212). A veces les resulta entretenido aceptar su reino inventado.

El comportamiento lúdico del Encargado y sus auxiliares hacia Tomás, por contraste, carece de tales factores atenuantes. Parece a la vez menos sensible y más imbécil. Cuando le animan para que se imagine en una Fundación cuyos empleados adoptan un estilo de tratamiento exageradamente cortés y empalagoso (146, 164 y 194), o fingen servirle un almuerzo de exquisitos manjares (164–65) que resulta ser 'bazofia' (146) o 'aguachirle' (189), se aprovechan cruelmente de su enfermedad, tomándole el pelo para divertirse. Las ironías necias del Encargado risueño, acompañadas de las 'regocijadas risitas' ahogadas (164) y 'breve carcajada' (165) de los Camareros, y de la 'tenue risotada' y 'sofocada risa' del Ayudante (194), hacen que Tomás nos parezca más desamparado y digno de comprehensión. Hacia el final de la obra, sin embargo, estos personajes antipáticos se convierten en víctimas de su propio juego estúpido cuando Tomás, ya curado, les vuelve las tornas para engañarlos después del asesinato de Max. El los supera tácticamente, utilizando la Fundación imaginaria en su contra. Antes de que el Encargado y su Ayudante puedan culparles a él y a Tulio de la muerte del delator, Tomás les gana por la mano, devolviéndoles la pelota con la pregunta: '¿Cómo se atreve a tocar a un becario?', llamándolos 'subalternos envanecidos' (251), y echándoles la culpa de una 'horrenda conspiración' (252), lo cual ellos interpretan como síntoma de una paranoia recrudescente que les incita a retirarse sin demora. En dicho caso está claro que aquí lo lúdico no se limita a lo juguetón en un sentido inocentemente festivo, sino que incluye, al mismo tiempo, instintos humanos bastante más agresivos, desde el abuso de un loco vulnerable e inocuo por unos sádicos, hasta la lucha aferrada por sobrevivir de una víctima indefensa.

En esta obra de Buero las tentativas de varios protagonistas impotentes de dominar su situación se expresan abiertamente en términos lúdicos. El proyecto de evasión de Asel, cuya decisión de callar el fallecimiento del 'enfermo' proporciona a los presos la ración de comida del difunto, les ofrece encima, cuando su muerte se descubra, la oportunidad de trasladarse a celdas de castigo de donde puedan cavar un túnel hacia la libertad. Lino, para informarse de este plan, dice a Asel: 'Yo no estoy en el juego' (231). Como los recelos de Max se despertaron antes (174), Asel ve difícil su propia participación en el proyecto, lo cual él explica utilizando una imagen similar, relacionada con el juego: 'Sospecho que he perdido la partida. Pero vosotros la podéis ganar' (237). Sigue con la misma metáfora al aconsejarles tener mucho cuidado con las autoridades que serían capaces de aplastarlos 'si enseñamos nuestras bazas' (237). Aquí se subrayan los conceptos de conflicto y competencia inherentes a los juegos. Cuando a Max le tienden una trampa para averiguar si es un chivato, él responde de una manera significativa: '¿Qué juego es éste, Asel?' (243). Lino, empleando una analogía deportiva relacionada con la pesca, dice a Max: 'He sido un tonto al creer que picarías el anzuelo' (244). Huelga decir, pues, que lo lúdico puede tener ramificaciones muy serias, incluso trágicas, en circunstancias tan desesperadas.[10] Con estas comparaciones lúdicas los protagonistas intentan sobreponerse, de antemano, al peligro que los amenaza, distanciándose de él y reduciendo su importancia. En tales asuntos de vida y muerte, por cierto, hay mucho en juego.

El deseo de jugar, tan elocuentemente ilustrado por Buero aquí en su manejo del tema, en el desarrollo del argumento, y en la interacción de los personajes, encuentra una salida adicional en el tono de los diálogos. A pesar de la dureza de los sufrimientos que padecen los protagonistas, el ambiente de *La fundación* es, a veces, inesperadamente jocoso, lo cual dota a la obra de una fluidez y viveza que la hacen, en este respecto, muy entretenida para el público. A lo largo de una acción donde no falta chanza, se intercambian réplicas agudas y comentarios divertidos que recuerdan, aunque de modo pasajero, el género cómico o la farsa. Hasta cierto punto dichas bromas se podrían considerar como una reacción algo histérica por parte de los protagonistas al ambiente bastante claustrofóbico en que viven. Tulio se refiere, por ejemplo, a las tensiones de 'la convivencia ... A todos nos saca de nuestras casillas ...' (175). En este sentido el humor y la risa funcionan como una especie de válvula de seguridad para sus frustraciones e inquietudes, y su influencia terapéutica resulta considerable. La frivolidad y ligereza que salpican las conversaciones constituyen, pues, un mecanismo para buscar el equilibrio dentro de un mundo de pesadilla. Este efecto se nota en las alusiones a la comida de la primera sección. Allí dice Tomás: 'Cuando nos vayamos de aquí todos habremos engordado *(Ríe)*' (160); pero, en realidad, están muriéndose de hambre y el 'enfermo' ha fallecido ya de inanición (186). Frecuentemente, Tomás transforma sus propios sentimientos de vergüenza en risas nerviosas. Por eso, al principio, intenta tomar a broma los cambios físicos que observa a su alrededor (173). Igualmente, cada vez que menciona a Berta delante de los demás, siempre sonríe o suelta una risita como si se diera cuenta subconscientemente de que las visitas de su novia a la habitación eran imaginaciones suyas. Durante estas visitas (139–43 y 213–15), y cuando recibe la 'llamada telefónica' de Berta (151–52), la imagen repetida del ratón Tomasito también subraya de forma lúdica las sospechas reprimidas experimentadas por Tomás en cuanto a su situación verdadera. La inocencia con la cual pregunta a sus compañeros '¿Qué nos tienen que conmutar?' (205), o su despedida de Tulio (208–09), llena de una ironía dramática que deja al espectador desgarrado entre risas y lágrimas de dolor, indican que el tono juguetón empleado por Buero en muchas de las intervenciones de Tomás sirve para profundizar nuestro conocimiento de su psicología. El humor varía mucho, además, entre los personajes principales. Lino reacciona al descubrimiento de la muerte del 'enfermo' diciéndole, a Tomás, a propósito del olor del cadáver que '¡Ya te han arreglado el retrete!' (184), mientras que Tulio, menos mordaz y con una hipérbole regocijante que suscita la alegría de todos sus compañeros, brinda al 'Premio Nobel' (204) que ganará algún día con su novia por su investigación de los hologramas. Asel, por contraste, ridiculiza irónicamente y de manera mucho más pesimista la existencia humana: 'Vivimos en un mundo civilizado al que le sigue pareciendo el más embriagador deporte la viejísima práctica de las matanzas' (219). La ferocidad de su humor negro se combina de modo perturbador en este ejemplo con la referencia a los juegos. No obstante, el caso más insólito de humorismo en *La fundación* es, sin duda, el de Max. Según Lino, Max es 'siempre chistoso' (233). Su temperamento lúdico se revela en las primeras palabras que dice en la obra. Al regresar del recreo, saluda guasón a Tomás: 'Figúrate que hasta hemos jugado a pídola. ¡Y Tulio ha resultado un maestro! ... En caerse, claro. Pero un maestro' (144). Mantiene el mismo tono juguetón durante el resto de la obra, pero resulta que sus bromas son meramente un truco para distraer la atención de los demás. El humor de Max funciona como un disfraz o una careta. Le permite desviar las sospechas de sus compañeros del hecho de que es un soplón. Cuando Asel interroga a Tomás sobre su conversación con los guardianes después de ver a Berta en locutorios, Max interviene en seguida del modo siguiente: 'Quizá te preguntaron por tu novela ...' (199), tratando de influir en la respuesta de Tomás, por miedo de que salga a la luz algo que a Max le comprometa. Así trata de despistar a la gente. Al fin y al cabo, entonces, el tono lúdico desempeña un papel sutil y complicado en *La fundación*. Al mismo tiempo que divierte al público, individualiza los comportamientos de los protagonistas, sugiriendo, encima, la ambigüedad de algunos de los mismos. Una vez más, Buero demuestra aquí la riqueza de su técnica dramática y la complementaridad y unidad orgánica de los fenómenos lúdicos que, como acabamos de ver, tanto contribuyen a esta obra.

La fundación lleva el subtítulo muy significativo de 'Fábula en dos partes'. Tradicionalmente, la fábula, considerada como término estético, implica dos cosas. Primero, señala una ficción, algo creado por la imaginación. Buero mismo le atribuye dicho sentido de modo explícito en esta obra. Max, refiriéndose a la visita problemática de Berta, dice que Tomás 'quizá fabulaba', a lo cual él contesta, inseguro: 'Yo no fabulaba', mientras Asel repite, amargo: 'El no fabulaba' (215). En este caso, pues, 'fabular' es sinónimo de 'fantasear'. El mundo inventado por la imaginación de Tomás, el instituto de investigación cuya presencia ficticia domina el comienzo del texto, corresponde a la palabra 'fábula', definida como una creación imaginativa. Pero el género literario de la fábula supone, por añadidura, otra cualidad importante, a saber: encierra una lección moral. La fábula es fundamentalmente, por lo tanto, una forma didáctica. El didacticismo de *La fundación*[11] aparece brevemente en la tercera sección de la obra, pero se concentra esencialmente en la cuarta o última sección donde se encarna en la figura de Asel para personificarse luego en la de Tomás, que así viene a ser el discípulo y el heredero de la enseñanza ética representada por su tolerante filosofía de la vida. El evangelio predicado por Asel tiene una envergadura atemporal, o, mejor dicho, es un mensaje universal en que la cárcel se convierte en el símbolo de la condición humana, hacia la cual tenemos que adoptar una actitud dinámica de evasión permanente (239–41). En cierto modo, la perspectiva del autor apenas podría ser más amplia. Situada 'en un país desconocido' (134), lo cual equivale a decir 'en cualquier país', la obra evoca 'cuarenta siglos' (220) de atrocidades y opresión. Un análisis freudiano de *La fundación* la interpretaría, sin duda, como una alegoría de la regeneración, bien personal, bien social. Aprisionados en la matriz, para decirlo así, del mundo antiguo, los protagonistas sueñan con renacer, arriesgándose por el túnel traumático hacia la libertad.

Con todo, histórica y políticamente, también parece una obra muy de su época, en el mejor sentido de la frase. El elemento lúdico de *La fundación* no sólo hace que la cualidad sentenciosa de la última sección del texto resulte más fácil de asimilar, sino que destaca, además, por contraste o yuxtaposición, el aspecto espantoso de la obra. Asel describe las condiciones en que existen los reclusos con las palabras 'este horror' (212). Difícil sería exagerar la repugnancia que inspira su estilo de vida. Encerrados bajo sentencia de muerte, sujetos a ser ejecutados o brutalmente interrogados sin previo aviso, muriéndose de hambre, y obligados a compartir una celda triste con un esquizofrénico, un cadáver que despide un hedor de putrefacción, y un chivato, delante de los cuales tienen que hacer sus necesidades en público, lo que más nos asombra en estos individuos no son tanto sus tentativas de suicidio ni sus trastornos mentales, sino la capacidad de resistencia del espíritu humano expresada aquí por la tendencia lúdica. Tampoco debemos olvidar que son detenidos políticos, ya que Asel dice a Tomás: 'Te sorprendieron repartiendo octavillas, delataste a quien te las dio, él delató a su vez y nos atraparon a todos' (227). Por una casualidad extraordinaria, el estreno de *La fundación* en 1974 coincidió con la publicación, algunos meses más tarde, de *Archipiélago gulag*. Durante el siglo que se extiende desde *Recuerdos de la casa de los muertos* (1861) de Dostoiewski hasta *Un día en la vida de Iván Denisóvich* (1962) de Solzhenitsin, el encarcelamiento en masa de los disidentes y presos de conciencia aumentó de tal forma que se hizo una cuestión palpitante. En este contexto, pues, el tema de *La fundación* adquiere una resonancia internacional. Otros puntos de referencia también relacionan esta obra de Buero con un mundo contemporáneo más ancho. Cuando Berta identifica a Tomás con el ratón de laboratorio que se sacrificará por la ciencia (139–40)[12] nos recuerda otra obscenidad de los tiempos modernos: los experimentos mortales hechos por los nazis con cobayos humanos en los campos de concentración. De la misma manera, cuando Asel habla de los niños corroídos por 'el napalm' (220) nos trae a la memoria la barbaridad, tan reciente en 1974, de la guerra de Vietnam.

Huelga decir que *La fundación* refleja, por añadidura, una realidad española. El estreno tuvo lugar al final de la época franquista, la cual ha dejado una huella discreta aunque perceptible en la obra. Buero conocía de primera mano la situación descrita allí por haber pasado varios años en la cárcel, condenado a muerte por el régimen que ganó la Guerra Civil. La Fundación misma recuerda, además, algunos aspectos de la famosa Residencia de Estudiantes, cuya influencia cultural en la sociedad española de los años veinte y treinta fue trascendental. En sus pabellones también vivían unos estudiosos, becarios incluidos, que se dedicaban a la investigación científica y la creación artística, dentro de un decorado sencillo 'pero de buen gusto' (135), y rodeados de un ambiente donde la música, el arte, la pintura y todas las manifestaciones de la vida intelectual eran promocionadas por una Sociedad de Cursos y Conferencias. La Residencia fue suprimida por los franquistas que la tachaban de subversiva. Igualmente, tomando en cuenta la dimensión psiquiátrica de *La fundación*, el motivo del ratón de laboratorio, y la evocación de la vida carcelaria, habría que incluir en la lista de sus posibles antecedentes literarios la novela de Martín Santos *Tiempo de silencio* (1962), pues las dos obras comparten una crítica implícita de la época franquista.[13] En el caso de Buero, la fábula que transforma la fantasía en didacticismo, pone en duda al mismo tiempo, indirectamente, la función de la cultura en dicha sociedad. Palabras como novela, arte, música, comedia, y cine adquieren en *La fundación* un matiz peyorativo. El aura de finura que suponen resulta superficial y engañosa. Carecen de sustancia 'los bellos y lujosos tejuelos de numerosos libros' (136) que llenan los estantes como artículos de consumo; la novela de Tomás no se ha escrito; y el tomo sobre pintura que él hojea (166–72) es menos fiable que el viejo y deteriorado 'manual de ebanistería' (167) leído por Asel. La música de Rossini se reduce a un simple paliativo, fomenta un falso sentimiento de seguridad y satisfacción, se asocia con las alucinaciones de Tomás, y se encuentra desprestigiada repetidas veces por las 'extrañas modulaciones' (153) de Lino.[14] Se denomina una 'comedia' (217) el comportamiento sospechoso de Tomás; la máscara o careta llevada en la antigüedad por los actores se relaciona con Max, el delator (238); y detrás de la cortina del chaflán, que recuerda el telón de una escena, hay un sórdido retrete, imagen poco lisonjera, quizá, del teatro contemporáneo. Recién cortado el pelo, Max se compara con 'un artista de cine' (189) pero 'este extraño cine' de la vida terminará siendo 'un holograma' (255). Todo lo cual, deliberada o inconscientemente, implica la desaprobación de Buero en cuanto a las oficiales normas artísticas vigentes. A fin de poder comunicar tal juicio, el autor de *La fundación* esparce estos detalles aparentemente inconexos por la obra, jugando al escondite con la censura, instintivamente, así como los presos en su texto burlan a los guardianes, cuando sueñan con el túnel. En resumidas cuentas, pues, el dramaturgo y sus personajes han comprendido que, según explica Huizinga en otro sitio, a través de lo lúdico se consigue la libertad.[15]

NOTAS

1 *La fundación* en *El concierto de San Ovidio. La fundación* (Madrid: 1974), 133–258. Todas las citas de la obra se harán por esta edición y estarán incluidas en el texto del artículo.

2 J. Huizinga, *Homo Ludens. A study of the play element in culture* (London: 1949): 'Plato understood creativity as play' (162); 'Only the drama, because of its intrinsically functional character, its quality of being an action, remains permanently linked to play. Language itself reflects this indissoluble bond, particularly Latin and allied languages, also the Germanic. Drama is called "play" and the performance of it "playing"' (144).

3 '*Illusion*—a pregnant word which means literally "in-play"', *op. cit.*, 11.

4 El verbo *aludir* también se deriva del latín *ludere*.

5 Martha T. Halsey, 'Reality, Illusion and Alienation: Buero Vallejo's *La fundación*', *Hispanófila*, XC (1987), 47–62: 'These modifications ... maintain our curiosity' (52).

6 Robert Louis Sheehan, 'El elemento detectivesco en los dramas de Buero Vallejo', *Revista de Estudios Hispánicos*, XVI, (1982), 1, 89–102: 'Buero despierta y mantiene nuestro interés en el elemento misterioso' (100). En las dos páginas que dedica a *La fundación*, Sheehan habla de la importancia de 'investigar y deducir', pero no dice nada en concreto sobre el suspense.

7 Huizinga, refiriéndose a los campos de recreo, señala que: 'All play moves and has its being within a play-ground marked off beforehand'. *op. cit.*, 10.

8 Luis Iglesias Feijoo, *La trayectoria dramática de Antonio Buero Vallejo* (Santiago de Compostela: 1982) comenta este fenómeno de paso y dentro de otro contexto: 440; 446; 450; 454. Barry E. Weingarten, 'Dramatic Point of View and Antonio Buero Vallejo's *La fundación*', *Hispanic Journal*, V, (1984), 2, 145–53, también menciona, pero sin entrar en detalles 'the games-playing of [Tomás's] cellmates', al tolerar su fantasía para complacerle (146, 148, 151).

9 Tulio llama a Asel 'el hombre más admirable que he conocido' (162), pensando, sin duda, en el hecho de que éste perdona a Tomás por haberle denunciado, le salva del suicidio, y le cede la ración del 'enfermo' que le corresponde a Asel, para curarle de sus alucinaciones.

10 Huizinga reconoce 'the hazy border-line between play and seriousness' (*op. cit.*, 52). Más adelante, puntualiza, en cuanto a las obras dramáticas, que: 'The mental sphere from which the drama springs knows no distinction between play and seriousness. ... The true poet, says Socrates in Plato's *Symposium*, must be tragic and comic at once, and the whole of human life must be felt as a blend of tragedy and comedy', *op. cit.*, 145.

11 Iglesias Feijoo percibe 'una claridad excesivamente didáctica', (*op.cit.*, 459), en la admisión por Lino de que el asesinato de Max fue un error. Se podría ir más lejos, y afirmar que el didacticismo bastante acusado de la última sección de la obra coincide con la necesidad de explicar y solucionar sus misterios anteriores de una manera que destaque el significado universal de los mismos.

12 Asel también describe su propia traición así: 'Pues Asel delató. Su carne delató, después de chillar y chillar como la de un ratoncito martirizado' (229).

13 Robert Louis Sheehan, '*La fundación: Idearium* for the New Spain', *Modern Language Studies*, VIII, 2 (1978), 65–71, interpreta esta obra como una serie de propuestas para el futuro de España. Sin embargo su reflejo de la época franquista quizá llama más la atención. Por ejemplo, como nos recuerda Francisco Javier Díez de Revenga: 'En 1974 era legal en España la pena de muerte y todavía en 1975 pudo ser aplicada implacablemente', *La fundación* (Madrid, 1989), 15.

14 Los 'gorjeos' y 'canturreos' de Lino se oyen con frecuencia: 147; 159; 170–71; 189; 194–95; 225; 239.

15 'Here, then, we have the first main characteristic of play: that it is free, is in fact freedom', *op.cit.*, 8.

La mirada imperfecta: metateatro en *El tragaluz*

MICHAEL THOMPSON

El estreno de *El tragaluz* en 1967 fue uno de los más polémicos de Buero. Las discrepancias críticas se centraron tanto en la temática de la obra como en su estructura, y el elemento estructural que más discusión provocó fue la presencia de los Investigadores y el marco narrativo que conforman. La respuesta más eficaz a lo del 'pegote "brechtiano" dentro de un drama "no brechtiano"' la ha dado el propio Buero:

> Para mí, *El tragaluz* sería inconcebible sin estos personajes. No entiendo esta obra, me resulta literalmente incomprensible despojada de los 'Investigadores'. E incluso diría algo más *raro*: casi son para mí más importantes los Investigadores que los demás elementos de la obra, a pesar de la importancia que la parte narrada en nuestro presente tiene dentro de ella. Quiero decir que, a efectos de lo que en realidad es *El tragaluz*, los Investigadores son insustituibles y la historia investigada no lo es, ya que pueden encontrarse otras historias de significado semejante al de ésta.[1]

Es decir, el fenómeno teatral (la interacción entre escenario y público) es más importante y más significativo que los pormenores y las personalidades de la historia en sí, aunque aquél no puede realizarse con eficacia si ésta no tiene interés y autenticidad humanos. Para Buero, y para la mayoría de los críticos que desde 1967 han estudiado esta obra, los Investigadores tienen una función estructural absolutamente esencial.[2]

El análisis más completo de esta dimensión de *El tragaluz* nos lo ha brindado Luis Iglesias Feijoo. Este crítico introduce una distinción importantísima entre el espectador 'real' (por ejemplo, un contemporáneo del autor y de Mario y Vicente) y el espectador 'implícito' (una persona ficticia de la época de los Investigadores que asiste al experimento; o más bien, uno de los espectadores reales a quien se le ofrece la oportunidad de asumir por un rato esta identidad). Bajo la dirección de los Investigadores, la relación rinde unas ironías y perspectivas muy fecundas:

> Hay, pues, un constante juego dialéctico entre el destinatario implícito y el empírico, entre el espectador virtual y el real. Este no perderá nunca del todo la conciencia de su yo—es imposible—pero, al entrar en el mundo ficticio del drama, ese yo se duplica de una manera irreversible: es y no es él mismo o, dicho de otro modo, es él y a la vez es otro: el futuro contemporáneo de los Investigadores. De esta forma, la disposición de la obra consigue ya, en este primer nivel, transmitir con eficacia lo que va a ser una de sus ideas básicas: cada uno es a la vez otro.[3]

Las relaciones entre el texto/escenario y el público se hacen cada vez más complejas. Los espectadores reales, al identificarse (parcialmente) con los del siglo futuro que no existen, 'tampoco existen, han sido ficcionalizados, incorporados al proceso de ficción de la obra'; el darse cuenta de ello produce en ellos 'un sentimiento de inseguridad y vacilación, de duda respecto a sí mismos'. Esta interacción la guían los Investigadores como narradores de la acción, 'seleccionando unas escenas que creen significativas y eliminando otras anodinas, esto es, realizando la labor propia de todo creador literario y teatral'. Por lo tanto, la función de los Investigadores es 'como un espejo en que se refleja el propio escritor en el proceso de creación de su mundo ficticio'.[4]

Además, esta estructura general de 'juego de espejos' se duplica dentro del drama central, ya que Mario también, a través del tragaluz, establece una 'reciprocidad de mirada' en relación con los paseantes. También él investiga, pregunta, realiza experimentos, ficcionaliza, y llega a la misma respuesta: 'Yo soy tú, y tú eres yo'.[5] Tanto Mario como su padre son a la vez actores, espectadores y creadores.[6] Lo que se crea entre todos es una mezcla sugestiva de observaciones objetivas pero parciales, e intuiciones subjetivas pero reveladoras. En palabras de El, es 'una experiencia de realidad total' (37), palabras que para Iglesias Feijoo 'constituyen una definición de toda la obra'.[7]

Estas observaciones nos acercan al tema principal que se pretende explorar en el presente estudio. Citando a Gide y a Pirandello, Iglesias Feijoo concluye que 'estamos, pues, en el terreno propio del "teatro en el teatro"', en el cual se produce 'un delicado proceso de relaciones metateatrales'. Y no es un juego puramente formal: 'El espectador comprende que la disposición estructural de *El tragaluz* transmite la idea de identidad de todos los hombres, en la que él mismo ha quedado implicado'.[8]

Quiero desarrollar la idea de que *El tragaluz* es un texto esencialmente metateatral, y demostrar que no sólo refleja y juega con su propia teatralidad, sino que llega a formar una lección ejemplar de dramaturgia, e incluso un tipo de manifiesto artístico: una defensa del realismo y de la tragedia.

Enumeremos los elementos del texto que contribuyen a esta compleja estructura metateatral. Estos elementos funcionan en varios niveles temporales y fictivos: el pasado y el presente de los personajes; la época de los Investigadores, fuera del drama central; el mundo real de los espectadores, desde el cual ven la representación con cierto distanciamiento crítico; y la existencia ficticia que comparten éstos con los Investigadores. Sin embargo, veremos cómo el tema de la *pregunta* los enlaza a todos. Empecemos dentro de la ficción, para luego dirigir la mirada hacia el exterior, hacia los niveles de los Investigadores y del público (la serie de letras entre paréntesis se repetirá más adelante para relacionar cada uno de estos elementos con un aspecto de la metateatralidad).

(A) El Padre dedica mucho tiempo a recortar figuras humanas de las revistas y postales que le traen, preguntando obsesivamente quiénes son, y afirmando que 'tengo que velar por todos y al que puedo, lo salvo' (24). Este juego viene relacionado desde el principio con el tema del tren,[9] y por lo tanto con sus recuerdos de los dolorosos acontecimientos del pasado. Para los demás, todo esto son señales de locura senil. El que más se impacienta es Vicente, insistiendo en una actitud racional, pero su padre rechaza violentamente lo de 'uno cualquiera. ... ¡No es nadie!' (29). En un momento, dice el viejo que sí sabe quiénes son todos, y que sólo lo pregunta 'para probaros' (30): es una especie de experimento que pone a prueba las actitudes de los demás. Aunque Vicente comenta con sorna, 'se cree Dios', es precisamente esta vislumbre de un anhelado pero imposible 'punto de vista de Dios' (59) lo que lleva a Mario a encontrar profundidades inesperadas en la 'pregunta tremenda' de su padre, y a imaginar una forma de investigación para 'averiguar quién fue esa sombra' (59).

Los pequeños monigotes de papel adquieren una importancia temática fundamental hacia el final de la obra. El Padre, al saber que

Encarna va a tener un hijo, le recorta una figura de una revista, y se la entrega con unas palabras que vienen a ser como una anticipación de las esperanzas que pondrán Mario y Encarna en las generaciones futuras: 'Cuídalo mucho y vivirá' (99). Luego, mientras se confiesa ante su padre, Vicente reconoce la importancia simbólica del monigote: dejó morir a su hermanita porque pudo pensar que era una muerte más entre muchos miles, que ella 'apenas era más que este muñeco que me dio usted' (103).

(B) Si para el Padre el tragaluz representa el tren del recuerdo al que suben y no suben sus hijos-monigotes, a Mario le ofrece una manera propia de hacer esas preguntas tan importantes acerca de la identidad de las personas. Obligado por su padre a abrir el tragaluz, Mario ha redescubierto recientemente el juego de cuando eran niños, que consistía en mirar las piernas que pasaban por la acera e imaginar cómo eran y qué hacían esas personas. Este juego está relacionado explícitamente con la 'pregunta tremenda' del Padre:

> Mario—Sé que es un punto de vista inalcanzable. Me conformo por eso con observar las cosas, (*Lo mira*) y a las personas, desde ángulos inesperados...
> Vicente—(*Despectivo, irritado*) Y te las inventas, como hacíamos ante el tragaluz cuando éramos muchachos.
> Mario—¿No nos darán esas invenciones algo muy verdadero que las mismas personas observadas ignoran? (59)

Cuando abren el tragaluz Mario y Vicente, éste quiere quitarle trascendencia al juego. Para él, todo es 'vulgar, insignificante, ... un disparate', pero pronto le empiezan a inquietar los detalles y casualidades en que se fija con tanto interés su hermano. Mario reconoce que la visión que se percibe a través del tragaluz es muy parcial, y confiesa que está inventando biografías y situaciones, que 'todo puede ser mentira' (62). No obstante, parece que sí tiene un talento especial para la observación de los detalles pequeños y cotidianos, pero sumamente reveladores, de la existencia humana.

Hay que destacar que Mario no es un observador totalmente pasivo, sino que realiza una labor activa de elaboración e interpretación de datos observados, y es precisamente este ejercicio de la imaginación lo que más verdades descubre. Además, no es éste un juego solitario: los resultados más significativos se dan cuando parece que las intuiciones de Mario van teniendo alguna misteriosa relación con las preocupaciones más íntimas del escéptico Vicente (sobre todo, cuando Mario despierta en él un sentimiento de culpa haciéndole creer que acaba de ver a Eugenio Beltrán). Es decir, el juego del tragaluz es otro experimento. Las cosas observadas y el grado de autenticidad que se consigue en la interpretación importan menos que el efecto producido sobre Vicente, el espectador. Mario manipula hábilmente el juego para *probar* a su hermano.[10] Insinúa una pregunta (por ejemplo, '¿quién es ése?') y unas respuestas posibles: puede ser Encarna, o nuestra madre, o el amigo traicionado, o tú mismo, o por lo menos alguien que te importa más de lo que quisieras admitir. Después de cerrar el tragaluz, le dice a Vicente: 'Puede que no fuera él. Y puede que en eso, precisamente, esté el prodigio' (65).

Hasta cierto punto, el investigador-espectador sentado en el semisótano permanece separado de los objetos de su mirada, allá arriba. Es una separación que le permite una investigación serena y le sirve de resguardo. Sin embargo, no es una separación total: hay un momento muy importante en que uno de los viandantes se agacha y mira hacia el interior. El Padre pronuncia la pregunta que puede estar en la mente del otro:

> Padre—¿Quién es ése?
> *(La sombra se incorpora y desaparece)*
> Vicente—*(Incómodo)* Un curioso...
> Mario—*(Domina con dificultad su emoción.)* Como nosotros. Pero ¿quién es? Él también se pregunta: ¿quiénes son ésos? Esa sí era una mirada ... sobrecogedora. Yo me siento ...él. (63)

Siempre hay que tener en cuenta que la mirada es recíproca. Mario se siente a la vez observador y observado, investigador e investigado. El tragaluz es, además de una ventana que da tanto al interior como al exterior, un espejo en que los curiosos de fuera y de dentro aprenden a verse a sí mismos. En este momento emocionante convergen vertiginosamente todas las múltiples perspectivas de la obra.

En la Segunda Parte de la obra, se ve que el efecto del experimento del tragaluz ha calado hondo en la mente de Vicente. Esta vez, es el Padre quien abre el tragaluz, poniendo en marcha (¿intencionadamente?) un juego en el que Vicente ya no quiere participar. Aunque insistiendo en un distanciamiento escéptico, se empieza a alarmar ante las inesperadas coincidencias que se establecen entre las escenitas del tragaluz y su propia vida: su nombre, un hombre que quiere eludir las súplicas de su novia con respecto a posibles responsabilidades paternas. Como antes, es posible que no haya oído estas cosas en realidad, pero se está dando cuenta de que no ha terminado todavía el experimento que ha despertado a su conciencia. No puede escaparse; vuelve cada vez más al 'pozo'.

(C) Mario se sirve del juego del tragaluz para hacer resaltar un contraste fundamental que percibe entre él y su hermano: de un lado, humildad, altruismo y un deseo de evitar 'pisotear a los demás' (56–57); de otro, arrogancia, egoísmo y falta de escrúpulos. Y va más allá. Esta antítesis personal llega a sintetizar una visión general de la humanidad en torno a la contemplación y la acción.

El mundo está lleno de 'activos' que logran convencerse de que hay que devorar antes de que te devoren, activos que no saben (o no quieren) ver otra cosa que los tópicos: 'Los activos casi nunca sabéis mirar' (59). Mario quiere creer que contemplando se entiende a la gente. Los contemplativos suelen ser individuos pobres y oscuros. Sin embargo, al vivir apartados de los juegos sucios de la vida, al negarse a 'subir al tren', alcanzan una comprensión especial de las flaquezas, las bondades y el misterio de la especie humana, y sirven de conciencia moral a los demás. Pretenden salvarse moralmente a sí mismos viviendo de la manera más limpia posible, pero también aspiran a salvar a otros (de su propio egoísmo, del olvido), rescatando en ellos lo contemplativo: es decir, lo humano. Este rescate de los valores humanos, aunque supone la revelación y aceptación de verdades ocultas y a menudo dolorosas, sólo se logra por medio de un procedimiento que implica eludir el contacto físico con la gente y dificultar la percepción directa, para potenciar la intuición (y la invención que inspira más intuiciones). Se elige una mirada imperfecta, 'un ángulo inesperado', un modo de vida extraño, para poder mirar más hondamente.

Con todo, el asunto no es tan sencillo. Se ve en seguida que Vicente tiene algo de razón cuando critica a su hermano:

> Vicente—Mario, toda acción es impura. Pero no todas son tan egoístas como crees. ¡No harás nada útil si no actúas! Y no conocerás a los hombres sin tratarlos, ni a ti mismo si no te mezclas con ellos. (57)

Insiste en la posibilidad de 'tener ambiciones y ponerlas al servicio de una causa noble' (79). Y en efecto, Mario se ve obligado al final a reconocer que la contemplación no basta por sí sola, que él también ha actuado de una manera impura, que 'yo no soy bueno; mi hermano no era malo' (107). No ha sabido comprender plenamente ni a Vicente, ni a Encarna, ni a su madre, ni a sí mismo.

El otro contemplativo, el Padre, se ha aislado demasiado, hasta no poder relacionarse ni siquiera con su propia familia. Aunque sea 'tremenda' su pregunta, aunque encierren sus desvaríos grandes misterios y susciten valiosas revelaciones, ha llegado a creérselos, y parece incapaz de distinguir entre la ficción y la experiencia, entre el pasado y el presente. Parece haberse incapacitado para la acción, pero resulta, inesperadamente, que la acción más trascendente de toda la obra la realiza él, al matar a su hijo. Y no se sabrá nunca si se trata de un acto de locura, o de una medida justiciera perfectamente consciente.

(D) Pasemos ya del ámbito del drama interior al nivel de los Investigadores. Estas figuras se sitúan desde el primer momento fuera de la ficción principal. Entran por el fondo del auditorio, empiezan a hablar al público antes de subir a escena (con el telón corrido), y se mantienen físicamente al margen del escenario cada vez que aparecen en él. Sin embargo, ellos también son personajes ficticios. Dentro del universo ficticio de El y Ella, Mario y su familia son personas reales, aunque observadas desde una gran distancia temporal. Lo que se ve en el escenario se presenta a los Investigadores, gracias a su tecnología avanzada, como reconstrucción de hechos reales, no como ficción.

En un principio, El y Ella se presentan como meros investigadores objetivos: se selecciona más o menos al azar un sujeto a investigar, y las máquinas se ponen en marcha para recuperar todos los datos que existan. Pero lo que captan los detectores y reproducen los proyectores no es una reproducción completa y directa de la realidad. Todos los sonidos y diálogos se han añadido artificialmente: muchas palabras se deducen con bastante exactitud de los movimientos de los labios; de otras, sobre todo las que llegan por el tragaluz, confiesa El que 'su condición de fenómeno real es ... más dudosa' (14). Además, el sonido del tren que se oye cuatro veces a lo largo de la obra, y que parece establecer un vínculo misterioso entre Vicente y su padre, es una añadidura intencionada de los Investigadores: 'Lo utilizamos para expresar escondidas inquietudes que, a nuestro juicio, debían destacarse. Oiréis, pues, un tren; o sea un pensamiento' (15).

La objetividad de este procedimiento investigador se desdibuja aún más cuando los Investigadores llegan a decirnos que ni ellos mismos saben distinguir entre los datos reales y las cosas imaginadas:

> Sabéis todos que los detectores lograron hace tiempo captar pensamientos que, al visualizarse intensamente, pudieron ser recogidos como imágenes. La presente experiencia parece ser uno de esos casos; pero algunas de las escenas que habéis visto pudieron suceder realmente, aunque Encarna y Vicente las imaginasen al mismo tiempo en su oficina. (37)

Y añade El: 'Estáis presenciando una experiencia de realidad total: sucesos y pensamientos en mezcla inseparable' (37). El recurso literario utilizado por Eugenio Beltrán para representar el mundo interior de sus personajes (el '¿en qué piensas?' que Vicente finge despreciar) se ha hecho realidad. No se afirma que en la vida diaria sea imposible distinguir entre sucesos y pensamientos, sino que en la percepción y el recuerdo de cada individuo influye tanto lo subjetivo como lo objetivo. Los Investigadores convierten este fenómeno individual en una experiencia colectiva.

Los Investigadores, entonces, intervienen activamente en un proceso de selección, interpretación y creación, basado en una colección fragmentada de imágenes visuales. Muchas de las imágenes recogidas no se proyectan: algunas 'no son imprescindibles' (69); otras son demasiado difíciles de aprehender, las que ofrecen 'las más extrañas visiones' (43) de los turbados recuerdos, pensamientos y fantasías de los personajes.

Por lo tanto, estos Investigadores, más creativos que científicos, hacen lo mismo que Mario y su padre. Al igual que el Padre, están 'recortando figuras', rescatando del pasado a vidas humanas que pueden parecer insignificantes, afirmando el valor del individuo, realizando la investigación con que sueña Mario: en fin, preguntando, '¿Quién es ése?'. A diferencia del viejo Vicente, lo hacen con la mente serena y clara, y con recursos de una sofisticación infinitamente mayor. Este paralelismo, cifrado en la gran *pregunta*, lo han ido señalando desde el principio ellos mismos. Es un hallazgo fortuito, pero en él reside el significado más trascendente de su experimento: 'Es la pregunta que seguimos haciéndonos' (87). Hacen explícita la importancia ética de esta preocupación incesante por 'el caso singular' (14), incluso en un mundo en que se ha resuelto la mayoría de los problemas de la convivencia humana. El Padre se sume en el pasado para escaparse de un presente que le humilla, para intentar no recordar lo que ha venido ocurriendo desde un momento determinado. Los Investigadores, en cambio, buscan el recuerdo total para refortalecer la estabilidad y la tolerancia que se ha alcanzado en su mundo: 'Reasumir el pasado vuelve más lento nuestro avance, pero también más firme' (88).

Ellos comparten con Mario esta doble motivación : salvar a otros, y salvarse a sí mismos. La contemplación de fragmentos de vidas humanas a través del tragaluz, o por medio de los detectores y proyectores del futuro, da sentido a las sombras anónimas que pasan, y al mismo tiempo estimula en el contemplador una actitud vital comprensiva y compasiva. Hemos visto cómo, en el caso del tragaluz, la dificultad y la parcialidad de la mirada refuerzan este proceso potenciando el ejercicio de la intuición y de la imaginación. De la misma manera, las imperfecciones de la técnica de los Investigadores dan lugar a la creación. Desde luego, 'todo puede ser mentira', pero quizás 'nos darán esas invenciones algo muy verdadero que las mismas personas observadas ignoran', como declara Mario. En suma, los Investigadores representan el triunfo de los valores contemplativos defendidos en solitario por Mario.

En su penúltima intervención, los Investigadores ofrecen una respuesta general a la *pregunta*; 'Ese eres tú, y tú y tú. Yo soy tú y tú eres yo' (89). Es una respuesta provisional e insatisfactoria, que reconoce la imposibilidad de encontrar respuestas completas a las preguntas individuales y que suscita aun más preguntas, pero tiene una enorme fuerza sugestiva y ética. Lo que nos revela respecto a Mario y al Padre es que éstos, de alguna manera, también *saben*. Es evidente que el viejo no puede saber objetivamente quiénes son las personas de las postales, y por otra parte, se supone que sí sabe en realidad quiénes son su mujer y sus hijos. Sin embargo, insiste en su propio enfoque subjetivo (desquiciado, quizás, pero penetrante). Está afirmando algo así: me importa cualquier persona que aparezca en una vieja postal, porque esa persona pudiera ser yo, o tú, Vicente, o el hijo que yo creía tener pero que se convirtió en otro. La respuesta de Mario viene a ser más o menos la misma: esa mujer pudiera ser Encarna, ese hombre pudiera ser Eugenio Beltrán, ese otro pudiera ser yo, o tú, Vicente. Lo que no aprehende Mario hasta el final es que él es Vicente y Vicente es él.

Los Investigadores hacen explícito lo que ya se intuía en el caso de Mario y su padre: que, al fin y al cabo, importan menos las respuestas concretas que el hecho mismo de preguntar, y saber que uno pregunta tanto por sí mismo como por otros. El objetivo real del experimento (del juego de Mario, de la prueba del Padre) no es buscar datos, sino lograr la participación de otros y estimular el examen de conciencia de todos y de cada uno. Por lo tanto, esta *contemplación* es también *acción*. O por lo menos, tiene la capacidad de conducir a la acción y provocar tomas de conciencia y cambios positivos de comportamiento individual y colectivo, para que cada acción se realice a la luz de la contemplación.

(E) El valor del experimento/juego/prueba sólo se juzga, pues, en función del efecto moral producido en los participantes. O sea, va dirigido a un público, en el cual están incluidos también los propios dirigentes (Mario, el Padre, El y Ella). Es sobre todo a Vicente a quien *prueban* Mario y su padre. Al principio, aquél se resiste a participar en el ejercicio, pero hacia el final se ve forzado a reconocer la importancia (para él precisamente) tanto de los monigotes de papel como de las figuras anónimas del tragaluz.

Los Investigadores se dirigen a sus semejantes, tratándoles de vosotros y dando por sentado cierto interés y cierta familiaridad con el procedimiento, además de una aceptación implícita de su finalidad ética. Aunque se supone que ninguno de estos espectadores es un Vicente, cada uno de ellos pudiera serlo, o pudiera haberlo sido en otro tiempo y en otras circunstancias. El y Ella no tienen que superar actitudes de hostilidad o indiferencia, pero sí asegurarse de la participación del público. Reconocen que la materia de la investigación puede parecer muy remota y de poca importancia. Ocurrió todo en un tiempo tan lejano, en una sociedad tan diferente, entre unos seres oscuros y quizás despreciables: 'Es la historia de unos pocos árboles, ya muertos, en un bosque inmenso' (15).

Entonces, ¿cómo consiguen captar el interés de sus espectadores? Pues haciendo que pregunten éstos también por los personajes (o más bien, proyecciones) que ven en el escenario del experimento;[11] que pregunten '¿qué ha hecho ése?' o '¿qué va a pasar aquí?'.

En un principio, la presentación fragmentada de las escenas puede parecer confusa. Sin embargo, las han ordenado los Investigadores de un modo muy artificioso, sirviéndose de las cuatro zonas de su escenario para subrayar paralelismos y establecer coincidencias sorprendentes. Y poco a poco se ve que hay una unidad tremenda: que todos los elementos van dirigidos a la revelación paulatina de una trama fascinante, a la resolución de un enigma. Los asistentes al experimento querrán saber la verdad de la historia del tren, el motivo de la locura del Padre, cómo se enfrentarán todos con esa verdad ... Y una vez revelada la culpabilidad de Vicente, todavía quedan otros misterios: ¿qué futuro tendrán Mario y Encarna?, ¿quién es la prostituta que ha aparecido varias veces?, ¿qué le ha pasado a Eugenio Beltrán? Estos espectadores del futuro han podido saber algo, han gozado en cierto grado del anhelado 'punto de vista de Dios', han colaborado en la revelación de una respuesta provisional, pero la tarea de investigación es infinita e imposible. La frustración que sienten por no poder atar todos los cabos sueltos de la historia les hace comprender que no puede haber soluciones definitivas: que la lección moral reside en el hecho de seguir preguntando.

Volvamos por un momento al tragaluz mismo. Si el papel de los Investigadores es análogo al de Mario, la tecnología de los receptores y proyectores tiene una función análoga a la del tragaluz: con ella, los Investigadores ayudan a sus colaboradores a contemplar vidas humanas por medio de fragmentos parcialmente ficcionalizados, como si estuvieran 'dentro' los unos y los otros, mirando hacia 'fuera' a Mario y a los otros. Por otra parte, hemos visto ya que la mirada que pasa por el tragaluz es recíproca: alguno de los paseantes se agacha a veces para mirar un instante a los del interior. De hecho, las figuras recreadas por los Investigadores, aunque 'fantasmas' incorpóreos, al mirar por el tragaluz están mirando directamente hacia el auditorio del experimento. Los colaboradores también están 'fuera', como si pasaran ellos mismos por la calle en que vive la familia de Mario, contemplados por otros que son como ellos, o incluso como si viajaran en el tren imaginado por el Padre. Pueden pasar sin detenerse, o agacharse a mirar y verse mirados.

Esta disposición escénica de las proyecciones no es casual. Es de suponer que los Investigadores pudieran haberlas montado de otra manera, para hacer visible el tragaluz. Pero no: se sirven del artificio llamativo del mimo para poner en marcha este juego de identificación. Hacia el final, El hace explícita esta intención de desasosegar a su público, y desafiarle a que imagine la posibilidad de ser observado y juzgado de la misma manera en que ahora observa y juzga. El experimento sólo funciona si cuenta con la participación imaginativa de los asistentes, una contemplación activa que conduzca a la acción contemplativa:

> Si no os habéis sentido en algún instante verdaderos seres del siglo veinte, pero observados y juzgados por una especie de conciencia futura; si no os habéis sentido en algún otro momento como seres de un futuro hecho ya presente que juzgan, con rigor y piedad, a gentes muy antiguas y acaso iguales a vosotros, el experimento ha fracasado. (106)

(F) Después del experimento, cada uno de los asistentes volvería a casa bastante tranquilo, muy consciente de sus deberes y responsabilidades morales, aunque sabiendo al fin que 'hoy no caemos en aquellos errores' (104). Pero es una trampa: los espectadores reales (contemporáneos del autor) saben que están todavía en ese desdichado siglo veinte, en el cual es muy evidente que se sigue cayendo empecinadamente en 'aquellos errores'. Ya hemos visto que en el nivel ficticio de los Investigadores se realiza un juego en el que el público se deja seducir por la sugestión dramática. En el nivel empírico (el del autor, los actores y su público), el juego se complica sobremanera. Nos somete Buero a un proceso de *double bluff*.

Al entrar en el teatro, nos acomodamos en la butaca y, como de costumbre, se apagan las luces de la sala. Primera sorpresa: no se alza en seguida el telón, sino que aparecen dos actores por la sala y se dirigen directamente a nosotros antes de subir al escenario. Quizá nos decimos: '¡Ajá! Buero quiere dárselas de brechtiano; ya me conozco el truco'. Las primeras palabras pronunciadas pudieran ser las de unos actores que se dirigen a su público *como actores*, antes de asumir su papel. Hablan de un experimento; bueno, la obra lleva el subtítulo de *experimento*. No se ve que ellos sí son personajes ficticios hasta que se empieza a notar el desplazamiento temporal: El comenta que el siglo veinte es 'ya tan remoto' (13). Ya está en marcha la representación, y nos encontramos de pronto englobados en ella, invitados a emprender un viaje imaginativo a un mundo futuro, pero sin dejar de ser espectadores que miran un escenario. Presenciamos el experimento de los Investigadores como si fuéramos aquellos espectadores del futuro, haciendo las preguntas, enlazando los fragmentos, y participando en el juego. Es una experiencia agradable: nos adentramos un rato en vidas ajenas, resolvemos un enigma, y además tenemos a unos sabios amigos que nos ayudan a comprender que, aunque nos parezca remoto el asunto, nos aporta provechosas lecciones morales. Acaso nos quedamos complacidos.

Al pronunciar las palabras citadas arriba ('Si no os habéis sentido...'), El se está dirigiendo a unas personas que son, en relación con el tiempo de Mario, 'seres de un futuro hecho ya presente'; gracias a un experimento en que se les permite sentirse 'en algún instante verdaderos seres del siglo veinte', aprenden a imaginar a otros seres que los seguirán y los juzgarán. En realidad, los que oímos (o leemos) sus palabras somos del siglo veinte; y gracias a un experimento en que se nos permite sentirnos 'seres de un futuro hecho ya presente', aprendemos a sentir con una agudeza realzada nuestra identidad de 'verdaderos seres del siglo veinte'. Y si después de todas las preguntas ya planteadas llegamos a preguntar también quiénes son los Investigadores, veremos que pudieran ser nosotros; a falta de receptores de alta tecnología, podemos ensayar investigaciones parecidas por medio de la imaginación, la observación, la compasión y la introspección (estimulados quizás por el juego teatral).

Por consiguiente, el impacto de la respuesta global que ofrecen los Investigadores es múltiple. Para un espectador del estreno de 1967, lo de 'ése eres tú' tiene un sentido simbólico en cuanto a su identidad ficticia de contemporáneo de los Investigadores, pero en cuanto a su existencia real, le atañe en un sentido absolutamente literal. Lo que ve en el escenario es un retrato de su propio tiempo y de su propia sociedad. Tiene que imaginar que esa sombra que pasa, o que se detiene y se agacha, es la suya: no sólo porque él ocupa el espacio físico (el auditorio) en el que tendría que situarse la figura que proyectara esa sombra en la pared del escenario, sino también porque en el mundo real habita esa ciudad, pasa todos los días por calles como ésa en las que hay tragaluces como ése. Los recuerdos de la guerra y de la posguerra, los crímenes y las virtudes, son de él (o de ella) y de sus conciudadanos. No tiene ningún derecho a compartir la autosatisfacción de los Investigadores. Aunque para un espectador más apartado de la España de los años sesenta (por ejemplo, un inglés que lea el texto en los años noventa) no sea tan inmediato el choque, la compleja estructura de acercamientos y desplazamientos no le permitirá desentenderse del todo.

El auténtico recortador-contemplador-investigador es, evidentemente, Antonio Buero Vallejo. Su experimento (el texto y la representación de *El tragaluz*) encarna en sí mismo todos los elementos analizados. Buero *recorta* figuras humanas para salvarlas y para *probar* a sus coetáneos, *preguntando* y haciendo preguntar (aunque duelan las respuestas), *sabiendo* y no sabiendo; quizás algo loco, pero misteriosamente lúcido e implacablemente justiciero. La obra es un *tragaluz*: el autor nos guía en el *juego* de inventar biografías a base de visiones parciales, trozos de conversaciones y casualidades, de *contemplar* y sentirnos contemplados; un juego que también prueba nuestra conciencia moral y nuestra capacidad para la empatía.[12] De esta manera nos ofrece una educación moral en torno a los valores ambiguos de la *acción* y la *contemplación*; nos incita a hacer un esfuerzo, a mirar desde un ángulo inesperado, y de juzgar nuestras propias acciones a la luz de lo que vemos. Somos espectadores pasivos, pero Buero nos da un papel activo. Nos permite actuar en tanto que contemplamos; nos hacemos contempladores y actores.

El *experimento* verdadero es, desde luego, el que realiza el autor, con la colaboración de sus actores y de su público. Literalmente, Buero está fuera del drama, pero también está dentro. Hasta cierto punto, los Investigadores le representan a él, en cuanto creadores (o por lo menos re-creadores) de la historia de Mario y voces autorizadas que guían la interpretación de los espectadores (aunque no es tan sencillo, ya que estos espectadores no son los mismos a quienes se dirige el autor en el mundo real). Se sabe además que Buero forma parte de la sociedad española de esa época, y que estuvo entre los espectadores del estreno; entre esos espectadores que debieron sentirse más inmediatamente aludidos. El experimento lo dirige directamente a un público presente, e indirectamente a una sociedad entera. Se identifica él con los dos, por medio de las ambigüedades estructurales de este texto.

Buero recoge, selecciona y reelabora las imágenes, las conversaciones y acaso los pensamientos de su entorno, y los plasma en un texto para que *se proyecten* sobre un escenario y los presencien tanto sus contemporáneos como generaciones venideras de espectadores. No proceden de un siglo remoto, sino de un pasado cercano y un presente que son suyos. No lo hace con receptores electrónicos, sino con la vista, el oído, la memoria, la imaginación y las técnicas teatrales.[13] Por medio de los comentarios de los Investigadores, parece halagar a sus espectadores y ayudarles a interpretar el drama, pero es una relación llena de ironía, otra estrategia fictiva. Cada espectador se ve obligado a preguntarse no sólo '¿quién es ése?', sino también '¿cuál de ésos soy yo?'. Cabe suponer que en cualquier sala de teatro habrá más de un Vicente, e incluso alguno que haya cometido crímenes mucho más graves.[14] Un espectador de (por ejemplo) 1994 puede consolarse argumentando que han cambiado muchas cosas desde 1967, sobre todo en España, pero ¿qué distancia le separa todavía de la sabiduría de los Investigadores?, y ¿qué hace para alcanzarla, para realizar el sueño que imagina Mario al decir (mirando al auditorio) 'quizá ellos algún día' (109).

Aunque el experimento de los Investigadores depende de una tecnología avanzada y sutil, ya hemos visto que no es una operación puramente técnica. Ellos se sirven de esta tecnología para explorar una relación humana. Buero también experimenta con técnicas teatrales: hay un poco de fantasía de ciencia-ficción y elementos distanciadores de origen brechtiano, hay una utilización dinámica del escenario múltiple y de la iluminación, hay una fragmentación de la acción y el tiempo dramáticos, hay un fascinante juego de puntos de vista. Pero no es una experimentación puramente técnica o lúdica, puesto que Buero, al igual que sus Investigadores, lo que está investigando es la complejidad de la relación entre la escena y el público: una relación emocional, conceptual y moral.

Toda esta red de conexiones verbales y visuales adquiere una coherencia asombrosa, cristalizada en la *pregunta* y la imagen del tragaluz. Ya hemos visto que muchas de las analogías con el teatro se nos dan de una manera explícita. Volvamos ahora sobre los seis aspectos señalados para concretar la dimensión metateatral.

(A) **Las postales, la pregunta del Padre**. El teatro nos ofrece imágenes de personas desaparecidas y desconocidas. Podemos no mirar más allá de la imagen fotográfica, permitiéndonos pensar que tal o cual personaje no es más que 'uno cualquiera', 'nadie'. Pero una obra de teatro tiene la capacidad de *recortar* figuras humanas: salvarlas del olvido, hacerlas destacar, individualizarlas, hacerlas presentes (en el tiempo y en el espacio), en definitiva, *preguntar quiénes son*. El autor-Padre del texto, dotado o de locura o del punto de vista de Dios, sabe quiénes son (ya que son creaciones suyas), pero al mismo tiempo no lo puede saber todo. En realidad, no está preguntando por sus propias criaturas, sino por un número infinito de personas reales. Esta pregunta tremenda e insondable sólo se plantea como diálogo con un público: no para saber, sino para *probar*. Las respuestas concretas dependen de este último, que tiene que darse cuenta de que cada *monigote* representa una existencia que le importa, que puede ser la suya.

(B) **El juego del tragaluz**. La teatralidad de la investigación realizada por el Padre queda limitada por lo estáticas de las imágenes, y por la falta de una relación inmediata y recíproca entre el preguntador y el sujeto de la pregunta. Una obra de teatro puede no llegar a ser más que eso: un archivo de imágenes planas que no nos obligan a relacionarnos con ellas. En cambio, el tragaluz (así como *El tragaluz*) representa una forma de interacción más exigente.

La primera alusión al juego del tragaluz viene en un momento en que Mario le está explicando a su hermano que lo ha redescubierto su padre después de destruir enfurecido el televisor. Vicente comenta que es 'como un cine' (35). Sin embargo, llega a demostrarse que el fenómeno del tragaluz no es como el cine, ni tampoco como la televisión, sino como el teatro, porque establece una dinámica muy especial entre el contemplador y lo contemplado. El teatro ofrece una ventana a través de la cual una persona (en primer lugar, el autor; luego, el espectador) puede observar una parte del mundo social que la rodea. No es lo mismo que *estar* entre la gente: conlleva una separación deliberada (semisótano/calle, escenario/sala); ofrece una visión muy parcial, selectiva y dudosa (sólo unas piernas, sólo unos momentos entresacados de una vida entera), y supone un deliberado esfuerzo físico e imaginativo (abrir, adoptar un ángulo de visión especial, esperar, entregarse al juego). Además, siempre nos recuerda su artificiosidad (la sombra de las rejas, la realidad física del acontecimiento teatral).

Si no acepta las limitaciones y el artificio del juego, si no se dispone a observar con paciencia y compasión, el espectador pasivo se sentirá desconectado del drama y lo considerará 'insignificante, un disparate', como Vicente ante el tragaluz. Se aburrirá y no aprenderá nada, a menos que lo sorprenda alguna coincidencia casual con sus propias preocupaciones vitales. Pero el teatro puede ser juego (algo muy natural para los niños, que los adultos olvidan), creatividad activa e instrumento de concienciación moral. El autor, con la colaboración del director y de los actores, escoge fragmentos de la vida real, los ficcionaliza, les añade elementos de su propia personalidad, los relaciona unos con otros, dándoles coherencia y significado, y los ofrece para que *sean interpretados*. El espectador contemplativo también pregunta, inventa y reconstruye. Se siente mirado y *probado*, y se ve a sí mismo en el drama: la ventana es también espejo. El reflejo que vemos en él muchas veces no nos halaga; incluso puede causarnos dolor. Las limitaciones físicas del medio teatral se convierten en fructíferas ventajas. Se escoge esta mirada parcial e imprecisa para señalar la superficialidad de la mirada aparentemente objetiva a la luz del sol, y para potenciar la creatividad colectiva (que puede ser mentira, claro).

(C) **La contemplación y la acción**. El teatro ofrece un medio idóneo para la exploración de valores éticos mediante imágenes y situaciones vitales. *El tragaluz* nos revela además que el fenómeno teatral encarna en sí mismo una relación dialéctica y dinámica entre dos dimensiones fundamentales de la existencia humana: la contemplativa y la activa. Al apartarse durante un rato de su *acción* cotidiana para abrirse a la *contemplación*, un espectador puede alcanzar un conocimiento más profundo de los demás y de sí mismo. Puede hacerse más humano. Ya que esta forma de contemplación no es pasiva ni solitaria, este espectador está actuando mientras contempla, y es contemplado mientras actúa.

Los casos de Mario y su padre nos muestran dos posibles equivocaciones con respecto a este doble proceso activo-contemplativo. El Padre se sume por completo en su reconstrucción del pasado. Llega a creer que el tragaluz es el tren, y queda atrapado en (e incapacitado por) su propia ficción. Buero nos recuerda que no hay que creérselo todo: hay que mantener en tensión la identificación y el distanciamiento; servirse del teatro para aprender, no perderse en él.

En cuanto a Mario, tarda mucho en reconocer que su tipología humana ha sido demasiado simplista. No se es o contemplativo o activo en exclusiva, sino una mezcla de los dos. Los más activos no son absolutamente malos; pueden aprender a contemplar. Los más contemplativos no son enteramente buenos; están obligados a actuar impuramente. Mario quiere mantener su pureza moral encerrándose en el 'pozo', pero ya le ha dicho su hermano que no puede ni debe eludir el estar en la sociedad: 'Y no conocerás a los hombres sin tratarlos, ni a ti mismo si no te mezclas con ellos' (57). Vicente empieza a aceptar el valor de la contemplación, pero su modo de acción no cambia; por eso le mata el Padre. *El tragaluz* nos enseña que, aun cuando el teatro consigue fusionar la acción y la contemplación, no basta por sí solo: lo importante es la pretensión de proyectarse hacia fuera. La contemplación activa dentro del teatro debe conducir a la acción contemplativa fuera de él.

(D) **El experimento de los Investigadores**. Estos dos personajes nos presentan un paradigma del proceso completo de dramaturgia. El punto de partida imprescindible es la observación minuciosa e incesante de los detalles más cotidianos de la existencia humana. Luego interviene la mediatización creativa: la selección, la intuición, la invención, la estructuración de 'una experiencia de realidad total: sucesos y pensamientos en mezcla inseparable'. Por mucho que se declare objetivo y referencial, cualquier drama estará siempre condicionado por estas transformaciones subjetivas. Además de elaborar y escenificar el drama, El y Ella ofrecen un modelo explícito de recepción del mismo. Enlazan y dan sentido a los detalles de la trama, luego deducen interpretaciones que demuestran el paso fundamental que hay que dar desde lo particular a lo general. Al final, ponen al descubierto el juego temporal (sucesos pasados recreados en el presente) y el doble mecanismo de identificación y distanciamiento que operan en toda representación teatral.

Una obra de teatro es, pues, un experimento con una finalidad moral. Aunque se sirva de métodos tecnológicamente sofisticados, lo esencial reside en la relación humana que se establece. La investigación no consiste sólo en archivar imágenes rescatadas, sino en explorar la capacidad de los espectadores para sentirse afectados por ellas, y poner a prueba la hipótesis de 'la importancia infinita del caso singular'.

(E) **El público de los Investigadores**. Para los Investigadores, la participación de su público es crucial. Si no se logra el desplazamiento y el reconocimiento buscados, 'el experimento ha fracasado'. Podemos suponer que tienen casi garantizado el éxito, ya que se dirigen a un público que saben acostumbrado a este tipo de experimento, convencido de su valor ético, y dispuesto a colaborar positivamente en él.

No obstante, no es así en el mundo real: los públicos teatrales (sobre todo en tiempos de conflictos y rencores, tal vez) suelen mostrarse reacios a hacerse preguntas difíciles y a aceptar lecciones morales incómodas. El autor que quiera obligarlos a hacerlo no puede dirigirse a ellos de una manera tan ingenua. Tiene que seducirlos y engañarlos para que entren en el juego: un juego que divierte pero que también desasosiega.

(F) **El autor y el público real**. Por consiguiente, el auténtico experimento teatral es algo mucho más indirecto y sutil que el de los Investigadores: es el experimento que realiza el autor con la colaboración de un público (de 1967 o bien de 1997). Es en este nivel de la estructura donde se ponen en juego las ironías dramáticas más intrigantes.

El mecanismo de *double bluff* que aquí se hace explícito constituye la esencia implícita de lo dramático. En *El tragaluz*, se le invita al espectador real a adoptar una identidad que resulta ser la suya, a desempeñar un papel que supone hacer lo que ya está haciendo, a esforzarse por identificarse con personajes aparentemente ajenos que pueden ser él mismo. Todos los comentarios de los Investigadores (en sí, demasiado claros, casi pedantescos) tienen que aprehenderse bajo el prisma de la ironía.

Es un molde universal de la interacción teatral: me entrego a un mundo evidentemente ficticio, en el cual gozo de la oportunidad de contemplar las peripecias de unas existencias oscuras y remotas, que no tienen por qué importarme de una manera directa; me intereso por los enigmas narrativos y psicológicos que se plantean; el deseo de resolver los enigmas me conduce al reconocimiento de la importancia abstracta de los personajes y los temas que se han tratado; y por último, me doy cuenta de que este mundo es mío, de que estos temas me tocan a mí, de que tal o cual personaje soy yo. Los hechos pasados que la escenificación hace parecer presentes *son* presentes en realidad. Un dramaturgo dice, más o menos, 'Mirad a ese fantasma. ¡Cuán vivo nos parece!' (37), para que nos demos cuenta de que *está* vivo de veras, no sólo porque lo crea un actor de carne y hueso, sino también porque se reproduce y se multiplica en las existencias concretas de una infinitud de espectadores.

En suma, *El tragaluz* demuestra que el teatro puede ser todo esto: una pregunta tremenda y una respuesta parcial; un 'ojo implacable' por medio del cual se conocen y se juzgan los individuos y las sociedades; un experimento de terapia ética colectiva; una fusión del presente con el pasado y el futuro; un vehículo para el recuerdo y para la superación del recuerdo; un llamamiento a la sinceridad que consigue su efecto por medio del engaño; un juego divertido y un juicio que puede doler. Es un medio que conjuga lo concreto y lo abstracto; el *realismo* (la observación minuciosa, la preocupación por la actuación social del individuo, el deseo de dar una compleja imagen dialéctica de la existencia humana) y la *poesía* (la invención, el misterio, la experimentación formal). *El tragaluz* hace explícito lo que lleva implícito el fenómeno teatral, pero sin resultar un árido juego intelectual, puesto que expresa una honda preocupación trágica por el valor del individuo, la responsabilidad social y la búsqueda del sentido de la existencia.

En efecto, sólo un teatro de aspiraciones trágicas llegará a la altura de este concepto del arte dramático. La tragedia es una pregunta, una forma de contemplación activa, una mirada imperfecta que refleja las imperfecciones de los seres humanos. Toda la obra de Buero sigue esta trayectoria de exploración (experimentación, investigación) del género trágico, cuya cualidad esencial es 'la del planteamiento, todo lo esperanzado que se quiera, de una problemática sin soluciones concluyentes'.[15] Ya en 1957, el autor expresaba la idea de lo trágico en términos de una *pregunta*:

> Viene a ser el mío ... un teatro de carácter trágico. Está formado por obras que apenas pueden responder a las interrogaciones que las animan con otra cosa que con la reiteración conmovida de la pregunta; con la conmovida duda ante los problemas humanos que entrevé.[16]

Buero se muestra muy dispuesto a realizar experimentos técnicos, a probar a fondo las hipótesis de Brecht o de Pirandello en una época en que éstas están en peligro de convertirse en consignas hueras de una boga pasajera. Pero vuelve siempre al realismo y a la tragedia. *El tragaluz* es una defensa de éstos, y una ejemplificación de cómo puede funcionar la tragedia en el mundo moderno (o incluso posmoderno). Este texto sofisticado, autoconsciente y manipulativo, resume y explora unos principios estéticos que se reproducirán en formas muy diversas en las obras posteriores de Buero.

NOTAS

1 Ángel Fernández-Santos, 'Una entrevista con Buero Vallejo sobre *El tragaluz*', *Primer Acto*, 90 (1967), 9 y 10.

2 Véanse los siguientes estudios: R. Doménech, 'A propósito de *El tragaluz*' en *Estudios sobre Buero Vallejo*, ed. M. de Paco, (Murcia: 1984), 250–51 (publicado originalmente en *Cuadernos para el diálogo*, 51 (1967)); F. Casa, 'The Problem of National Reconciliation in Buero Vallejo's *El tragaluz*', *Revista Hispánica Moderna*, XXXV (1969), 288–92; R. Doménech, *El teatro de Buero Vallejo* (Madrid: 1973), 49–52 (sobre los 'efectos de inmersión') y 124–25; F. Ruiz Ramón, *Historia del teatro español: Siglo XX,* (Madrid: 1976 [3ª edición]), 371–72; M. Halsey, '*El tragaluz*: A tragedy of Contemporary Spain', *Romanic Review,* LXIII (1972), 291; C. Dowd, *Realismo transcendente en cuatro tragedias sociales de Antonio Buero Vallejo* (North Carolina: 1974), 138; V. Dixon, 'The "Immersion-effect" in the Plays of Antonio Buero Vallejo' en *Estudios sobre Buero Vallejo* ed. M. de Paco, 174–75, (publicado originalmente en *Themes in Drama, II: Drama and Mimesis*, ed. J. Redmond, (Cambridge: 1980).

3 Luis Iglesias Feijoo, *La trayectoria dramática de Antonio Buero Vallejo* (Santiago de Compostela: 1982), 345–47.

4 Iglesias Feijoo, *op. cit.*, 347, 349 y 351.

5 Antonio Buero Vallejo, *El tragaluz* (Madrid: 1970), 88. Todas las citas al texto se referirán a esta edición, y se darán en el texto como número de página.

6 Ver, especialmente, Iglesias Feijoo, *op. cit.*, 352–63.

7 *Op. cit.*, 350.

8 *Op. cit.*, 351 y 353. Dixon también ha descrito el juego del tragaluz como 'an enigmatic play within the play (within the frame)'. *Op. cit.*, 175.

9 Las primeras palabras que pronuncia el viejo, exhibiendo uno de estos monigotes de papel, son: 'Este también puede subir' (22). Y un poco más tarde, hablando del tragaluz, Mario le dice con intención a Vicente: 'Hoy ha dicho que es un tren' (35).

10 De hecho, Mario utiliza la palabra *probar* durante el juego, poco antes de que aparezca la figura de uno que puede ser Eugenio Beltrán: 'Para ti no es nada, ya lo veo. Habrá que probar por otro lado' (63).

11 Se supone que aun dentro del mundo ficticio de los Investigadores, el experimento tiene lugar en una estructura parecida a un teatro, con auditorio y escenario. Las proyecciones serán hologramáticas, en tres dimensiones, ocupando un espacio escénico real.

12 Con esta analogía entre el proceso creativo de Mario y el de Buero, se efectúa otro pequeño engaño. Las personas en las que se basa Mario están físicamente presentes, y le llegan por pura casualidad, mientras que Buero inventa de una manera deliberada el material dramático. Sin embargo, se insinúa que vale la analogía en un sentido figurativo: cada personaje ficticio está basado en rasgos humanos observados en el mundo real, y puede reflejar la vida de cualquier persona sentada en el auditorio o que pase por la calle fuera del teatro.

13 Al igual que en el caso de la analogía con Mario, el autor procede como si quisiera hacernos creer que la obra de teatro se confecciona con datos literalmente reales (y pensamientos generados por personas reales); mediatizados, eso sí, pero no inventados, por la creatividad del dramaturgo. En realidad, éste último tiene un control total sobre su materia, pero introduce elementos de incertidumbre y misterio para subrayar el hecho de que no es posible alcanzar una visión global de la vida humana.

14 Buero apelaba así a la conciencia de los vencedores de la Guerra Civil y la posguerra (el nombre lo dice: Vicente). Hubo más de uno que sintió la necesidad de defenderse. Véase por ejemplo la carta de Arcadio Martínez Montesinos publicada en *Primer Acto*, 94 (1968), 7.

15 A. Buero Vallejo, 'La tragedia' en *El teatro: Enciclopedia del arte escénico* (Barcelona: 1958), 77.

16 A. Buero Vallejo, 'El teatro de Buero Vallejo visto por Buero Vallejo', *Primer Acto*, (1957), 5.

Índice Onomástico